부드러운 말로 상대를 설득하지 못하는 사람은
거친 말로도 설득할 수 없다.

체호프

내가 아는 가장 성공적인 사람들의 대부분은

말하기보다는 더 많이 듣는 이들이다.

버나드 바루크

하버드 100년 전통
말하기 수업

하버드 100년 전통 말하기 수업

펴낸날 2024년 1월 10일 개정판 2판 1쇄

지은이 류리나
옮긴이 이에스더
펴낸이 강유균
편집위원 이라야 남은영
기획·홍보 김아름 김혜림
교정·교열 이교숙 정아영 나지원
경영지원 이안순
디자인 바이텍스트
마케팅 조명구

펴낸곳 리드리드출판(주)
출판등록 1978년 5월 15일(제 13-19호)
주소 경기도 고양시 덕양구 청초로 66 덕은리버워크지산 B동 2007호~2009호
전화 (02)719-1424
팩스 (02)719-1404
이메일 gangibook@naver.com
홈페이지 www.readlead.kr

ISBN 978-89-7277-388-7 (03320)

• 파본은 구입한 서점에서 교환해 드립니다.
• 책값은 뒤표지에 있습니다.

인생을 바꾸는 말하기 불변의 법칙_특별판 리커버 에디션

하버드 100년 전통 말하기 수업

류리나 지음 | 이에스더 옮김

54명의 하버드 교수와 동문들이 집약한 말하기 비법

"말투는 갈고 닦을수록 좋아진다!"

리드리드출판

prologue

하버드 교수와 동문들이 집약한 100년 전통 말하기 비법

"희망이 있으면 두려울 것이 없다."라는 오바마의 연설은 그를 정계의 다크호스로 만들었다. 그 후 오바마는 탁월한 언변으로 정계에서 승승장구하다 백악관에 입성하게 된다. 미국의 '비즈니스 위크'는 오바마를 이 시대의 가장 위대한 연설가 중 한 명으로 평가했다. 그런데 공개된 자료에 따르면 고교 시절의 오바마는 말을 잘하지 못하는 평범한 소년이었다.

그렇다면 대체 무엇이 이 '평범한 소년'을 '대통령'으로 끌어올릴 수 있었을까? 그 원인을 찾아가다 보면 8명의 미국 대통령을 탄생시킨 '하버드대학'라는 접점을 만나게 된다.

하버드대학은 1780년에 정식으로 설립된 후 수많은 인재를 배출했다. 그들은 전 세계의 군사, 정치, 경영, 사회 등 각 영역에서 역량을 발휘하고 있으며 전문가들로 인정받고 있다. 그렇기에 그들의 말과 연설에 세계의 이목이 집중된다. 하지만 그들은 이렇게 집중되는 시선에 부담을 느끼는 것이 아니라 오히려 자신의 능력을 드러낼 기회로 삼는다. 말을 하는데 있어 단어의 선택이나 표정, 동작까지도 집약된 말하기 방식을 이용하는 것이다. 그 결과, 대중의 심리를 꿰뚫어 위안을 주고 힘을 부여하는 연설로 공감을 이끌어낼 뿐만 아니라 반대 여론까지도 설득하는 말의 힘을 과시한다. 여기서 중요한 포인트는 말을 잘 하는 그들이지만 결코 선천적으로 말하는 능력을 타고난 것은 아니라는 점이다.

하버드대학은 일찍부터 '혀'가 곧 돈이나 원자폭탄과 같은 존재로서 말의 힘이 '세계의 3대 위력'에 속한다는 관점을 가지고 있었다. 100년 전통을 자랑하는 엘리트 말하기 훈련은 거기서 출발한다. 누구나 할 수 있는 말이 아닌 자신만이 할 수 있는 말, 즉 상황과 상대에 따라 말의 위력이 최대한 발휘되는 말하기를 가르치며 역사의 현장에서 리더십을 드러낼 수 있도록 이끌었던 것이다.

하버드대학의 유명한 언어학자인 로만 야콥슨은 말은 사람의 타고난 능력이지만, 말을 잘하려면 후천적인 연습에 의존해야 한다고 말했다. 시간을 들여 연습하고, 열심히 말하기 기술을 익히고, 다른 사람이 쌓은 경험까지 흡수해서 실전에 활용할 수 있다면 누구든 오바마와 같은 말하기 고수가 될 수 있다는 것이다. 오바마의 성공도 하버드대학의 입장에서 보면 보편적인 성공 사례에 속하기 때문이다.

소통학의 대가인 홀리 윅스와 협상전문가 베이저만 등이 하버드대학에 속해 있다. 훌륭한 스승이 있고, 학문적 교류와 정서적 대화를 격려하는 분위기가 형성되어 있기 때문에 하버드대학생들은 언어 예술 평가 점수가 월등히 높게 나온다. 아름다운 노래에 젖어들고 미술작품에 빨려드는 것처럼 그들이 표현하는 말에 상대나 대중이 매료된다는 뜻이다. 단지 그들은 말만 했을 뿐인데 호응과 지지를 끌어내며 신뢰까지 쌓는다.

이제 당신도 이 책을 통해 엘리트들의 말하기 세계에 발을 들였다. 자신의 말하기 문제점을 어떻게 찾아낼 것인가? 어떤 방법으로 당신과 이야기하고 싶게 만들 것인가? 자신의 영향력을 어떻게 키울 것인가? 어떻게 다른 사람의 마음을 바꾸고 상황을 컨트롤할 것인가? 이 책에서는 당신이 어렵다고 생각하는 말하기 기술을 배우기 쉬운 공식으로 바꿔놓았고, 알아듣기 쉬운 말하기 전략들을 간단하게 구성해두었다.

더 놀라운 것은 하버드대학에서 다루는 이론이지만 지나치게 심오하지 않고, 유명한 사람의 사례이지만 현실을 벗어나지 않는다는 것이다. 구체적인 인간관계를 맺는 교류의 법칙이자 전략이기 때문에 언제 어디서 누구에게나 적용할 수 있다. 또한 이 전략들을 통해 자신의 생각을 잘 표현하고 다른 사람의 지지와 이해를 쉽게 얻을 수 있는 장점이 있다. 단언컨대 하버드대학의 말하기 기술을 습득하면 다른 사람과 말하는 즐거움을 느낄 수 있게 될 것이다. 배우기 또한 어렵지 않다. 말 잘하고 싶은 마음가짐만 있으면 충분하다.

준비되었는가? 이제 자신의 말하기 능력을 키우기 위한 첫 걸음을 떼어보자!

류리나

차례

Part 3_적극적인 대화법
상대가 말하고 싶게 자극하라

Part 4_대화의 영향력 발휘하기
망설이지 말고 자신을 이야기하라

Part 5_대화의 설득력 높이기
설득하면 당신을 거절할 수 없다

Part 6_대화의 화제 다루는 법
문제될 만한 화제를 피하라

Part 7_의견 분열 대처 요령

의견이 나뉠 때는 공통점을 찾아라

Part 8_말하는 논리력 키우기

말에 논리가 있어야 지지를 받는다

대화는 당신이 배울 수 있는 기술이다.
그건 자전거 타는 법을 배우거나 타이핑을 배우는 것과 같다.
만약 당신이 그것을 연습하려는 의지가 있다면,
당신은 삶의 모든 부분의 질을 급격하게 향상시킬 수 있다.
브라이언 트레이시

PART 1_말하기 문제점 찾기

같은 말이라도 하는 사람에 따라 다르다

Harvard's 100-Year Traditional Speech Class

✦ ✦ ✦

하버드대학의 말하기 수업은 먼저 자기가 하는 말의 특징을 찾는 것부터 시작한다. 말을 함에 있어 자신의 장점을 명확하게 알면 실전에서 십분 발휘할 수 있고, 자신의 단점을 분명하게 알면 타인과의 대화에서 실수하지 않기 때문이다.

대화는 부드럽게 이어가야 한다

말하기는 리듬이고, 대화는 운동이다.
하버드대학 협상전문가 오스틴 로프트

어떤 만남이 즐겁지 않다면 잘못된 말하기 방식이 초래한 문제다. 우리는 자신의 대화 방식이 상대를 불쾌하게 만들거나 심지어 공격한다는 사실을 의식하지 못하고 인정하지도 않는다. 상대방과의 만남이 즐겁지 않았다면 대화의 과정을 돌이켜보자. 자신의 말투가 분명 상대에게 고통의 원인이 되었다는 사실을 발견할 것이다. 이로 인해 대화를 이어가지도, 시작하지도 못하는 상황이 되었다는 것을 알 수 있다.

도나는 어느 회사의 대리이다. 어느 날 그녀와 몇몇 동료들이 휴게실에서 함께 이야기하고 있었다. 그때 한 신입사원이 자신이 어제 보았던 일을 이야기했다.

"이런 말을 해도 되는지 모르겠어요."

"뭔데?"

“어젯밤에 우리 부사장님이 어떤 젊은 여자랑 데이즈호텔로 들어가는 걸 봤거든요.”

부사장은 오십이 넘은 유부남이었다. 이 신입사원이 우리에게 무슨 말을 하고 싶은지는 더 이상 말하지 않아도 이미 알 수 있었다.

순식간에 휴게실은 온통 어색한 공기로 휩싸였다. 회사 내에서 가십거리에 대한 대화를 나누지 말라는 공식적인 규칙이 있는 것은 아니었지만, 직원들의 도덕의식 자체가 기본적으로 이런 쓸데없는 일에 관심을 두는 것을 용납하지 못했기 때문이다. 아무도 이 화제에 반응을 보이지 않았고, 도나는 최근에 개봉한 영화로 화제를 돌렸다.

“그건 우리랑 상관없는 일이잖아. 혹시 이번에 개봉한 그 영화 봤어? XX라는 그 영화 정말 재밌더라!”

도나의 재치로 대화의 위기는 모면했지만, 그 뒤로도 그 신입사원은 같이 대화를 나누는 동료들의 호응을 받지 못했다. 어느 날, 그 신입사원은 동료들이 자신과 “대화하려 하지 않는다.”라고 도나에게 하소연했다. 자신이 꺼내는 대화의 화제에 문제가 있다는 사실을 모르는 까닭이었다.

오스틴 로프트는 하버드대학의 훌륭한 협상전문가 중 한 명이다. 그는 위기나 곤란에 처한 기업들의 분쟁을 해결해주곤 했다. 그의 주된 임무는 ‘대화하려 하지 않는’ 상대방의 마음을 ‘대화를 이어나가고 싶은’ 상황으로 바꾸는 일이었다. 그는 말할 줄 안다는 것이 반드시 대화할 줄 안다는 것을 의미하지는 않는다고 생각했다. 보통 말한다는 것은 개인의 일방적인 토로에 불과하지만 대화에는 반드시 쌍방의 교류가 있어야 하기 때문이다.

어떤 사람은 "나는 사람들과 대화가 어려워."라고 불평한다. 이렇게 생각하는 원인은 대화에 품은 기대에 자신이나 상대가 부응하지 못하기 때문이다. 이를 두고 대화가 안 된다고 단정 지어버린다. 하지만 오스틴은 가치관, 개인적인 경험의 차이점들이 서로 다른 대화 방식과 언어를 만들어내며 한 사람의 사고 구조의 외적 표현이 된다고 했다. 즉, 자신의 잘못된 소통 방식을 고치는 것은 대화 방식을 바꾸는 중요한 시작점인 동시에 대화를 지속하는 중요한 수단이라는 것이다.

1. 당신이 어떤 '악순환'에 빠져있는지 살펴보아라

자신의 말하기 문제점이 어디에 있는지 안다면, 다른 사람이 왜 당신과 대화하기 힘들어 하는지 알아낼 수 있다. 자신과 상대의 말하기 방식을 이해하게 되면 "대화가 안 통해!"라는 우울감에서 벗어날 수 있고 '저 사람과는 대화를 할 수가 없어.'라는 생각에서 '나와 저 사람의 말하는 방식이 다르기 때문에 우리가 어긋나는구나.'라고 이해하게 되는 것이다.

오스틴은 대화의 악순환에 진입하게 되는 몇 가지 전형적인 패턴을 다음과 같이 정리했다. 대화를 시작하고 이 패턴을 컨트롤할 수 있다면 당신은 어느 누구와의 대화이든지 즐거워질 것이다.

(1) 항상 똑같은 화제 꺼내기_상대방은 새로운 자극을 원한다

서로 다른 장소나 상황에서도 항상 끊임없이 똑같은 말을 반복하는 사람이 있다. 예를 들어 시도 때도 없이 상대방을 붙잡고 방금 전까지 논의하던 업무에 대해 이야기하려고 한다면, 심지어 그 일이 이미 지난 며칠 내내 논의하던 문제라면 당연히 듣는 사람은 피곤해질 수밖에 없다.

이런 지겨운 이야기는 반감을 일으키는 주제이기 때문에 상대방은 '또 시작이네.'라고 생각하기 쉽고, 당연히 더 이상 대화를 이어나가고 싶지 않게 된다. 따라서 이런 대화는 도저히 즐거울 수 없다.

(2) 상대방이 꺼려하는 화제 꺼내기_상대방은 편안하고 즐거운 대화를 추구한다

사람은 살면서 어쩔 수 없이 신체, 나이, 사생활, 지병 등 다양한 부분에 관련된 상처를 입게 된다. 그래서 이런 상처를 건드리는 화제를 꺼내면 상대방은 더 이상 말을 하고 싶지 않게 되고 결국 대화의 욕구가 완전히 소멸해버린다.

*** 상대방을 불편하게 할 가능성이 전혀 없는 화제**

① 날씨

② 고향

③ 연예인 가십거리

④ 최근의 TV 프로그램, 영화

⑤ 모두가 아는 공공의 사건

(3) 갑자기 말문 막히게 하기_상대방은 가볍고 유쾌한 대화를 원한다

처음 만난 누군가와 대화하다가 갑자기 상대방이 나의 생각을 부정한다면 당연히 화가 난다. 굳이 옳고 그름을 따져야 할 문제가 아니라면 왜 다른 사람의 이야기에 반대 의견을 내세우는 것일까? 물론 대화가 토론으로 발전하는 경우도 있지만 일반적인 상황에서는 굳이 상대방을 이겨야 할 필요는 없다.

(4) 자신이 관심 있는 일만 이야기하기_상대방은 자신의 이야기도 들어주기를 원한다

운동을 좋아하지 않는 사람은 운동에 관한 대화에 도저히 끼어들 수 없다. 그래서 당신이 아무리 신나게 운동에 대해서 이야기한다고 해도 상대방으로부터 돌아오는 것은 냉랭한 반응뿐이다. 어쩌면 핑계를 만들어 자리를 뜰지도 모른다. 당신이 말하는 주제에 대해 상대방이 전혀 대화에 참여할 수 없다는 사실을 의식했다면 어떻게 새로운 화제를 꺼낼지를 고민해야 한다.

(5) 상대방을 얕보거나 무시하는 듯한 대화 방식_상대방은 자신을 인정해주길 원한다

어떤 사람은 대화할 때 상대방을 고려하지 않고 성별, 학력, 세대차이 등을 무시한다. 예를 들어 당신이 상대방에게 "사람은 90세가 넘으면 가치가 없어져!"라고 말했다고 가정해보자. 그때 상대방이 90세 이상인 사람과 관련되어 있는 사람이거나, '사람들은 모두 높게 평가받을 만한 무언가를 가지고 있다.'라는 사고를 가진 사람이라면 다시는 당신과 대화를 나누고 싶어 하지 않을 것이다. 그런데 의외로 가족이나 친구처럼 친밀한 관계에 있는 사람일수록 편견이 담긴 대화 방식을 더 많이 사용하는 것으로 나타났다.

(6) 듣기만 하거나 말하기만 하는 사람_상대방은 계속 일방적으로 토론하는 것을 원하지 않는다

항상 자신만 이야기하고 다른 사람은 들어주기만을 강요한다면 듣는 사람은 금방 피로감을 느끼게 된다. 마찬가지로 항상 다른 사람의 이야기를 들으려고만 하고 자신의 이야기는 절대 하지 않는 사람과의 대화도 역시 그렇다.

자신의 이야기를 지나치게 많이 하는 것도, 지나치게 하지 않는 것도 모두 상대방의 불만을 일으킨다. 쌍방향의 소통만이 진정한 교류가 이뤄질 수 있는 밑바탕이 될 수 있다.

2. 주고받는 대화의 즐거움

대화의 주제가 모든 사람이 참여할 수 있는 것이라면, 그 대화는 아주 리드미컬하게 흘러갈 것이다. 마치 다함께 왈츠를 추는 것과 같아서, 부드럽지만 만족스럽게 대화의 결과에 이를 수 있다. 하지만 어느 한쪽이 상대방의 지지를 잃으면 대화는 더 이상 진행되지 못한다. 대화를 하다 보면 독자적 발언시간도 있다. 이때 나머지 사람들은 그에게 집중하면서 함께 리듬을 맞춰주어야 한다. 그래야 계속해서 대화의 리듬이 조화롭게 흘러간다.

* 탄력적인 대화란?

① 가볍고 유쾌한 대화

② 본인이 이야기도 하고, 상대방의 말을 듣기도 하는 대화

③ 상대방이 말하는 내용을 들으면서 적절한 피드백을 하는 대화

④ 상대방의 말을 긍정하고 받아들이는 대화(예 : "아, 그렇구나."라든가 "그거 좋은 생각이네." 등)

⑤ 정직하고 솔직한 대화

⑥ 이야기하면서 상대방의 반응을 체크하고, 반응이 좋지 않을 때 즉각 화제를 바꾸는 대화

⑦ 대화 중에 문제가 발생했을 때, 즉각 다음 화제로 넘어가는 대화

주거니 받거니 탁구공을 랠리 하는 모습과 사람들의 토론하는 모습은 매우 흡사하다. 만약 승부를 보고 싶다면 강하게 스매싱을 날려서 상대방을 공격하면 된다. 하지만 공을 주고받는 즐거움을 누리고 싶다면 공을 쳐줄 때 상대방이 받아쳐서 돌아올 수 있게끔 할 필요가 있다. 대화도 이와 같다. 대화를 계속 이어나가고 싶다면 상대방이 호응할 수 있는 화제를 꺼내야 한다.

3. 대화의 기승전결

일반적인 대화는 자유로운 형식으로 진행되며 특별한 중점이 없다. 하지만 그렇다 할지라도 대화의 기승전결로 구성된 시작점과 고조되는 부분, 결말이 있다.

*** 대화의 네 가지 흐름**

① 기 : 안부

② 승 : 화제 꺼내기, 정보 교환

③ 전 : 예상치 못한 방향으로의 발전

④ 결 : 마무리

자유로운 대화에는 특별한 규칙이 없다. 이야기하고 싶은 화제부터 시작하여 서로 알고 있는 이야기, 각 방면에 대한 소식들까지 교환하며 계속 대화를 나눌 수 있다. 하지만 무료한데다가 고통스럽고 귀찮은 대화를 나누고 나면 상대방과 다시는 대화하고 싶지 않다. 만약 대화의 주제가 무의미하다는 이유로 상대방이 당신을 공격하거나 무시하는 등 순조롭지 못한 대화가 계속된다고 해도 너무 신경 쓸 필요는 없다. 공식적인 대화가 아니라면 굳이 그렇게 많이 따질 필요가 없기 때문이다. 중요한 것은 당신이 대화의 즐거움을 얻었다는 점이다.

대화를 마무리 짓는 말에도 여러 가지가 있다. "오늘 나랑 수다 떨어줘서 고마워", "뭐 좀 사러 가야 해서, 다음에 또 얘기하자."와 같이 말할 수 있다. 자유로운 대화가 몇 차례 오가고 나면, 서로의 관계가 전보다 가까워지고 깊어졌다는 사실을 알게 될 것이다.

논쟁은
피할수록 좋다

논쟁에서 승리할 수 있는 가장 좋은 방법은 단 하나뿐이다.
독사와 지진을 피하는 것처럼 최선을 다해 논쟁을 피하는 것이다.
하버드대학법학대학원 출신 전 주지사 윌러드 밋 롬니

사람이 말하는 것을 두고 '말솜씨가 그저 그렇다'라고 평가하는 이유는 '말을 잘 못해서'가 아니라 말하는 것을 너무 좋아하기 때문이다. 그들은 논쟁 벌이기를 좋아하고, 온갖 방법을 동원하여 상대방을 이기려고 든다. 하지만 하버드대학법학대학원 출신이자 전 매사추세츠 주 주지사였던 윌러드 밋 롬니는 수년간의 정치 경험을 바탕으로 한 가지 원리를 깨달았다. 논쟁으로는 누군가를 굴복시키는 것이 거의 불가능한 데 비해 부드러운 해석과 설명은 강력한 힘을 발휘한다는 것이다.

하버드대학에서 은퇴한 몇몇의 노교수들은 서로 약속을 잡고 뉴욕 교외의 주말농장으로 '농사'가 주는 즐거움을 누리러 다니기로 했다.

그들은 그곳에서 은퇴한 자신들뿐만이 아니라 한창 나이의 청년과 중년들도 '농사'를 열심히 즐기고 있다는 것을 알게 되었다. 그들은 휴일 아침부터 삼삼오오 모여 서로 안부를 묻곤 했다.

"안녕하세요. 오늘 날씨가 참 좋네요."

"그러네요. 저희가 저번에 왔을 때 상추 싹이 났어요. S씨가 심은 채소는 어떤가요?"

다른 노교수 A가 농장의 농부에게 물었다. "저희 채소 이파리가 다 말랐어요. 다시 살아나긴 힘들겠죠?"

"괜찮아요. 가장 바깥쪽에 있는 잎들은 다 마르게 되어 있어요. 일주일 정도 지나면 푸른 잎이 자라나기 시작할 거예요." 농부가 웃으며 대답했다.

"그쪽은 어떤 채소를 심었죠? 저는 호박을 좀 심었는데." 노교수 B가 끼어들며 말했다.

"제가 심은 건 토마토예요. 그렇게 잘 자라고 있는 건 아니에요. 호박은 어때요?"

"아주 잘 자라고 있죠. 아마 좋은 결과가 있을 것 같아요. 나중에 수확하면 하나 드릴게요."

"정말 고마워요."

농부도 웃으며 축하를 건넸다. "농사꾼이 다 되었네요. 작년에도 호박 수확이 꽤 괜찮았던 게 기억나요."

농사짓는 것에 관해 누군가가 질문해온다면 경험이 풍부한 농부는 자세히 설명해줄 수 있다. 하지만 도가 지나치게 농부가 간섭하고 설명한다거나, 자신이 어떻게 채소를 심고 가꾸는지 듣도록 강요한다면 아마 모두들 받아들이기가 어려울 것이다. 심지어 농장 전체의 분위기에 변화가 생길 수도 있다. 어떤 화제에 대한 이야기는 이렇게 주고받는 방식의 대화 속에서 더욱 순조롭게 흘러간다.

벤저민 프랭클린은 "만약 당신이 남에게 지고는 못 배기는 성격이고, 다른 사람들과 논쟁하고 그들의 말을 반박하는 데 즐거움을 느낀다면 잠시의 승리는 얻을 수 있겠지만, 이런 승리는 아무런 의미도 가치도 없습니다. 왜냐하면 당신은 영원히 상대방의 호감을 살 수 없을 것이기 때문입니다."라고 말했다.

이 말에 비추어 누군가와 대화를 함에 있어 당신은 실질적 의미도 없는 표면적인 승리를 추구할 것인지, 아니면 한 사람의 호감을 얻기 위해 노력할 것인지 더 세심하게 고민해봐야 한다. 한 번에 두 가지 모두를 얻기는 힘들다.

서로 다른 상황이라면 서로 다른 말의 효과를 추구해야 한다. 공식적인 상황에서는 최소한의 말로 정확한 의미를 전달해야 한다. 하지만 사적인 자리나 업무와 무관한 상황에서는 대화의 목적에 더 많은 고민이 필요하다. 당신과 상대방의 대화가 관계를 발전시키기 위한 것인지, 아니면 옳고 그름을 따지거나 의견을 제시하기 위한 것인지를 판단해 관계발전이 목적이라면 대화의 깊이가 더욱 깊어지도록 기술을 이용해야 할 것이다.

1. 부드럽게 넘기기

안부 인사나 일상생활의 대화를 할 때도 대화의 기본적인 것들은 의식하고 있어야 한다.

- 상대방의 생각이 황당무계해도 너무 단호하게 질책해서는 안 된다. 대화의 목적이 상대방과의 좋은 인간관계를 유지하기 위함을 전제로 하기 때문이다.
- 당신은 자신의 고정관념을 버리고 상대방의 말에 귀를 기울여야 한다. 당신이 상대방의 생각에 동의하지 않을 수 있지만, 상대방에게도 자신의 의견을 주장할 권리가 있다는 사실을 명심해야 한다.
- 상대방이 말한 내용을 상상해보고 그에 맞는 피드백을 해주어야 한다. 상대방과의 대화에서 계속 당신의 의견만을 주장하고 상대방의 말은 부정한다면, 당신의 인간관계는 금방 산산조각 날 것이다. 어쩌면 일상적인 대화조차도 순조롭게 나누지 못하는 지경에 이르게 될지도 모른다.

2. 대화의 방해요소 없애기

말하는 사람과 듣는 사람 사이에 친밀 효과나 공감 효과가 발생하지 않으면, 제지를 당하는 쪽은 점점 불쾌한 감정을 느끼고 대화 자체를 혹은 대화 상대를 부정적으로 인식하게 된다. 원인은 대부분 소통 과정 중에 꺼낸 말들 때문이다.

"그러면 안 돼요!"

"제가 다 말했잖아요, 그렇게 된 게 아니라니까요!"

"예전에도 제가 얘기하지 않았나요? 어떻게 이렇게 벌써 까먹을 수가 있죠!"

"이렇게 하는 거 정말 바보 같은 짓이에요!"

이런 부정적인 의미의 말이 대화하는 중에 나오면, 인간관계가 무너지고 일상생활의 대화에도 영향을 주게 된다.

부정적인 행동들도 마찬가지다. 친밀감과 공감을 형성하는 부정적인 영향을 주는 행동은 조심해야 한다.

- 상대방이 깊은 대화를 시작하려고 할 때 갑자기 화제를 돌리는 행동
- 눈을 감고 팔짱을 낀 채 이야기를 듣는 행동
- 아무 말도 하지 않고 심지어 자신이 제대로 알아들었는지조차도 말하지 않으며, 말하는 사람과 눈도 마주치지 않은 채 혼자 작은 소리로 중얼거리는 행동

*** 대화가 도중에 중단되는 이유**

① 직접적으로 상대방의 말을 부정하는 행동(예 : 그러면 안 돼요!)

② 대화 도중에 상대방과 상반된 입장을 고수하는 행동

③ 상대방의 능력을 무시하는 말을 하는 행동(예 : 이렇게 작은 일에 연연하면 안 돼요. 시야를 넓혀야죠.)

④ 상대방이 말하고 있을 때, 다른 일을 생각하느라 아무런 피드백도 하지 않는 행동

⑤ 과도하게 말에 끼어들거나 말을 끊고 자기 말을 하는 행동(예 : 그래요, 그래요, 사실 저도 그렇게 했어요.)

⑥ 말하는 사람이 현재 다루고 있는 화제를 바꾸는 행동(예 : "그렇군요, 정말 그랬군요."라고 말한 뒤, 다른 화제를 꺼내는 것)

⑦ 자신의 의견을 고집하는 행동(예 : 그건 분명히 이렇게 된 거예요.)

⑧ 팔짱을 끼고 눈을 감고 듣는 행동

⑨ 상대방이 말을 하지 않으면, 자신도 같이 침묵을 지키는 행동

⑩ 부득이한 상황이 아니라면, 꼭 상대방이 먼저 입을 열어야 비로소 자신도 말을 하기 시작하는 행동

이처럼 대화를 중단시키는 요소들을 피할 수 있다면, 다른 사람들이 당신의 말을 더 쉽게 받아들일 수 있다. 물론 대화의 발전을 촉진하는 소통의 조건들을 더 많이 간파해 그것들을 활용할 수 있다면, 사람들은 당신과의 대화를 즐거운 일이라고 느낄 것이다.

*** 대화의 발전을 촉진시키는 소통의 조건**

① 가볍고 유쾌한 대화를 나누기

② 자신도 말을 하고 상대방의 이야기도 들어주기

③ 한편으로는 고개를 끄덕이며 반응하면서, 한편으로는 이야기하기

④ 상대방의 말을 긍정하고 받아들이기(예 : 그렇게 된 거군요, 그거 정말 좋은 생각이네요, 다음에 저도 한번 해봐야겠어요.)

⑤ 진실한 태도로 솔직하게 말하기

⑥ 상대방의 반응을 확인하면서 이야기하고, 혹시 상대방의 반응이 좋지 않으면 바로 멈추기

⑦ 비록 상대방과 나의 의견이 맞지 않더라도 계속 상대방의 의견에 충분히 흥미를 가지기

⑧ 상대방의 말에 흥미를 표현하고, 이를 무시하지 않고 반문이나 추가 질문 등의 반응을 보이기

⑨ 상대방이 당신의 말에 큰 웃음을 터뜨려줄 것이라고 기대했을 수도 있지만, 상대방이 크게 웃어주지 않으면 바로 화제를 바꾸기

⑩ 대화 중에 난감하게 말이 비는 타이밍이 생기면 바로 다음 주제를 꺼내기

말재주 없는 사람이 더 많다

태어나면서부터 말을 잘하는 사람은 존재하지 않는다.
대중 앞에서든 개인적인 자리에서든 우리는 두려움 때문에 말실수를 저지른다.
하버드대학 토론클럽 교수 스테판 포스차드

스테판 포스차드는 하버드대학 토론클럽 교수이자 NFL(미국 토론 리그)의 베테랑 고문이다. 말하기 능력이 뛰어난 그는 20여 년 넘게 말하기 지도를 해왔다. 그는 첫 수업에서 말하기 수업을 듣는 이유와 이 훈련을 통해서 얻고 싶은 것이 무엇인지를 묻곤 했다.

대답은 천차만별이었지만 대다수의 사람들의 소망을 간추려보면 다음 몇 가지로 귀결된다.

- 사람들이 나에게 일어나서 말하라고 하면 매우 불편하다. 나도 사람들 앞에서 태연하게 말할 수 있는 능력을 얻고 싶다.
- 나는 내 생각을 논리에 근거해서 도출해내는 능력을 얻고 싶다.
- 사람을 사귈 때 당당하고 차분하게 말하고, 분명한 관점을 바탕으로 상대를 설득할 수 있는 능력을 얻고 싶다.

이러한 능력들은 보기에는 쉬워 보이지만 실제 상황에 닥치면 당황스럽고 어렵게만 느껴진다.

포스차드는 아주 깊은 인상을 남긴 학생을 지도한 적이 있다. 이름은 달이고 IT업계 연구원이었다. 그는 뛰어난 성과를 인정받아 유급 휴가를 받게 되었다. 그가 휴가를 보내게 된 곳은 회사가 직원들에게 제공하는 휴양지의 최고급호텔이었다. 이 호텔에 투숙하는 사람 대부분은 세계 각지에서 일하는 그 회사 각 부서의 임직원들이었다.

달이 회사에 공헌한 뛰어난 성과는 이미 그 명성이 자자했다. 그래서 그는 호텔에서 지내는 휴가 기간 내내 모든 사람들로부터 몸 둘 바를 모를 정도로 칭송을 받기 바빴다.

하루는 임직원들을 위한 파티에 달도 초청되었다. 파티에서는 몇몇 유명인사가 초빙되어 임직원을 상대로 강연을 했다. 유명인사의 강연이 끝났을 때 아무런 사전 예고도 없이 파티의 사회자가 이렇게 말했다.

"오늘 우리 회사 최고의 IT 스타가 이 자리에 오셨다고 합니다. 여러분, 달 씨를 무대로 모셔서 우리 회사에 수백만 달러의 수익을 가져다준 소프트웨어를 어떻게 개발하게 되었는지 이야기를 듣는 시간을 갖고자 합니다. 모두 큰 박수로 환영해주시기 바랍니다!"

사회자의 갑작스런 소개에 달은 얼굴이 시뻘게지며 어찌할 바를 몰라 했다. 한 번도 무대에 서 본 경험이 없던 그는 두려움 때문에 거절하기에 바빴다. 하지만 사람들은 도리어 그의 거절을 겸손함이라고 오해했고, 더욱 격렬한 박수로 그를 청했다. 정말이지 가슴 아픈 순간이었다. 그는 자신이 무대에서 이야기하게 된다면 분명 바보 같은 모습을 보이게 되리라는 것을 알고 있었다. 달은 재빨리 자리에서 일어나 도망치듯 그곳을 빠져나왔다.

그에게 이 일은 엄청난 수치가 되어버렸다. 그는 곧장 뉴욕으로 돌아가는 비행기 표를 끊었고, 도착하자마자 포스차드의 말하기 훈련 기관에 바로 등록하게 되었다.

달이 겪은 일은 특수한 경우가 아니었다. 포스차드는 이런 보편적인 사례들을 통해 왜 우리에게 때때로 달과 같이 '말하지 못하는 상태'가 나타나는 것인지, 왜 중요한 순간에 우리의 말하고 사고하는 능력이 통제 범위 밖으로 날아가 버리는 것인지 의문이 들었다. 사례를 면밀히 검토하고 비교대조하면서 끌어낸 원인은 사람들이 말하기를 두려워한다는 것이다. 만약 당신이 말하기에 대한 두려움을 극복하고자 한다면, 포스차드의 다음 몇 가지 의견이 당신을 리드해줄 것이다.

1. 말하기는 누구나 두렵다

많은 사람이 '말을 잘 못하는' 것이 자신의 이미지에 영향을 끼칠까 두려워한다. 말은 곧 자신을 나타내는 도구이자 표현이라고 개체화하기 때문이다. 나서서 말을 못하거나 말하기에 주저하는 것은 자신이 바보 같기 때문에 그렇다는 것이다. 이런 공포는 그 어떤 것보다도 더 쉽게 자신을 파멸시킨다. 두려움을 갖기에 앞서 우리가 알아야 할 사실이 있다.

• 조사에 따르면 80~90%의 사람들이 말하기에 대한 두려움을 느

낀다.

- 말을 아주 잘하는 사람도 말할 때 긴장하는 경우가 있다.
- 생리적인 긴장감이 반드시 장애는 아니다. 이러한 긴장감을 정확하게 활용하는 법을 알고 있다면, 이것이 말을 간결하게 하는 데 상당한 도움이 된다는 것을 알게 된다.
- 공포는 무지와 불확실성에서 나온다. 만약 한 번이라도 성공한 경험이 있다면 다음번에 말할 때는 훨씬 쉽다고 느낀다.

2. 준비만이 답이다

말하기도 다른 일들과 마찬가지로 많이 준비할수록 그 효과가 좋아진다. 말을 할 계획이 없던 상황에서 대중을 상대로 이야기해야 하는데 위기 대처 능력이 부족하다면, 말하는 데 실패할 가능성이 매우 높다.

그래서 공개적인 활동에 참여하거나, 소속된 팀의 회의에 참석하거나, 낯선 사람과 대면하게 되었을 때에도 '내가 이야기를 해야 할 가능성(그곳의 상황, 구체적인 인물, 당시의 사건에 대해 생각해보는 것)'을 매순간 준비해두는 것이 좋다. 만약 친구가 주최하는 모임에 참석한다면 일은 더욱 간단해질 수 있다. 상대의 흥미를 불러일으킬 만한 재미있는 화제 몇 가지만 준비하면 된다.

중요한 대화를 진행하고자 한다면 사전에 연습하는 것이 큰 도움이 된다. 진행하고자 하는 대화 내용 중에서 일부를 친구나 동료의 일상 대화에서 꺼내기만 하면 된다. 상대방이 한가할 때 가볍게 몸을 기울여 이야기하는 것이다. "그거 알아? 그날 엄청 재미있는 일 있었어. 내가 말해줄게."라고 운을 떼면 상대방은 당신의 말에 호기심을 갖고 듣게 될 것이다. 이때 상대방의 반응을 세심하게 살펴보고 대화를 나누면 당신이 놓친 의견이나 사전에 예상치 못한 논쟁거리를 발견할 수 있고, 실전에서는 더욱 타당하게 자신의 의견을 이야기할 수 있다.

3. 움츠러들지 마라

"행동은 감정을 뒤따르는 것처럼 보이지만 사실상 행동과 감정은 동시에 움직이고 공존하는 것이다. 용감해졌다고 느끼고 표현하면 그 용기가 당신의 공포를 대신해줄 것이다."

미국의 심리학자 윌리엄 제임스의 견해다. 똑바로 서서 자신만만하게 이야기를 시작하고 자신이 상대의 마음을 움직일 수 있는 권리를 가진 사람이라고 상상하면 당당함이 생긴다는 뜻이다. 말하기에 두려움이 있다면 스스로 용기를 북돋우고 깊게 심호흡을 한다. 그런 다음 먼저 다가가 인사하고, 자신의 의견을 말하고, 또 설득하면 상황은 달라진다.

말하기가 어렵다고 인정하면 할수록 스스로에게 수많은 장애물을 만들어줄 뿐이다. 말하기를 일종의 모험이라고 생각하고 이 책에 쓰인 말하기 기술들을 효과적으로 활용하면 내적으로든 외적으로든 말하기 능력이 향상될 것이다.

말하는 사람에게 집중해라

듣는 과정에서 우리가 범하는 가장 큰 오류는 우리가 우리에게 의미 있는 말만 듣고,
다른 사람에게 의미 있는 말은 듣지 않는다는 것이다.
하버드대학 언어학자 스티븐 핑커

우리는 의식적으로 상대의 말을 듣지 않거나 직접적으로 상대방의 말을 무시하는 경향이 있다. 이런 행동은 상대방의 불만을 일으킬 수 있다. 이 경우 "내 말을 좀 제대로 들을 수 없나요?"라고 상대방에게 감정을 고스란히 드러내면, "당신이 방금 한 말의 내용과 태도 때문에 제가 기분이 나빠서 얘기를 듣고 싶지 않아요!"라는 대답을 듣게 된다. 말하는 사람으로 하여금 자신의 말하는 방식에 대해 고민하도록 하는 것이다.

하지만 우리를 더 난감하게 하는 상황은 따로 있다. 열심히 상대의 말을 들어주었는데 상대는 자기의 말에 집중하지 않고 있다고 판단하는 경우이다.

일이 너무 바쁜 마크는 아내를 위해 특별히 시간을 내기 힘들었다. 두

사람이 대화하는 시간은 주로 밥 먹는 시간뿐이었다. 그는 매일 밥을 먹으면서 아내가 하는 말을 들었고, 가끔씩 신문이나 잡지를 보면서 듣기도 했다.

어느 날 회사에서 승진한 아내가, 자신이 얼마나 기쁜지 끊임없이 마크에게 말하고 있었다. 하지만 마크는 그저 "응응, 참 잘됐네.", "하하, 나도 당신이 정말 자랑스러워."라고 건성으로 대답하며 한편으로는 신문을 넘기고 있었다. 어느 순간 갑자기 분위기가 싸늘해졌다는 것을 느낀 마크는 곧장 신문을 내려놓았다. 아내는 그를 쏘아보며 말했다. "당신 정말 내 말을 듣고 있기는 한 거야?" 마크는 바로 사과하며 말했다. "듣고 있지. 당연히 듣고 있어!"

"그래 좋아. 그럼 내가 방금 뭐라고 말했는지 말해 봐." 아내의 추궁에 늘 말을 잘하던 마크는 횡설수설하며 알아들을 수 없는 말만 하고 말았다.

마크는 비슷한 일들에 대해 동료에게 자문을 구하고 나서야 주변에서 자신을 바라보는 시선을 깨달았다. 그는 자신이 상대의 말을 듣고 있다고 생각했지만 그의 동료나 부하직원도 모두 그가 자신을 무성의하게 대한다고 생각하고 있었던 것이다. 그는 그저 억지로 '경청하는 사람'의 모습을 흉내 냈지만, 말하는 사람 입장에서는 사실 "미안해요, 제가 지금은 당신 얘기를 들을 시간이 없어요."라고 말해주는 것이 더 나았던 것이다.

'말하는 법'에 대한 책들이 다양하게 출판됨에 따라 현대인들은 아주 쉽게 다른 사람의 무성의함을 간파할 수 있게 되었다. 어떤 사람도 상대가 누구든지 간에 희롱을 당하거나 마지못해 이끌려가는 것을 원하지 않는다. 만약 강압으로 이끄는 사람이 있다면 그에게 저항할 것이고, 그를 미워할 것이다. 이렇기 때문에 상대를 자신의 편으로 만들려면 자신의 솔직한 감정을 표현하여 상대방의 동의를 이끌어내고 대화에 온 마음을 쏟도록 해야 한다.

당신도 마크와 같은 난처한 상황에 처한 적이 있는가? 만약 당신이 상대의 말을 잘 듣고 있는지 알고 싶다면 [표 1-1]을 통해 확인해보자.

[표 1-1] 상대방이 말할 때 당신은 정말 듣고 있습니까?

검사 항목	자주 그렇다	거의 그렇지 않다
내 마음대로 쉽게 결론을 내리고 다른 사람의 말을 잘못 듣는다.		
다른 사람의 말을 들을 때, 머리가 멍해지는 경우가 있다.		
다른 사람의 말을 들을 때, 기록을 하지 않는다.		
말하는 사람이 자신이 싫어하는 사람인 경우, 아예 듣고 싶지 않다.		
말하는 사람의 표현 방식이 좋지 않으면, 듣고 싶지 않아진다.		
내가 다음에 말할 내용을 생각하느라 상대방의 말을 흘려듣는다.		
내가 먼저 말하고 싶어서 상대방의 말을 끊는다.		
대화에 흥미가 없고, 듣는 것 자체를 별로 좋아하지 않는다.		
상대방의 의견이 나와 다르면, 듣고 싶지 않아진다.		
상대방의 말 중에 이해가 되지 않는 부분이 있어도 적극적으로 물어보지 않는다.		

[표 1-1]에서 '자주 그렇다'에 5개 이상 체크했다면 당신은 '다른 사람의 말을 전혀 들을 줄 모르는 사람'일 가능성이 높다. 상대방의 말을 잘 듣지 못한다면 그는 당신에게 말할 기회조차 주지 않을 것이다. 따라서 듣기의 중요성에 대해 다시 한 번 인식하고 말하는 상대에게 집중해야 한다.

말하기와 듣기는 소통의 두 다리나 마찬가지다. 이에 하버드대학 언어학자 스티븐 핑커는 적극적으로 듣는 것의 중요성을 강조했다.

"진정한 대화를 나누고 싶다면 자신이 적극적으로 듣고 있는지를 살펴볼 필요가 있다. 말은 듣는 과정에서 개인의 필요, 편견, 경험, 목적에 따라 내용이 왜곡될 수 있다. 아무런 악의가 없이도 말하는 사람의 의미를 진정으로 이해하기가 어려워지는 것이다. 그로 인해 듣는 과정에서 범하는 큰 오류는 자신에게 의미 있는 말만을 듣고, 다른 사람에게 의미 있는 말은 듣지 않는다는 것이다."

말하기 고수가 쓰는 방법을 이해하기 위해 핑커 교수와 그가 운영하는 '성공적인 언어연구소'는 각계각층에서 존경받는 성공 인사들을 찾아다니며 심도 있는 인터뷰를 진행했다. 이 인터뷰들을 종합하여 그들이 얻은 결론은 성공한 인사들은 "다른 사람으로부터 배우고 그들을 이해하려는 동기를 가지고 경청하는 자세로 대화에 임한다."라는 것이다. 대화의 내용에 관한 이미지를 적극적으로 떠올린다면 듣기를 높은 수준으로 하고 있다고 믿어도 된다. 하지만 말은 듣고 있지만 의미파악이 안 된다면 당신은 듣기에 대해 경각심을 가져야 한다. 당신의 듣기의 수준에 따라 상대에게 남겨지는 인상은 다르기 때문이다.

다음 네 가지 유형의 서로 다른 정도의 듣기를 살펴보자. 이중 레벨 01, 레벨 02, 레벨 03 유형의 사람은 당신에게 '절대 경청하지 않는다는 나쁜 인상'을 남기게 만든다.

레벨 01 정신은 다른 곳에 팔린 채 듣기_듣는 둥 마는 둥 한다

상대의 말에 "음, 음.", "아 그래?", "아~."라고 호응하는 사람들이다. 그들은 다른 사람들의 말에 전혀 관심과 감흥이 없다는 점을 아주 명확하게 드러내는 사람들이고, 정신이 다른 곳에 팔린 것처럼 보일 뿐만 아니라 실제로도 그렇다. 그들은 듣는 동시에 신문을 보거나 핸드폰을 만지기도 한다. 이런 사람들은 말하는 사람을 곤란하게 만들거나 분노하게 할 가능성이 아주 많다.

레벨 02 반동성 듣기_그냥 듣는다

마크 트웨인이 "대부분의 대화는 증언으로서의 독백이다."라고 말한 것과 같은 맥락이다. 이 유형은 듣는 동시에 언제든지 상대방의 말에 대답할 준비를 한다. 그로 인해 빠른 피드백을 할 수는 있지만 심사숙고하지 않아 깊이가 없다. 지나치게 감정 소모적인 대화로 여겨질 수 있고 상대방은 자신을 지치게 하는 이 대화를 피하고 싶을 것이다.

레벨 03 해결을 위한 듣기_자세히 듣는다

어떤 일을 발전시키거나 완성 또는 진행하기 위해 듣는 것이다. 말을 듣고 난 후에 자신이 내놓은 해결 방안이 합리적이라면 옳은 방법의 듣기였겠지만, 상대방을 설득하지 못한다면 당신의 듣는 방식은 인정받지 못한다.

레벨 04 마음이 통하는 듣기_마음을 다해 듣는다

이는 듣기의 최고 레벨로, 사람 중심의 듣기이다. 다른 사람의 마음 속 생각을 듣고, 말에 담긴 뜻을 파악해 오해하지 않고 듣는다는 것을 의미한다. 이렇게 서로를 이해하는 것은 사람들이 진정으로 조화로운 관계를 쌓는 기초이기도 하다.

듣기의 네 번째 레벨인 경청단계에 이르는 것은 절대 간단한 일이 아니다. 듣기를 통해 무언가를 배우고 있다는 사실에 유념해야 하며 상대에게 다음과 같은 질문을 던질 수 있어야 한다.

"이것이 당신에게 어떤 의미가 있나요?"
"당신은 ○○에 대해 어떻게 생각하나요?"
"당신은 어떤 책임을 지게 되었나요?"
"이 일에서 가장 좋은 부분은 무엇인가요?"
"당신은 ○○에 대해 어떤 느낌을 받았나요?"
"당신은 또 어떤 생각이 들었나요?"

네 번째 레벨의 듣기는 뛰어난 말하기를 구사할 수 있는 통로인 것은 확실하다. 상대방의 경청을 이끌어내는 방법을 배우고 나면 당신이 최소한의 말로 더 많은 것을 알게 되는 상황에서 소위 교류가 실현되는 광경을 목격할 수 있게 된다.

대화에 마침표를 찍는 사람이 되지 마라

말은 어떻게 해야 하는가? 이는 아주 대답하기 어려운 질문이다.
왜냐하면 말하기는 영원히 배움이
끝나지 않는 과목이기 때문이다. 하지만 그래도 시작점은 분명 존재할 것이다. 그렇지 않은가?
하버드대학 소통전문가 아담 제이콥스

"경우에 합당한 말은 아로새긴 은 쟁반에 금 사과니라."라는 이 말은 성경의 잠언에 나온다. "말의 적합함이란 구사하는 단어뿐만 아니라 어떤 상황을 판단하고 듣는 사람의 심리적 반응을 알맞게 파악하는 것과 관련된다."라는 점을 설명하고 있다. 언어와 상황을 잘 어울리게 만든다는 것은 장소, 시간, 사람, 사물, 사건에 맞는 말을 하는 것이다.

피터 버그만은 하버드대학 출신의 유명 작가이자 중형 IT기업의 사장이다. 그는 회사 총괄관리자 제임스를 채용했을 때의 일을 지금도 잊지 못하고 있다. 제임스는 경력이 풍부하고 능력에도 부족함이 없었지만, 부임하자마자 회사 내 다른 관리자들의 반감을 사고 말았다. 이유는 간단했다. 그가 회의 중에 무심코 내뱉은 말 한 마디 때문이었다. "지금까지 쌓아온 제 경험이면, 여러분이 충분히 저를 믿고 따르게 할 수 있다고 확신합니다."

갑자기 회의 분위기가 엄숙해지자 피터는 말했다. "여러분도 알다시피 말을 잘하는 것과 일을 잘하는 것은 별개입니다. 우리가 어떤 사람의 능력을 가늠할 때 60%는 상대방의 말을 통해 판단하게 됩니다. 내가 뱉은 말 한 마디가 다른 사람이 나에 대한 생각을 형성하는 요소가 되는 것이죠. 이 자리에서 감히 말씀드릴 수 있는 명확한 사실은, 이 말 한 마디 때문에 제임스는 앞으로 회사생활에 적응하는 데 많은 어려움이 있을 것입니다."

때때로 우리가 기회를 놓치는 이유 역시 말 한마디 때문인 경우가 있다. 날로 사업이 번창해지면서 피터는 새로운 회사를 인수하게 되었다. 피터는 인수한 회사의 직원을 상대로 개별 면담을 진행했다. 그중 한 직원이 "저는 원래 퇴직할 생각이었습니다만, 이 회사의 제도를 한번 보러 왔습니다."라고 말했다.

피터는 그 자리에서 바로 대답했다. "그럼 보실 필요 없습니다."

말하기가 살아가는 데 이수해야 할 삶의 필수 과목이라는 것을 사람들은 인정하지 않는다. 그들은 말에 기대어 성공하는 것이 일종의 공리적인 발상이라고 말하지만, 사실 말하기는 당신이 성공할 수 있도록 도울 뿐이지 성공의 결정적 요소가 되지는 못한다. 하지만 당신이 다른 사람에게 늘 말실수를 하는 인상을 남겨준다면, 당신은 어느 상황에서도 마침표를 받는 사람이 될 뿐이다. 모든 화제가 당신에게서 마침표를 찍게 된다면 사람들도 더 이상 당신과 대화하고 싶지 않을 것이다.

만약 당신에게 다음과 같은 맹점들이 존재한다면 당신이 마침표를 찍는 사람이 될 확률이 높다.

1. 다른 사람의 감정을 살필 줄 모르는 것

"나는 일에 대해 말하는 거지, 사람에 대해 말하는 게 아니야."라고 말하는 사람은 해야 할 말만 하면 그뿐이다. 절대 다른 사람의 감정을 살피는 데 시간을 낭비하려 하지 않는다. 하지만 의외로 일에서든 생활에서든 사람이라는 요소가 핵심이기 때문에, 다른 사람과 밀접하고 적극적인 관계를 맺고자 한다면 반드시 상대의 감정을 살피는 법을 알아야 하고 특히 일하는 과정 속에서는 더더욱 신경을 써야 한다.

(1) 부당한 말은 대화에서 멀어지게 한다

당신의 말 한 마디 한 마디에는 격려, 부정, 파멸의 세 가지 정보가 수반될 수 있다. 다른 사람에게 일을 가르칠 때 상대방이 자신보다 더 멍청하다는 판단으로 훈계를 덧붙이면 상대방은 대화에서 자동적으로 나를 보호하고, 자만함을 공격해야 하는 논쟁으로 바꿔 받아들인다. 이런 논쟁이 발생하면 사실에 입각하여 시비 득실을 논하는 원래의 목표를 상실하는 것은 불 보듯 뻔한 일이다.

(2) "솔직해서 입바른 소리를 잘한다."라는 것은 변명에 불과하다

인간관계에서 "솔직해서 입바른 소리를 잘한다."라는 말의 다른 의미는 "자만하고, 상대방의 감정을 고려하지 않는다."라는 것이다. 특히 말하는 사람이 늘 다른 사람은 얕보고 자신은 부풀려 말하는 사람이라면 "솔직해서 입바른 소리를 잘한다."라는 것은 더더욱 잘못이다.

자신이 원하지도 않는 비판을 좋아할 사람은 없다. 당신이 다음의 세 가지 인물에 속한다면 현실 생활에서 다른 사람들로부터 좋은 소리를 들을 수 없다.

*** 제일 호감을 얻지 못하는 인물 유형**

① 상대방의 선생이 되는 것을 즐기는 사람 : 영원히 다른 사람을 학생 취급한다.

② 상대방의 선배가 되는 것을 즐기는 사람 : 상대방의 어려움을 작은 일로 치부한다.

③ 상대방의 리더가 되는 것을 즐기는 사람 : 도와줄 수 있다는 것을 쉽게 표현하길 좋아한다.

이 세 가지 인물의 공통점은 모두 의식적으로든 무의식적으로든 다른 사람들로 하여금 무시와 무지를 느끼도록 하고, 이를 통해 자신의 대단함을 드러낸다는 것이다. 반면 상대방은 그 자리에서 화를 내지는 않더라도 몹시 불쾌함을 느끼게 된다.

2. 입을 열기 전에 들을 줄 모르는 것

우리가 듣는다고 해서 모두 잘 듣는 것은 아니다. 가벼운 수다든지, 사업적인 공식 대화든지 중심에 맞는 말을 하려면 먼저 잘 들어야 한다.

첫째, 가장 근본적인 듣기는 말을 분명하게 듣는 것이다. 동문서답하지 마라.

둘째, 보다 업그레이드된 듣기는 다른 사람과 입장을 바꿔 생각해보는 감정 이입과 상대방의 말과 표정을 보고 그 의중을 파악하는 민감함을 갖추는 것이다. 업그레이드된 듣기를 실천하고 싶다면 스스로를 일깨우고 반복해서 연습해야 한다. 일반적으로 말에 재치가 있는 사람은 대부분 이런 훈련을 거쳤다.

아담 제이콥스는 하버드대학을 졸업한 소통전문가다. NFL(미국 토론리그)의 더블 다이아몬드 레벨 훈련 당시 사람들의 이목을 집중시켰던 것은 그가 늘 지니고 다니던 작은 수첩이었다. 그 수첩에는 매일 들었던 좋은 말, 명언, 다른 사람과 나눴던 중요한 대화, 그 후속 상황에 대한 예측들이 빼곡하게 적혀 있었다. 그는 "반성은 가장 좋은 훈련이다. 진정으로 뛰어난 말하기를 구사하는 사람들은 반성할 줄 아는 사람이다."라고 했다.

3. 말의 탄력성을 높여라

우리는 자녀로, 부모로, 좋은 친구로, 라이벌 앞에서는 경쟁자로, 상대에 따라 서로 다른 신분을 가지게 된다. 그럼에도 늘 동일한 어조를 사용하면 그에 따른 결과는 마침표를 찍는 사람이 되고 만다. 말에 탄력이 없으면 사람이 지나치게 평이해보일 수 있기 때문이다.

제이콥은 미국 5대 기업의 협상전문가를 맡은 적도 있고 훈련 센터도 가지고 있었기 때문에 매일 각양각색의 사람들과 대화해야 했다.

만약 의견이 맞지 않으면 그는 상대방에 따라 다른 방식으로 대처했다. 예를 들어 부하직원들 앞에서는 악하거나 선한 역할을 맡기도 했고, 경쟁하는 라이벌 앞에서는 용맹함과 타협 불가의 이미지를 만들어 사용했다. 심지어 "날 속일 생각하지 마. 그랬다간 두 배로 갚아 줄 테니!"라며 약간의 잔인함을 드러내기도 했다.

탄력은 말하기 능력이 드러나는 또 다른 부분이기도 하다. 어떤 사람은 어떤 유형의 말 밖에는 할 줄 모르는데, 이는 그들이 특정 유형의 사람들하고만 소통할 수 있다는 것을 나타낸다. 그래서 다른 유형의 사람들 앞에서는 마침표를 찍는 사람이 되어버리고 마는 것이다. 하지만 서로 다른 상황에서 상대에게 맞는 단어와 어조를 사용한다면 효과적인 대화를 이끌 수 있다.

사실 "어떻게 말하는가."라는 문제에는 하버드대학 출신의 협상전문가처럼 뛰어난 사람이라고 해도 명확한 대답을 해줄 길이 없다. 하지만 자신의 말하기 능력을 의식적으로 개선해 나가는 것만이 현재보다 더 나은 말하기 능력을 지닐 수 있는 길이라는 점은 모두의 공통된 의견이다.

PART 2_인상적인 대화법

3초 인사로 첫인상 바꾸기

Harvard's 100-Year Traditional Speech Class

✦ ✦ ✦

당신이 다른 사람과 인사하는 방법을 제대로 알지 못한다면 당신에게는 친해지기 어려운, 그다지 열정적이지 않은, 노력하지 않는 사람이라는 부정적인 꼬리표가 붙을 가능성이 높다. 물론 당신이 정말 노력하지 않거나 미움을 살만한 일을 했다는 게 아니다. 다만 당신은 어떻게 인사해야 하는지 알지 못했을 뿐이다. 이제부터 당신에게 내재된 말하기 기술을 다른 사람이 알아차리도록 하는 방법을 배워야 한다. 이 기술은 3초 안에 적절하게 인사하는 법을 알려줄 뿐만 아니라 상대방이 당신의 관심을 느낄 수 있게 해줄 것이다.

언제든지 인사할 수 있도록 준비해라

두 사람이 눈을 마주쳤을 때, 큰 소리로 "좋은 아침!"이라고 건네는 인사말은
겉보기엔 별 의미가 없어 보이지만, 서로에게 모두 편안한 느낌을 가져다줄 수 있다.
하버드대학 인간관계 소통전문가 나카시마 아오코

인사를 건넬 때는 많은 말을 할 필요도, 큰 소리로 자신의 존재를 드러낼 필요도 없다. 불과 몇 초의 시간을 들여 "안녕."이라고 한 마디를 건네면 그만이다. 그렇게만 해도 소통은 원만해질 수 있다.

나카시마 아오코는 하버드대학 사회학과를 졸업하고 나서 일본으로 돌아와 인간관계 교류 연구소를 설립했다. 그녀는 세계 각국의 민속을 연구하던 중, 공통적으로 인사가 인간관계를 구축하는 첫걸음이 된다는 사실을 발견했다. 아이에서 어른에 이르기까지 모든 사람들은 인사의 중요성을 알고 있었다. 하지만 남녀노소 할 것 없이 이 이치를 다 알고 있어도 많은 사람이 실천하지 못하고 있었다.

아오코는 매일 아침에 부하직원과 마주칠 때마다 먼저 인사를 건넨다. 그러면 그 직원은 근무시간 내내 일에 대한 높은 열정을 보였다. 아

오코는 그 사실을 경험을 통해 알고 있었다. 어느 이른 아침, 그녀는 부하직원 노무라를 만나자마자 반갑게 인사를 건넸다.

"노무라 씨, 좋은 아침이에요! 어젯밤에도 늦게까지 일하던데 정말 수고가 많아요! 진행 중인 연구는 지금 어디까지 진전되었나요? 혹시 힘든 부분은 없나요?"

아침 인사 덕분인지 평소에 붙임성이 별로 없던 노무라가 연구 과정에서 새롭게 발견된 내용들까지 아오코에게 설명해주었다. 그러면서 최근 연구 과정에서 발생된 어려운 부분에 대해 자문까지 구했다. 아오코는 그동안 자신이 알고 있던 노하우를 그에게 자세하게 알려주었다.

그 이후 한동안 노무라는 연구 중 발생되는 어려운 문제들에 대해 아오코와 토론하는 것을 훨씬 더 즐거워하게 되었다. 아오코가 아는 노무라는 아주 내성적이어서 먼저 물어봐주지 않으면 절대 다른 사람에게 도움을 청하지 않는 성격이었다. 그런 그가 변한 것이다.

인사는 영혼을 소통시키는 방식으로 감정의 연결고리를 더욱 조이는 역할을 한다. 그래서 인사를 절대 가볍게 여겨서는 안 된다. 능동적인 "안녕하세요!" 혹은 "안녕!"이라는 인사는 곧 "제가 당신을 인식했습니다."라는 정보를 전달한다. 자신이 다른 사람에게 인식되고 존중받는 것을 좋아하지 않을 사람은 없다. 먼저 인사를 건네는 일을 당신이 한 달 동안 지속한다면 당신의 인간관계는 크게 변화할 것이다.

* 인사의 좋은 점 세 가지

① 자신의 감정과 생각을 정확하게 상대방에게 전달할 수 있다.

② 서로의 생각을 주고받을 수 있다.

③ 상대방과의 소통에 존재하는 장애물을 없앨 수 있다.

1. 인사는 눈 마주침과 동시에 하자

길에서 우연히 친구를 만나고 눈까지 마주쳤는데 그가 인사 한 마디 건네지 않았다. 그래서 당신도 못 본 척 다른 곳으로 시선을 돌리고 바삐 그 자리를 벗어났다. 솔직히 당신은 그와 인사를 하고 싶었지만, 혼자만 인사하면 매우 창피하고 민망한 상황이 될까 봐 피했던 것이다. 하지만 돌이켜 생각할수록 그가 왜 인사하지 않았을까 고민하게 된다. 그 상황을 곱씹을수록 서운하고 섭섭한 감정만 남는다. 다음번에 그를 만났을 때, 그때의 상황을 잊은 것처럼 일부러 화기애애한 분위기를 만들려고 한다면 서로 가식적이라는 느낌을 받을 것이다.

만약 상대방이 비즈니스 파트너라면 이런 상황은 다음 비즈니스에 부정적인 영향을 끼치게 된다. 만났음에도 인사를 하지 않는 것은 서로의 기분과 이미지를 한순간에 추락시키는 결과를 낳기 때문이다.

장담컨대 가장 난감할 때가 가장 인사하기 좋을 때다. 상대방과 눈이 마주친 그 순간 인사를 건네면 된다. 그러면 상대방을 중요하게 생각하는 마음과 서로 만나게 되어 기쁜 마음을 효과적으로 전달할 수 있다. 첫인상은 단 몇 초간의 인사로 결정되는 것이다.

* 인사하기 가장 좋을 때

① 눈이 마주친 순간이 인사하기 가장 좋은 타이밍이다.

② 입구 쪽 문이 열리는 순간 상대방을 발견했다면 그때 바로 인사를 건넨다.

2. 관심을 담아 인사하라

사회생활에서는 반드시 다른 사람과 관계를 생성해야 한다. 또한 즐겁게 사회생활을 영위해 나가고 싶다면 사람들과의 접촉은 불가피한 일이다. 다른 사람과 막힘없이 소통하는 데는 인사가 매우 중요한 역할을 담당한다. 인사를 건넬 때는 웃는 표정으로 상대방의 눈을 바라보며 큰 소리로 만남에 대한 기쁜 감정을 전달해야 한다. 상대방의 이름을 부르거나 지위를 말하고 상황에 부합하는 인사말을 써야 하며, 상대방에게 유효한 피드백을 할 수 있는 어조를 사용하는 것이 좋다.

관심을 전달하는 것이야말로 나카시마 아오코가 적극적으로 인사를 해야 한다고 주장했던 핵심 원인이다.

3. 인사도 연습이 중요하다

말을 잘하지 못하는 사람이 직속상사를 인사 연습 대상으로 삼는다면 당연히 효과적이지 않다. 난감한 상황이 연출될 수 있고 인사의 결과를 심각하게 받아들여 업무적인 말조차 꺼낼 수 없게 될지도 모른다. 당신이 이런 경우에 봉착했다면 몇 번의 연습을 거치고 나서 다시 정식으로 인사를 건넬 기회를 찾는 것이 좋다. 예를 들어 회사 내의 경비원 아저씨에게 인사를 해보는 것이다. 당신과 그들은 별다른 이해관계가 얽혀 있지 않기 때문에 실패한다고 해도 당신에게 부정적인 영향을 끼치지 않는다.

인사는 당신에 대한 인상, 두 사람의 관계와 교류, 협력의 적극성을 결정한다. 하지만 지금 인사하지 않는 것은 당신이 그에게 전혀 관심이 없다는 오해를 살 수 있기 때문에 매우 위험하다. 상대가 당신에 대해 "다른 사람을 잘 무시한다."라는 선입견을 갖게 되면 당신이 당장 무관심한 태도를 바꾼다 해도 상황은 매우 어려워진다.

잘못된 평가는 뒤집을 수 있다

부정적으로 정의되는 것은 아주 무서운 일이다.
하지만 더 무서운 일은 이런 정의를 바꾸려고 하지 않는 것이다.
하버드대학 소통전문가 브룩 윅스

어떤 사람에게 "그 사람은 정말 예의가 없어요!"라든가 "그녀는 말을 잘하지 못하는 사람이야."라는 낙인이 찍히게 되면, 그 사람은 상대방과의 교류에서 좋은 이미지를 받기가 어려워진다.

조셀린은 아주 착하지만 회사 내에서 '인사할 줄 모르는 사람'이라는 꼬리표가 붙어 있다. 사실 조셀린은 새로운 동료들과 통성명하는 걸 정말 싫어했다. 그녀는 동료든 상사든 거래처 사람이든 간에 대화를 나눠야 하는 걸 어색해서 어찌해야 할 바를 몰라 했다.

'얼마 전에 입사한 회사동료가 저기 오는군. 어떻게 해야지? 인사를 해야 할까? 그런데 혹시라도 저 친구가 나를 기억하지 못하면 어쩌지?'

'저 앞에 사장님이 걸어오고 있어. 인사를 해야 할까, 아니면 저쪽으로 돌아가야 할까? 이대로 안절부절못해 하며 지나가다간 어색해하는

표정이 다 드러날 거야.'

하루는 로비에서 회사동료가 조셀린을 무시하고 못 본 척하며 빠르게 지나쳐 갔다. 인사할 필요가 없어서 마음이 편했지만 다른 한편으로는 서글픈 생각이 들었다. '에효, 나는 어쩌다가 이렇게 사람들이 싫어하는 사람이 됐을까?'

동료가 먼저 인사를 건네주면 한편으로는 '너는 정말 나의 구세주야! 뻔뻔하게 내가 먼저 너에게 말을 걸 필요가 없어졌어!'라고 생각하겠지만 받은 인사에 대답해야 할 때는 또다시 어찌할 바를 몰라 굳은 얼굴을 내비치고 마는 것이다.

어쩌면 동료들은 이런 조셀린의 불안해하는 상황을 알았을지도 모른다. 그리고 이로 인해 회사에서 사람들이 더욱 습관적으로 그녀를 못 본 척하게 되어 그녀가 점점 더 투명해졌는지도 모른다.

자신이 한 단락의 대화도 컨트롤하지 못한다고 느낀다면 자기에 대한 자신감이 부족하거나 심적으로 긴장을 했기 때문이다. 우리는 말을 잘못해서 비웃음거리가 되거나 상대방을 화나게 함으로써 서로 간의 존중이나 교류관계가 깨지는 것을 두려워한다. 그로 인해 입을 닫게 되는데 상대방에게 부정적인 인식만 심어줄 뿐이다.

브룩 윅스는 하버드대학의 정치가 양성의 본거지인 케네디대학원의 교수이다. 그는 다른 사람이 자신을 발굴해주던 시대는 지나갔다고 생각했다. 지금은 능동적인 사람이 승리하는 시대이며 누구든지 고치를 뚫고 나비가 될 때까지 기다려주지 않는다는 것이다. 대부분의 사람들은 말을 잘하지 못한다고 낙인이 찍힌 사람보다는 이미 교류할 줄 아는 사람과 조금이라도 더 대화를 나누고 싶어 한다. 그만큼 말하기 능력을 높이는 것은 성공의 필수요소가 되었다.

1. 상황을 상상해보라

어떤 상황을 상상하고 심리적인 준비를 해두면 유용하다. 예를 들어 출근하기 전에 동료나 상사를 만나게 된다면 어떻게 인사해야 할지, 사무실에 들어갔을 때 동료가 맞은편에서 걸어오고 있다면 어떤 말을 해야 할지 준비해두는 것이다. 만약 엘리베이터를 누군가와 함께 타게 된다면 당신은 가볍게 "좋은 아침입니다."라고 인사를 건넬 수 있다. 간단한 인사지만 어색한 분위기를 풀어낼 수 있고 상대방에게도 좋은 인상을 남길 수 있는 방법이다.

2. 꼭 재미있을 필요는 없다

언제 어디에서든 활발하고 생기가 넘치는 사람이 있다. 이런 사람이 사무실에 들어오면 사무실 분위기가 순식간에 활력이 넘치는 분위기로 바뀐다. 그런데 하버드대학 연구에 따르면, 늘 활발하고 말을 잘하는 사람은 전체 인구 중 2%에 불과하다고 한다. 이런 사람은 한 번에 주변의 분위기를 이끌어 나갈 수 있는 능력을 가지고 있지만 실제로는 너무 소수에 불과하다.

따라서 당신은 성실한 인사를 실천하는 98%의 사람들에게 배움을 얻으면 된다. 하지만 자신의 개성이나 성격을 거스른 채 재미있게 대화하는 사람으로 위장하면, 깊고 오랜 교류에서는 상대의 신뢰를 얻기 어렵다. 얼마 못가서 자신의 본성이 드러나기 때문이다.

3. 인사에 한 마디를 덧붙이면 수월해진다

단순하게 인사하면 상대방도 인사에만 대답할 뿐 감정적인 작용을 일으키지 못한다. 인사말 뒤에 한마디를 덧붙이면 상대방도 비교적 쉽게 웃으며 대답할 수 있다. 예를 들어 아침 인사를 할 때 "좋은 아침입니다! 오늘 아주 일찍 왔네요!"라고 말하면 훨씬 말을 이어나가기가 쉬워진다. "좋은 아침입니다! 저도 가끔은 일찍 온답니다!"

하지만 주의해야 할 것은, 인사말 뒤에 덧붙이는 말은 상대방의 옷차림 등과 같이 중요한 사실들과는 관련이 없어야 한다는 점이다. 그런 말들로 상대방의 피로감을 자극하거나 갈등을 초래할 수도 있기 때문이다.

4. 여러 사람에게 인사해야 할 때

사무실에 들어갔는데 3명의 동료가 이야기를 나누고 있고 그중에 상사도 함께 있다면 어떻게 인사를 건네야 할까? 보통 "좋은 아침입니다!"라고 한 번에 인사를 해결해버리지만, 정확한 인사 방식은 각각의 사람들에게 "좋은 아침입니다!"라고 인사하는 것이다. 이렇게 하면 어떤 사람도 무시당한다는 느낌을 받지 않는다.

하지만 열 몇 명의 동료들이 둘러서서 이야기를 나누고 있는 경우는 상황이 달라진다. 한 사람씩 인사를 건넨다는 것은 사실상 현실적이지 않기 때문에 꼭 인사를 건네야 하는 선배나 상사에게 눈을 돌려 모두 들을 수 있는 정도의 음량으로 인사를 건네면 된다.

5. 자주 쓰는 여섯 가지 인사 방식

다수의 사람들은 인사하는 것을 어려운 일이라고 생각한다. 어떤 이는 인사하는 일 때문에 심리적으로 부담을 느끼고 누군가와 맞닥뜨렸을 때 말문이 막힐까 봐 두려워한다. 그런 때에 대비해 다음과 같은 여섯 가지 인사 방식을 마스터해두자. 어느 순간에서든 의연하게 대처할 수 있다. 그리고 이와 같은 인사말에 효과적인 인사 기술을 더하면 인정받는 인사의 달인이 될 수 있다.

(1) 일상적인 인사

"좋은 아침이에요."

"안녕하세요."

"수고했어요."

이런 인사들은 적절하게 사용하면 적극적인 효과가 발생한다.

(2) 관심을 표현하는 인사

"감기는 나았어요?"

"어젯밤에 아들 생일 파티는 잘 했나요?"

자신의 관심을 언어로 바꾸어 상대방에게 전달하면 소통을 촉진시킬 수 있다.

(3) 감사하는 말

"도와줘서 고마워요."

"어제는 정말 큰 도움이 되었어요."

동료나 다른 사람에게 도움을 받았을 때 필요한 인사말이다.

(4) 보고, 연락, 상의하는 말

"사장님, 저의 XX프로젝트는 아주 잘 진행되고 있어요!"

"요즘도 검정고시 공부 잘돼가나요?"

"퇴근하고 같이 모이는 게 어때요?"

어떤 일을 같이 하거나 어떤 일에 대해 문의해야 할 일이 있을 때 사용하는 인사말이다. 다만, 이 인사말을 사용할 때는 구체적인 상황 인식이 필요하다.

(5) 발견과 관찰

"회사 건너편에 괜찮은 술집이 생겼던데 가본 적이 있나요?"

"머리 스타일이 바뀌었네요?"

자신이 발견하거나 관찰한 것을 상대방에게 전달하면 정서적 공감과 긍정적인 평가를 이끌어낼 수 있다.

(6) 칭찬하는 말

"오늘 옷차림이 정말 근사하네요!"

"어제 그 일은 정말 훌륭하게 잘해냈어요!"

칭찬으로 시작하는 인사는 인간관계의 감정을 발전시키고 어떤 교류에서든지 유익하다.

인사는 흥미로운 모험이다

대화는 서로의 사상의 교류이자 나아가 말하기와 지혜가 융화된 깊은 의미가 있는 표현이다.
많은 사람이 걱정하는 것처럼 자신의 단점을 드러내게 하는 것이 아니다.
하버드대학 예학전문가 에밀리 포스트

인사를 먼저 건네는 것은 꽤 모험적인 일이다. 거절당한 후의 어색함을 마주하기가 너무나도 두렵기 때문이다. 이런 공포 심리는 우리가 더 많은 사람을 인식하고 이해하는 데 방해가 된다. 모험은 원래 흥미로운 일이다. 거절에 대한 두려움 때문에 흥미로운 일을 포기해서는 안 된다.

하버드대학의 예학전문가 에밀리 포스트가 겸임 교수로 있을 때, 요한슨이라는 학생을 가르친 적이 있다. 한 학기 동안의 수업에서 에밀리는 한 번도 이 학생이 먼저 나서서 이야기하는 것을 본 적이 없었다. 불합격한 과제 때문에 강의실에 남게 되었을 때조차 그 학생은 쉽게 입 밖으로 말을 꺼내지 못했다.

에밀리 교수는 수줍음을 많이 타는 이 학생에게 큰 흥미를 느끼게 되었다. 이메일을 보내 그의 과제에 대한 자신의 의견을 전달하며 대화하고 싶다고 말했다. 요한슨은 곧장 자신이 왜 대화를 잘하지 못하는지 고충을 토로하는 답신을 해왔다. 그는 어색함과 거절당하는 것이 두렵고, 더욱이 자신이 꺼낸 화제가 잘못된 방향으로 흘러가서 다른 사람들이 싫증을 내게 될까 봐 두려워하고 있었던 것이다.

수줍음이 많은 사람은 인간관계에서 수동적인 태도를 취한다. 그래서 늘 기다리는 쪽을 선택하기 때문에 누군가 자신에게 먼저 다가와 인사해주기를 바란다. 그런데 수줍음이 많은 두 사람이 만나게 된다면 어떨까? 아마도 수동적인 두 사람은 계속 서로를 기다리기만 할 것이다.

이 악순환에서 벗어나려면 의식적으로 수동적인 모습을 능동적인 모습으로 바꿔야 할 필요가 있다. 다음번에는 상대방에게 먼저 인사를 건네고 대화를 시작해보는 것은 어떨까?

낯선 사람들끼리 인사할 때는 우선 자기소개를 한다. 그 다음에 자신의 의견, 느낌, 관점, 경험 등에 대해 이야기한 후에 상대방은 이에 대해 어떻게 생각하는지 질문하면 된다. 이미 알고 있는 사람을 만나더라도 먼저 입을 열어야 한다. 능동적으로 대화를 시작하면 적극적인 피드백을 받게 될 것이고 거절에 대한 공포감도 크게 줄어든다.

1. 대화의 방향을 리드하자

인사를 먼저 하는 것의 좋은 점은 대화의 방향을 당신이 결정할 수 있다는 것이다. 또한 우호적이고 능동적이며 개방적인 인상을 상대에게 심어줄 수 있다. 대화하고 싶다는 태도를 보여주는 것만으로도 상대방은 자신이 존중받았다는 느낌을 받아 기쁜 마음으로 대화에 참여하게 된다.

당신이 어떤 질문을 시도해보려고 할 때는 먼저 상대방에게 의례적인 질문을 해볼 수 있다. 의례적인 질문에 대한 상대의 태도나 대답을 듣고 대화의 방향을 정하는 것이 좋다.

- 상대방의 언행은 어떠한가?
- 당신이 필요하거나 찾고 있는 것이 무엇인가?
- 당신은 상대방이 필요하거나 찾고 있는 것이 무엇이라고 생각하는가?
- 당신이 궁금해하고 상대방이 그에 대한 답을 줄 수 있는 것이 무엇인가?

2. 대답하기 쉬운 질문이 좋다

잘 알지 못하는 사람과 대화를 시작할 때는 쉽게 대답할 수 있는 의례적인 질문을 먼저 하는 것이 좋다.

- 당신은 어디서 일하는가, 혹은 어디서 사는가?
- 최근에 하는 일은 어떤가?
- 당신의 전공을 어디까지 공부했는가?

의례적인 질문을 하면 자연스럽게 그 사람의 기본 정보를 알 수 있다. 그 결과 당신이 상대방을 더 깊게 알아갈지의 여부를 결정하는 데 도움이 된다. 단, 속사포처럼 질문만 쏟아낸다거나 질문들이 너무 사생활에 관련된 것이라면 안 된다.

평범한 배경 정보에 대한 것으로 별다른 고민 없이 대답을 할 수 있어야 편한 마음으로 대화가 오갈 수 있다. 이런 질문들은 경직된 분위기를 푸는 데 도움이 될 뿐만 아니라 대화의 화제도 상대방의 흥미에 맞게 초점을 맞출 수 있다.

만약 당신이 상대방에 대해 더 깊게 알고 싶다면 대화 중에 눈빛이나 동작 또는 말투로 메시지를 보내면 된다.

"저는 당신에게 아주 관심이 많아요. 당신과 대화하는 것이 매우 즐거워요."

3. 단답형 질문으로 상대의 마음을 알아보자

폐쇄형 질문은 아주 간단한 대답을 유도한다. 이런 질문들은 상대방이 당신과 의식적으로 대화하고 있는지 판가름할 수 있게 한다. 만약 당신에게 돌아온 피드백이 적극적이라면 그 질문에 이어 더 깊은 대화를 나눌 수 있다는 뜻이다.

- 당신은 어디서 일을 하나요?
- 당신은 이 근처에 살고 있나요?
- 당신의 어떤 밴드를 좋아하나요?
- 당신은 언제 도착했나요?
- 당신은 이 모임을 좋아하나요?
- 당신은 이 모임을 누가 주최했는지 알고 있나요?

상대의 반응에 따라 개방형 질문을 건넨다면 폐쇄형 질문이 더 큰 효과를 발휘한다.

4. 상대방이 먼저 말을 꺼내게 만들어라

개방형 질문에는 자세한 대답이 필요하다. 상대방이 말을 많이 해야 하기 때문에 그가 대화하고자 하는 마음이 있다면 어떤 사실이나 자신의 관점, 개인적 느낌을 설명할 수 있는 기회가 된다. 개방형 질문을 알아보자.

- 당신은 이 활동에 어떻게 참여하게 되었나요?
- 당신은 어느 부분에서 XX가 변했다고 느꼈나요?
- 당신은 여가 시간에 어떤 일을 하나요?
- 당신이 강아지를 좋아하는 이유는 무엇인가요?
- 어쩌다가 당신에게 그런 일이 일어났나요?

개방형과 폐쇄형의 질문을 같이 사용하면 대화를 이어갈 수 있다. 흥미 있는 일이나 취미에 대한 한두 가지 폐쇄형 질문을 던지고 나서 적극적인 피드백이 돌아온다면 그와 관련된 개방형 질문을 다시 던지면서 상대방이 적극적으로 이야기하게 만들 수 있다. 때로는 이렇게 간단하고 솔직한 질문들이 적극적인 대화참여를 유도하는 것이다.

5. 화제를 바꾸면 새롭다

상대가 어떤 주제에 대해 관심을 가지는지 알게 되었는데 현재의 대화가 그 주제와는 다소 거리가 있다면 능동적으로 대화의 화제를 바꿔야 한다. 예를 들어 "~라고 하니 말인데…."라든가 "방금 ~에 대해서 말하지 않았어?"라고 하면 자연스럽게 화제를 옮길 수 있고 서로가 즐겁게 참여할 수 있는 대화가 이어진다.

주의할 점은 상대방이 겨우 한두 단어만 말했을 뿐이라면 너무 많은 폐쇄형 질문을 던진 것은 아닌지 생각해봐야 한다. 이런 경우, 몇 가지 개방형 질문을 끼워 넣어서 대화의 새로운 국면을 열어야 한다.

만약 당신이 화제를 바꿨지만 상대방이 여전히 "아.", "그래?", "음."과 같은 단답형 대답을 유지한다면 과감하게 상대방과 작별해라. 간결한 대답만 계속한다는 것은 상대방이 당신에게 아무런 관심도 없다는 단 하나의 증거이기 때문이다.

잡담을 윤활유처럼 활용하자

낯선 사람과의 대화가 매력적인 이유는
우리가 그들에 대해 아무것도 알지 못하기 때문이다.
하버드대학 출신 기자 에드몬드 페레스

잡담도 일종의 학문이다. 낯선 사람과 생동감 있고 재미있게 대화하는 능력을 가졌다면 당신은 직장에서나 일상생활에서 두각을 나타낼 것이다. 하지만 이것은 결코 쉬운 일이 아니다. 아무리 성격이 외향적이고, 적극적이고, 낙관적이고, 사교적인 사람일지라도 대화의 기술을 알지 못하면 낯선 사람과 대화를 시작해야 하는 것 자체가 매우 난처한 상황이기 때문이다.

모니카는 정기적으로 사교모임에 참여하여 잠재적인 고객을 사귈 예정이었다. 하지만 그녀는 그 모임에서 이미 알고 있는 사람과만 대화하려 할 뿐 새로운 관계를 발굴하기 위해 적극적으로 나서지 않는다는 사실을 깨닫게 되었다. 자신이 처음에 설정했던 목표와는 거리가 있었던 것이다.

그녀의 무의식적 회피에는 이유가 있었다. 자신 앞에 낯선 사람이 있을 때마다 긴장을 한 나머지 평소 훌륭한 말하기 능력이 있음에도 도저히 발휘되지 않았던 것이다. 시간이 지날수록, 그녀는 마음속으로 스스로에게 수많은 변명거리를 제공했다.

'저 사람은 내 고객으로서 가치가 없는 사람이야!'

'저 사람은 대화하기 정말 까다롭겠어!'

결국 그녀는 이렇게 자신의 고객이 될 가능성이 있는 사람과 인연이 닿을 기회를 놓쳐버렸다.

누군가와 잡담 나누기를 두려워하는 것은 말하기의 약점이다. 비교적 편한 환경에서도 이에 대해 압박을 느끼고 친구들 간의 모임에서나, 회사에서 밥을 먹을 때에도 친구의 친구나 낯선 동료와 이야기를 나눌 엄두를 내지 못한다. 이런 비공식적인 자리는 어떤 이해관계도 존재하지 않고 오히려 마음이 맞는 친구와 인연이 닿을 기회가 훨씬 많다는 것을 알고 있음에도 그들은 태산 같은 걱정에 휩싸인다. 혹여나 자신이 다른 사람의 맘에 들지 않거나 말을 하지 않아서 분위기를 어색하게 할까 봐, 자신이 싫어할 만한 사람을 만나게 될까 봐, 혹은 누군가가 싫어할 만한 자신(사람)이 될까 봐 전전긍긍한다.

말하기를 훈련하고 말하는 능력을 향상시키는 과정에서 걱정은 아무 쓸모없는 감정이다. 그 어떤 도움도 주지 않을 뿐더러 오히려 말하기를 실행하고 훈련할 기회를 잃어버리게 만든다. 에드몬드 페레스가 하버드대학을 졸업하고 뉴욕 모 신문사의 기자가 되어 세계 각지를 다녀본 경험에 대해 이야기할 때, 낯선 사람과의 잡담에 대해 토론을 한 적이 있다. 그는 낯선 사람과의 대화는 마치 선물 포장을 뜯는 것과 같아서 안에 무엇이 들었는지 알 수 없기 때문에 놀라움과 기쁨이 가득하다고 말했다.

페레스가 말한 미지의 놀라움과 기쁨을 누리려면 걱정을 극복하는 것에서부터 시작해야 한다. 사람들 앞에서 용기를 낼 수 있도록 스스로를 북돋우고, 자연스럽게 잡담에 참여할 수 있어야 한다.

1. 자신을 응원해라

사람들과 잡담을 나눌 수 있어야 그 무리 속으로 들어갈 수 있는 상황이라면 당신은 스스로를 일깨워야 한다. "나와 이곳에 있는 다른 사람들은 모두 같다. 모두가 재미있고 매력적인 사람들이다. 하지만 당신이 표현하지 않으면 다른 사람들이 이를 알지 못한다."라고 가정해보자. 그럼에도 불구하고 용기가 나지 않는다면 모임에 참여하기 전에 자신이 경험했거나 스스로 자랑스럽다고 느꼈던 일을 적어보자. 긴장되는 분위기에서 성공적으로 인간관계를 형성했던 일은 나열해보거나 자신이 성과를 얻은 후 느꼈던 감정을 기억해보는 것이다. 이전의 성공은 당신의 미래 발전에 유익하다.

2. 상대방에 대한 정보를 찾아라

페레스도 젊은 시절에는 낯선 사람과 만나는 일에 많은 긴장을 했다. 그래서 그는 자신의 긴장을 덜어내기 위해 수많은 노력을 했다. 예를 들어 사교모임에 참여하기 전에는 반드시 참석자들에 대해 미리 알아보았다.

모임에 어떤 중요 인물이 참석한다면 인터넷 검색으로 유용한 정보를 적지 않게 얻을 수 있다. 어느 학교를 나왔는지, 어떤 협회나 클럽에 참여하고 있는지, 어떤 취미가 있는지 등은 서로가 흥미를 느낄만한 화제를 찾아내는 데 도움을 준다. 상대방이 수영에 대해 흥미가 있다는 사실을 알았는데 마침 당신도 수영을 잘하는 사람이라면 두 사람은 수영에 대해 많은 이야기를 나눌 수 있다.

참석자들이 평범한 사람들이라면 사전에 주최자에게 명단과 그들의 취향, 취미 등을 알려달라고 부탁할 수 있다. 상대에 대해 알고 있는 정보가 많을수록 당신이 잡담에 성공할 확률은 크게 높아진다.

3. 이야깃거리를 준비하라

모임에 가기 전, 토론할 만한 화제나 상대방에게 물어볼 질문 몇 가지를 준비하는 것이 좋다. 또한 자신이 하고 있는 일에 대해 이야기하는 것도 대화의 좋은 방법이다. 대부분 사람들은 다른 사람의 경험 중 재미있는 일들에 대해 듣는 것을 즐거워하므로 흥미를 느낄 만한 이야기를 준비해두면 어색한 상황을 피하기에 좋다.

좋은 질문으로 상대방이 대화를 진행하게끔 유도할 수도 있다. 예를 들어 "타지에 사는 친구들이 오기로 해서 친구들과 함께 갈 괜찮은 음식점을 하나 찾고 있는데요, 좋은 곳 있으면 추천해주실 수 있나요?" 혹은 "최근에 어떤 영화 보셨어요? 추천해주실 만한 영화가 있나요?"

라고 묻는 것도 좋은 방법이다.

질문에 있어서는 자신의 창의력을 발휘해볼 필요가 있다. 상대방의 취향이나 취미에 따라 당신이 꺼낼 화제나 질문조정이 필요하다. 만약 당신이 참석한 곳이 상업성 활동이라면 너무 상업적인 내용에만 화제를 국한시키는 것보다 도움이 될 만한 다양한 정보를 제공해도 좋다. 모두 스포츠 경기에 대해 이야기하는데 당신은 이 주제에 대해 흥미를 느끼지 못한다면, 당신이 그 잡담에 줄 수 있는 도움은 없다. 그렇다고 해서 어떤 화제를 잡담 속으로 끼워 넣는 과정에서 매번 사용해 온 식상한 화제를 또 사용하는 것은 주의해야 한다.

4. 수다를 물처럼 흐르게 하라

잡담을 할 줄 아는 사람은 절대 정치나 종교에 관련된 화제를 꺼내지 않는다. 이러한 화제는 분쟁을 일으키기가 매우 쉽기 때문이다. 잡담에 참여했을 때 그 대화가 민감한 주제와 관련이 없는데도 거기에 흥미가 생기지 않는다면 어떤 이유를 대서라도 그 상황에서 빠져나와야 한다.

불쑥 자리를 뜨는 것보다 "당신이 이렇게 재미있는 일을 알려줘서 정말 즐거웠어요, 하지만 나가서 좀 돌아봐야겠어요."라든가 "당신의 생활에 대해 이야기해줘서 고마워요. 잠시 화장실 좀 다녀올게요."라고 말하면서 피하는 게 좋다. 더 중요한 것은 당신이 상대방과 대화하는 것이 그다지 달갑지 않다면 지나가는 말로라도 "나중에 우리 같이 놀러 가요."라든가 "또 연락해요."라는 말을 하지 마라. 낯선 사람끼리 대화가 잘 통하지 않는 것은 아주 흔한 일이지만, 다음에도 계속 이런 일이 발생한다면 상대방은 당신이 무성의하다는 것을 알아차리게 된다. 잘못하면 당신에 대한 평가가 '낯선 사람'에서 '나쁜 사람'으로 변할 수도 있다.

사람들이 잡담을 나누지 못하는 것은 너무 사소하다고 여기거나 쓸데없는 이야기라고 생각하기 때문이다. 그들은 "나는 이야기할 게 없어요."라고 말한다. 하지만 잡담이 꼭 자신에 대한 이야기를 해야 하는 것은 아니다. 누군가와 진실한 관계를 가지고 싶고 그들의 말을 기꺼이 듣고 싶어 한다면 당신도 '잡담의 달인'이 될 수 있다.

먼저 말을 거는 것에도 용기가 필요하다

심리적 안정을 느낄 수 있는 상태에 머물러 있으려고 하는 것은 사람들의 공통적 특징이다.
하지만 이것은 보이지 않는 감옥과 같아서 우리가 넓은 세상을 알아갈 기회를 줄여버리기도 한다.
하버드대학 심리학자 로버트 조나단

누군가에게 말을 걸어 본 경험이 없다면 처음 보는 사람과 대화를 할 때 스스로 위축될 수 있다. 낯선 사람과 이야기하는 것은 지극히 용기가 필요한 일로서 좋은 심리적 바탕을 가지고 있어야 한다. 좋은 심리적 바탕이 없는 상태에서 다른 사람이 당신을 상대해주지 않거나 우호적 눈빛을 보내지 않으면 하루 종일 속상해할 수 있다.

잡담을 하는 훈련에는 우선적으로 '말 거는 법 배우기'부터 시작해야 한다.

레너드는 비행기 속에서 어디서 많이 본 듯한 품위가 넘치는 노부인을 만나게 되었다. 나이는 들었지만 여전히 매력적인 노부인을 보고 레너드는 엄청난 호기심이 생겨났다.

레너드가 '어떻게 말을 꺼내야 할까?'라는 생각을 하며 한편으로는 책에 머리를 파묻어봤지만 책 내용은 아예 머릿속으로 들어오지 않았다. 그의 머릿속엔 온통 어떻게 말을 걸어야 무례하게 보이지 않을까에 대한 고민만 가득했다. 그는 긴장감과 불안함 때문에 손바닥에 땀이 날 지경이었다. 결국 비행기가 착륙할 때까지 그는 용기를 내지 못했다.

그가 책을 덮었을 때 그 귀부인이 다가와 "혹시 나스너사에 다니시나요?"라고 말을 걸어왔다. 레너드가 나스너사 명함을 책갈피로 사용하고 있는 걸 보고 물어왔던 것이다. 레너드가 고개를 끄덕이자 그녀가 말했다. "반가워요. 세상 정말 좁네요. 제 남편이 바로 나스너사의 회장이거든요. 남편은 공항에 저를 마중 나와 있답니다."

레너드는 말을 걸지 못해 어찌 보면 일생일대의 절호의 기회를 날려버렸는지도 모른다. 상대방이 상당히 우호적이었기 때문에, 비행기에서 이런저런 대화를 나누었다면 어쩌면 회장에게 레너드를 추천해줄지도 모를 일이었다. 그랬다면 레너드의 인생에 큰 도움이 되었거나 전환점으로 작용했을지 모른다. 하지만 아쉽게도 레너드는 말을 걸지 못해 행운을 잡지 못한 것이다.

당신도 마찬가지다. 인사를 통해 다른 사람에게 좋은 인상을 남기고 싶다면, 먼저 '말 걸기'에서부터 시작해야 한다. 인사도 나누지 않은 상황에서 갑자기 다른 사람과 잡담을 나누기 시작한다는 것은 불가능한 일이다. 대화를 나눌 마음이 있는 사람은 상대방에 대해 생각하고, 도대체 어떤 말을 해야 좋을지 세심하게 고민한다. 하지만 너무 많이 고민하게 되면 오히려 서로가 자유롭지 못하다고 느낄 수도 있다.

"○○씨는 다른 사람이 말을 거는 것을 별로 좋아하지 않는 것 같아."라든가 "그에게 말을 걸면 나를 싫어하게 되지 않을까?"라고 상대의 반응을 과도하게 신경 쓴 나머지 말을 걸 기회를 놓쳐버리기도 한다.

또한 "가서 그와 이야기해보자!"라든가 "그에게 모든 것을 알려주자!"라는 등 말하기의 넘치는 자신감은 자신이 하고 싶은 말만 쏟아 붓기에 이 역시 유쾌한 잡담이 될 수 없다.

하버드대학 사교 심리학자 로버트 조나단은 말을 거는 능력을 지니려면 '심리적 안정권'에서 벗어나야 한다고 말했다.

1. 교류에 교류를 연결하라

많은 사람이 아는 사람하고만 왕래하려는 네트워킹 구축 습관을 가지고 있다. 자신이 다른 사람으로부터 인정받기를 원하고, 어느 집단에 수용되었다는 안도감을 원하기 때문이다. 이는 전형적인 심리적 안정권으로 안전함과 즐거움을 제공한다.

낯선 사람, 친숙하지 않은 사람과 교류를 시작하지 않으면 우리는 소중한 기회들을 잃어버리게 될 뿐만 아니라 세상을 다양한 각도에서 바라 볼 수 없게 된다. 우리의 사회적 세계는 인위적으로 축소될 것이고 정보가 결핍되어 시야가 좁아지게 된다.

지혜가 있는 사람은 인간관계에서도 전면적인 네트워크를 구축한다. 각양각색의 사람들을 사교 대상 행렬 속으로 받아들이는 것이다.

2. 상대를 성급하게 판단하지 마라

낯선 사람과 만났을 때 그 어떤 결론도 섣불리 내려서는 안 된다.

- 그는 왠지 아주 엄격해보여!
- 그녀는 왠지 아주 모진 사람일 것 같아, 그녀와 가깝게 지내지 말아야겠어!

이런 섣부른 판단은 잘못된 것이다. 충분한 정보를 얻기 전이라면 상대에 대해 경솔하게 결론을 내려서는 안 된다. 특히 상대방과 공통분모를 찾기 어려울 때는 조심해야 할 자세다. 상대의 어떤 행동이 서로 잘 지내기 힘들 것 같다는 인상을 준다 해도, 쉽게 대화하지 못할 사람이라고 결론을 내려서는 안 된다. 반면에 당신이 이런 심리적 장애물을 극복했다면, 지금부터 만나게 될 누군가에게 말을 거는 것은 훨씬 순조로워질 것이다.

3. 말 걸기에서 잡담으로 이어지는 단계를 컨트롤하라

상대방에게 말을 걸기로 결심했다면, 다음 순서를 참고해보자.

(1) 인사하기

상대방을 바라보고 웃으면서 고개 끄덕이는 것이 좋다. 물론 이 방법만 있는 것은 아니다. "나는 당신을 보고도 무시하지 않았고, 당신과 이야기하고 싶습니다."라는 뜻을 전달할 수 있는 다른 방법이 있다면 그 방법을 활용해도 좋다. 상대방의 이름을 알고 있다면 직접적으로 명확하게 이름을 부르는 것이 가장 확실한 인사 방식이다.

(2) 상대방에게 다가가기

상대방에게 인사를 건네고 나서는 그와 마주볼 수 있는 곳으로 가야 한다. 이 과정에서는 보디랭귀지가 중요하다. 상대방과 물리적·심리적 거리를 좁히고 이야기를 시작할 수 있는 중요한 단계이기 때문이다.

(3) 상대방의 눈이나 입을 주시하기

대화가 시작되고 나면 상대방의 눈을 보면서 이야기하는 것이 좋다. 만약 상대방과의 거리가 너무 가까워 불편함이 느껴지거나 다른 사람의 눈을 보는 것이 아직 익숙지 않다면 상대방의 입이나 목구멍 근처를 보아도 좋다. 그리고 익숙해지면 그때 시선의 위치를 천천히 눈으로 옮기면 된다.

(4) 안부인사

가장 간단하게 대화를 시작할 수 있는 말은 "안녕하세요.", "만나서 반갑습니다.", "안녕." 등이다. 일단 안부인사를 건네고 나면 다른 일들은 더욱 쉬워진다.

하지만 때로는 너무 긴장한 나머지 아무 말도 꺼내지 못할 수도 있다. 이런 상황에 처했더라도 당신은 대화에 적극적으로 임하겠다는 생각을 유지하면서 말문을 열고 안부인사를 건넬 수 있게 만들어야 한다.

편의점에서 물건을 사고 나서 직원이 말하기 전에 먼저 "감사합니다.", "실례합니다."라고 말해보자. 그들에게 그곳은 직장이기 때문에 당신에게 좋지 않은 피드백을 줄 수 없다. 오히려 이런 안부인사는 아르바이트생이라고 무시당하기 쉬운 그들을 기쁘게 해줄 수 있다.

*** 당신이 말을 걸 타이밍을 찾는 법**

① 빠른 걸음으로 걸어가고 있는 사람에게 말을 걸지 마라. 그들은 마음도 매우 바쁜 상태일 것이다.

② 여기저기 두리번거리는 사람에게 말을 걸지 마라. 그들은 아마도 그 장소에 대해 익숙하지 않은 사람일 것이다.

③ 상대방의 입 속에 음식이 있는 경우 그에게 말을 걸지 마라.

④ 상대방이 고민이 있거나 매우 화가 나 보인다면 최대한 그와 대화하지 않는 것이 좋다.

⑤ 상대방에게 고정적인 잡담 파트너가 있다면, 경솔하게 그들의 말에 끼어들지 마라.

(5) 적당히 몸을 풀어주어라

몸이 긴장상태가 되면 몸속 혈액순환이 잘 되지 않고, 입이 마르고 혀가 아픈 느낌이 든다. 이런 상황에서 여유롭게 이야기를 한다는 것은 매우 어렵다. 이때 조금만 긴장을 풀면 자연스럽게 말이 나오게 된다. 이번에 어려웠다면 다음번에 인사할 때는 먼저 어깨에 힘을 빼고 길게 숨을 뱉으면서 긴장감을 조금 덜어낸 뒤 시도해보자.

(6) 화제 꺼내기

고정적인 화제 중에 날씨나 계절에 대한 화제는 지루하긴 해도 안부 인사의 포문을 여는 데는 무난한 선택이다. 이런 화제는 당신을 곤란하게 할 일도 없고 대상을 특별히 가려가면서 사용할 필요도 없다. 누구에게나 반복적으로 연습하고 사용하다가 당신이 자연스럽게 화제를 꺼낼 수 있을 때 멈추면 된다.

*** 처음 말 걸기 좋은 화제**

① 요즘 날이 정말 덥죠.

② 요즘 날씨가 정말 좋아서, 낚시나 소풍가기 딱 좋을 것 같아요.

③ 이제 가을이네요. 날이 점점 추워져요.

④ 오늘은 바람이 정말 많이 불어요.

말 걸기 기술을 마스터하고 나면 버스 정류장에서 버스를 기다리는 사람들 중에 그다지 조급해보이지 않는 사람이나, 파티에서 만났지만 그다지 친하지 않은 사람에게 시도해보자. 당신이 진심을 가지고 미소를 장착한 채 능동적으로 다가간다면 훌륭한 말 걸기 능력을 얻는 것은 시간의 문제일 뿐이다.

조용한 엘리베이터 안에서는 어떻게 말해야 할까?

짧은 시간 내의 만남에서는
날씨가 좋은지, 주말에 어디에 갔는지, 이 옷이 예쁜지 등에 관심을 둘 여유가 없다.
하버드대학 인류학자 닐슨 킴

닐슨 킴은 연구를 통해 사회적 교류에 대해 두 가지 사실을 발견했다. 첫째, 회의 중에 진지하게 관계를 구축하는 것은 깊은 인상을 남기지 않는다. 둘째, 중요한 인상을 남기는 일은 한 순간에 일어난다는 것이다. 그 한 순간에 당신은 가장 정교한 말을 조합해내야 한다.

"우리는 종종 특별한 상황에서 어떤 사람들과 만나게 되는데, 우리는 그들에게 세상에서 당신만이 이런 일을 하고 있다는 것을 알게 해줘야 한다." 이때 당신은 어떻게 해야 할까?

닐슨 킴은 이런 대화를 '엘리베이터 스피치'라고 불렀다. 당신이 60초의 시간 내에 어색하게 말을 거는 것부터 시작하여 화제를 본인에게 옮겨와 자신이 사람들과 잘 어울려 지낸다는 것을 나타내는 것이다.

내가 미국의 한 대학에서 객원 교수로 있을 때 엘리베이터에서 학생을 마주치게 되었다. 프로젝트 그룹에 참여해 의욕적으로 활동하던 학생이었다. 두 가지 프로젝트 모두 규모가 방대했음에도 항상 여유가 넘치고 곧잘 뛰어난 아이디어를 내놓아 그 학생의 능력에 주목하고 있던 시기였다.

하지만 그날 엘리베이터에서 나는 정말 난감했다. 학생이 먼저 "킴 교수님 안녕하세요!"라고 인사했고 나도 웃으며 이어질 대화에 대한 준비를 마쳤다. 하지만 안타깝게도 그 후에 학생은 한 마디도 하지 않았다. 내가 곁눈질로 보니 학생은 너무 긴장을 한 나머지 얼굴이 빨개진 상태였다. 그의 마음속에서는 어쩌면 격렬한 전투가 일어나고 있었을 것이다. '교수님과 대화를 할까 말까? 무슨 얘기를 해야 하지?'라고 말이다.

학생이 난처해하는 모습은 정말 두고 볼 수 없었다. 몇 초가 지나고 엘리베이터 문이 열리자 마음이 홀가분해진 것 같아 보였다. 우리는 서로 안녕히 가라는 인사를 나눴다. 그렇게 엘리베이터 여행이 끝났다.

짧은 시간 내에 중요한 사람과 인사를 나누지 못하고 엘리베이터와 같이 협소한 공간에서 상대방과 빠르게 교류하지 못하는 것은 개인의 말하기 단점으로 작용한다. 이런 짧은 대화의 목표는 엘리베이터 문이 열리더라도 상대방이 멈춰 서서 당신의 이야기를 마저 다 듣게 만들거나 천천히 걸으면서 당신과 이야기를 나누게 하는 것이다. "아, 죄송해요. 저는 저쪽으로 가야 해서요."라고 말하며 서로가 다시 낯선 사람으로 돌아가도록 하는 게 아니다.

두세 마디의 대화를 나누는 동안 중요한 사항이거나 내용이 재미있는 경우, 이 두 가지만이 낯선 사람을 붙잡아둘 수 있다. 그래서 우리는 기술적인 말하기를 통해 중요하지 않고 재미없는 일을 아주 중요하고 아주 재미있는 일로 재포장해야 한다.

1. 사적인 이익보다 공적인 이익에서 접근하라

엘리베이터에서 다른 사람을 만났을 때 정상적이고 안전한 교류 방식은 다음과 같다.

- 좋은 아침입니다! - 침묵 - 안녕히 가세요!
- 안녕하세요! - 침묵 - 안녕히 가세요!

이런 인사 방식이 가장 안전하다면 우리는 왜 굳이 화제를 찾아야 하는 것일까? 만약 이 30초간의 침묵이 주는 어색함을 깨기 위해서라면 불필요하다. 엘리베이터에서 할 말을 찾는 것이 침묵보다 더 두려운 일이다. 그럼에도 불구하고 짧은 시간 안에 화제를 찾아 이야기해야 하는 이유는 상대를 알고 싶기 때문이고, 전문적인 영역에서 그 사람과 계속 연락하고 싶기 때문이다. 이는 일종의 사사로운 이익을 취하는 공리심을 기반으로 한 교류에서 출발한다. 엘리베이터에서 만나는 사람들에게 인사를 할 때는 굳이 이렇게 할 필요는 없다. 모두가 흥미를 가질 만한 것에 대해 이야기하면 될 뿐이다.

2. 인상을 남기는 목표

엘리베이터 대화를 나누는 목적은 상대방이 엘리베이터를 나서고 나서도 당신의 이야기를 계속 듣고 싶게 만드는 것이다. 더 나아가서는 상대방의 기억에 남아, 그가 당신의 사업에 대해 흥미를 가지게 만들고 다음에 만났을 때 자연스럽게 이야기를 나눌 수 있도록 하는 것이다.

처음 엘리베이터에 동승했을 때부터 상대에게 당신의 취미, 전공, 일의 목표, 최근의 성과 등을 모두 알리려고 하지 말자. 그 사람에게 그것은 재난이다. 당신이 상대방의 기억에 남도록 하고 흥미를 가지게 하면 그것만으로도 충분하다.

3. 지극히 개인적인 내용은 걸러라

위의 전제와 목표를 기반으로 당신은 몇 가지 금기를 기억해야 한다. 날씨에 대해서, 서로가 입은 옷이나 화장에 대해서, 주말에 어디에 갔는지에 대해서, 최근에 어떤 영화가 개봉했는지에 대해 이야기해서는 안 된다.

당신에 대해 알지 못하는 엘리베이터 속의 상대방은 아주 바쁜 사람일 수 있다. 그가 왜 자신의 소중한 시간을 들여 옷이나 액세서리에 대해 당신이 어떤 생각을 가지고 있는지, 커피 맛에 대한 의견이 어떤지, 어제 당신이 어디서 밥을 먹었는지를 알아야 하는가? 그는 왜 당신에게 크리스마스에 아이를 데리고 어디에 갈 건지를 말해줘야 하는 걸까?

킴 교수가 말했던 것처럼 짧은 시간 내에서는 이런 화제를 나눌 여유가 없다. 만약 당신과 그가 이런 대화 내용에 대해 이야기를 나눴다면,

엘리베이터가 서면 그 대단한 사람은 바로 떠날 것이다. 그에게 남은 당신의 인상은 다른 사람의 사생활을 캐묻기를 좋아하는 사람이다. 다음번에 다시 만나면 그가 다음 엘리베이터를 기다리게 될지도 모른다.

누구에게나 삶과 일 사이에는 간극이 존재한다. 엘리베이터에서 인사를 건넬 때 당신의 대화 내용은 일적인 영역에 있는 것이 가장 좋다.

4. 여유롭게 접근하라

엘리베이터에서 낯선 사람과 단도직입적으로 일 얘기를 하는 것은 상당히 난처하다. 그렇다면 어렵지 않게 대화하는 예시를 살펴보자. 갓 회사에 입사한 신입사원들의 상황이다.

A : 안녕하세요. 저는 ○○입니다. 행정부 신입사원이에요. 만나서 반갑습니다.

B : 저는 ○○입니다. 업무부 신입사원이에요. 정말 우연이네요.

A : 그러네요! 최근에 업무부에서 A지역에 대해 깊게 확장한다고 들었어요. 지금은 어떻게 진행되고 있나요?

B : 아시겠지만 A지역의 현재 상황이 좀 미묘해요. 이 지역이….

A : 그러니까요. 저도 최근에 이 지역 일을 맡았어요. 다음에 또 얘기해요.

엘리베이터 문이 열리고 두 사람은 헤어졌다.

이런 인사는 그다지 갑작스러워 보이지 않는다. 같은 회사를 다니는 사람이 만나 각자의 일에 대한 교류를 나눴기 때문이다. 서로에 대한 호감도를 높였을 뿐이다. 이들이 시끄러운 파티에서 만났다 해도 같은 일을 하기 때문에 토론하고 탐구하는 것은 지극히 정상적인 일이다.

하지만 이런 정상적인 일에도 전제가 있다. 상대방이 동료이자 미래의 친구로 인식되어야 한다는 점이다. 사장이거나 낯선 사람, 심지어 경쟁자라면 서로 곤란해진다.

5. 가급적 빨리 친해져라

낯선 사람끼리 만나 동행의 교류에 빨리 진입하려면 여러 전제가 필요하다. 자주 엘리베이터에서 마주쳐야 하고, 꼭 사귀고 싶은 사람이고, 상대를 적극적으로 주시해왔고, 사전에 정보를 축적해왔어야 한다. 킴 교수는 자신의 경험에서 이 전제를 찾아냈다.

킴 : 좋은 아침입니다! ○○교수님 오늘 좋아보이시네요.

상대방 : 좋은 아침입니다! 아주 좋습니다. 그쪽은요?

킴 : 매우 좋습니다. 저는 ○○입니다. ○○교수님의 학생이죠. 지금은 xx프로젝트에 참여하고 있어요.

상대방 : 아 ○○영역에 대해 연구하고 있겠네요?

킴 : 네. 그리고 ○○에 대해서도 공부하고 있어요(상대방과 관련 있는 주제).

상대방 : 아! 좋군요(엘리베이터를 나선다.)!

킴 : 만나서 반가웠습니다. ○○교수님!

상대방 : 저도 반가웠어요. ○○분야(아까 얘기 했던 주제)에서 좋은 성과 있길 바라요!

킴 : 감사합니다. 안녕히 가세요!

불과 몇 분의 시간 밖에 안 되는 만남이었지만 킴은 상대방에게 아주 깊은 인상을 남겼다. 물론 엘리베이터 인사에서는 많은 변수가 있다. 킴의 경우 다음 네 가지 내용을 전제로 한 것이다.

• 당신과 상대방은 서로 잘 알지 못한다.
• 당신은 상대방의 전문 영역과 당신이 어떤 관계가 있다고 생각한다.
• 당신은 상대방을 미래의 동료나 친구라고 생각한다.
• 당신이 진심으로 그를 주시하고 있었고 정보를 축적해두었다.

킴은 상대와의 대화를 통해 세 가지 중요한 정보를 자연스럽게 전달했다.

• 내가 누구인가?
• 내가 무엇을 하는가?
• 내가 하는 일과 상대방이 어떤 관련이 있는가?

킴과 상대방은 두 번째 만남에서는 대화가 더욱 깊어질 수 있다. 물론 우리가 만나는 모든 사람이 단 한 번의 만남으로 기억해주길 기대할 수는 없다. 그렇다고 서운해할 필요나 낙담할 필요가 없다. 몇 번 반복하다 보면 상대방은 결국 당신을 기억하게 될 것이다!

신뢰감을 주고 신뢰받는 사람이 되어라

힘찬 악수, 자신감 넘치는 안부인사가 좋은 첫 인상을 남기는 가장 좋은 방법은 아니다.
연구에 따르면 사람들은 자신감이 넘치는 사람이 아닌 신뢰할 수 있는
사람에게 더욱 적극적인 피드백을 보낸다.
하버드대학 사회심리학자 에이미 커디

말하기 책에 따르면, 어떤 사람과 만났을 때 힘차게 악수해야 하고 자신감 넘치는 적극적인 모습을 보여줘야 한다고 말한다. 과연 이런 가이드라인이 인간관계에서 정말 유용할까? 에이미 커디는 자신이 진행한 실험을 통해 자신감이 일정한 정도에서는 존경과 찬사를 받지만 동시에 불만과 반감을 남기기도 한다고 말했다.

커디는 무작위로 고른 500여 명을 자신의 실험에 참가시켰다. 그리고 실험 스태프들에게 각각 'A : 자신감이 넘치고 센 사람', 'B : 부드럽지만 능력이 있어 보이지는 않는 사람'을 연기하게 했다.

두 그룹의 스태프는 5분에서 10분 정도 사람들과 교류를 진행했다. 그들은 그저 간단하게 실험의 요구에 따라 자신이 맡은 역할의 특성이 나타나게 행동했을 뿐이지만, 그 결과는 크게 달랐다.

실험에 참여한 89,3%가 B 유형의 사람들이 더욱 친절하다고 느끼고 더 만나보고 싶다고 말했고, 5.4%는 A 유형의 사람들이 자신이 하는 일의 발전에 더 유익할 것이라고 생각하여 더 만나보고 싶다고 말했다. 나머지 5,3%의 사람들은 자신이 기대하는 행동을 상대방이 해주지 않을까 하는 기대를 전제로 두 유형의 사람들이 모두 좋다고 말했다.

이 실험의 결과, 능력 있는 사람들의 집단은 존경과 찬사를 받을 수는 있지만 일상생활에서는 그다지 신뢰를 얻지 못한다는 것이다. 그것은 첫인상의 양면성 때문이다.

첫인상은 단지 단면적인 인상뿐만이 아니라 전체적인 인상이 결합되어 느껴지는 것이다. 우리는 첫인상을 통해 이 사람이 얼마나 '열정적인지'와 '믿을 만한지'를 판단한다. 이는 상대방이 자신의 의도를 나타낼 수 있는 능력이 있는지와 관련이 있다.

어떤 사람을 처음 만나면 그에게서 열정과 신뢰를 찾는 동시에 우리의 자신감과 능력을 보여주려고 한다. 이는 우리가 교류하고 있는 대상이 신뢰할 만한 사람인지를 확인하고 난 뒤 깊은 교류를 하고 싶기 때문이다. 그와 동시에 상대가 자신을 강하고 능력 있는 사람이라고 생각해주길 바라게 된다.

이를 토대로 생각해보면 교류하는 대상이 너무 강력해서 자신이 연약하고 무능해보인다면 우리는 그 사람과 더 이상 교류하기를 원하지 않게 된다. 관계 지속이 어렵다는 것이 한눈에 보이기 때문이다.

1. 신뢰를 쌓는 게 먼저다

어떤 사람을 정확하게 비판하려면 그의 진정한 본성을 알아야 한다. 진짜 나로 돌아가는 일은 자신이 신뢰하는 사람 앞에서만 할 수 있기 때문이다. 하지만 상대방의 진정한 본성을 알아내기란 쉽지 않다. 당신이 그와 교류할 때 우위를 차지하고 더 강한 쪽이 되고 싶어 한다면 그에 대한 정확한 정보를 얻어야 하는데 무척 힘들지도 모른다. 당신의 행동으로 인해 상대가 자신을 더욱 꽁꽁 숨기기 때문이다.

게다가 그들은 당신이 강력함을 내보이려 하면 할수록 마음속으로 경계 태세를 갖추거나 신변의 위협을 느껴서 깊은 교류를 해야 할 명단에서 당신을 지워버리게 된다.

당신이 상대방과 인사를 나누고 싶고, 그에게 피드백을 해줄 만한 사람이라는 인상을 남기고 싶다면, 당신은 반드시 그들과 신뢰 관계를 구축해야 한다. 최대한 자신감을 나타내되 상대방이 위협을 느낄 정도로 과도하게 팽창시키지 말아야 한다. 그렇게 해야 사람들이 당신을 더 신뢰한다.

2. 첫인사에 신뢰를 전달하라

신뢰를 전달하고 상대방이 '저 사람은 위협적이지 않아.'라고 인식하게 하는 방법은 있다. 전에 한 번도 만나본 적이 없는 사람이라 해도, 지금 마주하고 있다면 분명히 어떤 공통된 히스토리가 한 장소로 데리고 온 것이다. 이에 근거해 질문을 건네보자.

- 당신은 어떻게 이 활동의 주최자를 알게 되었나요?

• 당신은 이 활동/경기에 참여한 지 얼마나 되었나요?

• 당신은 어디에서 이 활동에 대해 알게 되었나요?

이런 정보에 대해서 물을 때 다음 세 가지를 주의해야 한다.

• **마음을 상하게 하지 말 것**

① 현장의 분위기와 맞지 않는 말을 하지 말 것

② 농담을 강행하지 말 것

③ 위험한 상황에 빠질 수 있는 민감한 화제를 피할 것

호감을 높이려다 당신을 미워하게 만들 수도 있다.

• **자기 자랑을 하지 말 것**

① 상대방이 먼저 묻기 전까지는 자신의 학력이나 직함에 대해 이야기하지 말 것

② 꼭 필요한 경우가 아니라면 자신의 성공담에 대해 이야기하지 말 것

대부분의 경우 사람들은 자신이 자기 자랑을 하고 있다는 사실을 인지하지 못한다.

• **지적하지 말 것**

① 직접적으로 상대방과 상반되는 의견을 제시하지 말 것

② 함께 토론할 수 있는 화제에 집중할 것

원래의 유쾌한 대화 분위기를 망치지 마라.

3. 대화를 협상이라고 생각하지 마라

자신감이라는 전제 때문에 대화에서 자신의 우세함을 나타내야 한

다고 오해한다. '최대한 내가 먼저 말해야지. 그럼 이 일의 흐름을 내가 컨트롤할 수 있을 거야.'라고 생각하는 것이다. 하지만 당신이 테이블에 앉아서 협상을 진행하는 것이 아닌 이상, 당신의 대화는 '이익 전쟁'이 아니다.

'이익 전쟁'이 아닌 대화가 별다른 이유 없이 막을 내렸다면 그 원인은 서로에게 있다. 상대방은 당신에게 이해받는 느낌을 받지 못했고 당신 또한 상대에게 그 느낌을 주지 못한 까닭이다. 누구든지 대화 속에서 이해한다는 느낌을 받기 원한다.

상대를 이해하면 적대감을 없애기가 수월하다. 대화 속에서 그의 흥미를 알아내고, 상대방이 자신의 일을 공유하게 하면 신뢰관계를 구축할 수 있다. 이런 경우에 잡담이 유용한 역할을 담당한다. 잡담은 신뢰감을 높이고 적대감을 감소시키는 가장 좋은 대화 방식이다. 대화를 시작할 때 날씨, 옷차림, 영화, 일 등을 소재로 이야기해보자. 쉽게 말문이 트는 것 자체가 신뢰를 쌓는 계기가 된다.

상대방의 신뢰를 바란다면 당신의 겸손하고 부드러운 모습을 보여주어야 한다. 또한 당신의 열정을 보여주고, 신뢰할 만한 사람으로 인식할 수 있도록 노력해야 한다. 이런 것들이 자연스럽게 가능해질 때 우리의 인간관계는 보다 여유로워진다.

PART 3_적극적인 대화법

상대가 말하고 싶게 자극하라

Harvard's 100-Year
Traditional Speech Class

✦ ✦ ✦

우리의 말과 행동이 주위 환경의 영향과 제약을 받고 있다는 사실을 인정하지 않고, 또 의식하지도 못한다. 하버드대학 말하기 전문가들은 사회적 교류든 일적인 대화든 대화에 참여하는 양쪽 모두가 최선을 다해 적극적인 소통의 분위기를 만들어야 한다고 말한다.

언제
말해야 하는가

사교 능력이 떨어지는 사람들의 대부분이 하는 유일한 일은 거절이다.

하버드대학 사회학 박사 마틴 화이트

우리는 대화를 할 때 듣기의 원칙은 엄격하게 지키고 자신의 비밀들은 치밀하게 지키는데, 다음과 같은 이유 때문이다.

- 본성을 알게 된다면 다른 사람들이 무시한다.
- 누군가와 친해지면 서로 존중하는 마음을 잃게 된다. 차라리 신비감을 유지하는 것이 좋다.
- 비밀이 공개되면 그것을 빌미로 공격당한다.

그렇다. 잘 알지 못하고 아직 깊은 교류를 나누지 못한 사람에게 조심스러운 입장을 유지하는 것은 현명한 선택이다. 하지만 당신이 지나치게 조심스러워하면 상대는 당신이 무언가를 숨기고 있다고 생각하거나 자신과의 교류를 원하지 않다고 단정 지어버린다. 왜냐하면 당신 삶에 대한 이야기를 그들에게 들려주지 않았기 때문이다.

리스와 라엘나는 올해 하버드대학에 입학했고 기숙사에서 같은 방을 쓰게 되었다. 두 사람을 비교해보면 리스가 훨씬 더 활발한 성격이었다. 두 사람이 함께 산 지 불과 3개월이 채 되지 않았을 때 라엘나는 리스의 가정환경, 속마음, 이전의 학교생활에 대해 모르는 것이 없게 되었다. 시간이 흘러가면서 리스는 늘 이야기를 하는 쪽은 자신이고 라엘나는 자신의 삶에 대해 얘기하는 일이 거의 없다는 사실을 알게 되었다.

이런 사실을 알고 나서 리스는 점점 이야기를 하는 횟수를 줄이게 되었다. 그리고 라엘나가 자신이 하는 말에 대해 그저 미소를 짓거나, 고개를 끄덕이거나 "그 다음엔?"과 같이 말하기를 유도하는 정도 밖에는 반응을 보이지 않는다는 것을 알게 되었다.

이런 시간이 길어지자 리스는 자연스럽게 라엘나와 이야기하는 것을 원하지 않게 되었고, 두 사람 사이의 분위기가 확실히 어색해졌다. 하지만 라엘나도 '내가 듣는 역할을 자처하는 데 왜 리스가 기뻐하지 않지?' 라고 생각하며 답답해하긴 마찬가지였다.

듣기를 잘하는 것은 좋은 일이다. 하지만 듣기만 하고 자신의 삶에 대해 말하는 것을 일부러 피한다면 두 사람의 교류는 대등하지 않은 상태에 놓인다. 하버드대학 사회학 박사 마틴 화이트는 인간관계에서의 소통의 방식을 세 가지로 나누었다.

- **상호이탈식** 자신이 할 말만 하고 상대방의 정보를 소통의 기초로 여기지 않으며 오로지 자신이 흥미를 가지는 화제에만 집중한다. 엄밀히 말하면 이런 대화는 진정한 의미의 소통이 아니다.

- **불대등식** 대화의 내용이 상대방 중심으로만 진행되어서 다른 한쪽이 정보와 지위에서 대등함을 느끼지 못하게 된다.
- **상호의존식** 쌍방이 대등하게 자신의 관점에 대해 이야기하고 서로 적극적인 반응을 해줄 수 있다.

이중 상호의존식이 좋은 소통 방식이다. 이 형식에서 중요한 원칙은 적절한 자기 노출이다. 자기 노출이라는 것은 소통 과정에서 쌍방이 솔직하게 자신의 관점, 정서, 느낌을 표현하는 것이다. 여기에는 어떤 사람이나 사건에 대한 부정적인 관점도 포함된다. 이런 자기 노출을 통해 서로의 이해도를 높일 수 있고 지지와 격려를 통해 깊은 감정 교류가 일어나 관계 발전을 촉진하게 된다.

화이트 교수는 자기 노출 과정에서, 한 사람의 자기 노출이 상대방의 자기 노출을 유도하는 '노출 호환 효과'가 발생할 수 있다고 했다. 당신의 친구가 자신이 이전에 겪었던 아주 난처한 일에 대해 이야기하면, 당신이 그의 감정을 보호해주기 위해 적극적으로 자신이 겪었던 비슷한 일에 대해 이야기하고, 그 친구는 사람은 모두 잘못을 저지를 수 있고 자신만이 잘못된 일을 한 유일한 사람이 아니라는 것을 알게 된다.

밀도 있는 대화는 간단한 듣기나 질문, 평가를 발표하는 것에 그치지 않는다. 방금 서로를 알게 된 두 사람의 대화를 들어보면 그들이 개인적인 정보를 노출하고 있다는 것을 알게 된다. 이런 정보는 서로를 이해할 수 있게 해준다. 능동적인 자기 정보 노출은 교류의 각 단계마다 다르게 나타난다. 막 교류를 시작하는 최초 몇 분간이 서로에 대해 계속 알고 싶은지 여부와 상관없이 매우 중요하다.

1. 한 번에 다 말하지 않기

서로를 관망하는 시기에 당신에게 마음 속 깊은 곳의 비밀까지 털어 놓으라고 강요할 사람은 없다. 하지만 당신이 더 의미 있는 소통을 원한다면 상대방에게 당신의 과거와 중요한 일들을 조금은 털어 놓을 필요가 있다.

한꺼번에 너무 많은 것을 말할 필요는 없고 매번 조금씩만 말해도 충분하다. 처음 만났을 때 상대방이 흥미를 가지는 것에 대해 이야기하면 당신도 그 취미를 공유하면 된다. 두 번째, 세 번째 이어지는 만남에서 당신의 배경, 가정, 눈앞의 닥친 일과 목표 또는 삶에서 정말 중요한 일이나 열정을 쏟는 것들에 대해 소개해줄 수 있다.

당신이 노출하는 정보는 다른 사람으로 하여금 당신을 어떻게 인식할지를 결정하게 한다. 따라서 섣불리 자신의 모든 것을 노출하지 말고 상대방이 정말 믿을 만한 사람인지 확인하고 나서 가정의 문제나 자신의 건강 상태, 일의 어려움 등 사적인 비밀을 어디까지 이야기할지 결정하는 것이 좋다.

2. 모든 사람에게 100% 공개는 좋지 않다

어떤 사람은 "당신의 직업은 무엇입니까?"라는 의례적인 질문을 받을 때 불편함을 느끼기도 한다. 직업으로 인해 자신에 대한 편견이 생길 것이라고 믿거나, 자신이 폄하될 것을 염려하기 때문이다. 누구도 상대의 기준에 의해 임의로 구별되는 것은 원하지 않는다. 그렇다고 일에 대한 질문에 대답을 거절하면 교류 자체가 무산된다.

상대방은 당신에게 자신의 직업을 알려주었지만, 당신은 그에게 알려주지 않는다면 그는 당신을 이상하게 생각하거나 이해하지 못할 것이다. 당신이 진심으로 상대방과 친구가 되고 싶다면 당신 직업에 대한 비밀은 없어야 한다.

화이트 교수는 사회적 교류에 있어서 처음부터 다른 사람의 직업을 묻는 것을 장려하지 않지만 만약 누군가가 직업을 묻는다면 간단하게라도 대답하라고 한다.

- 당신이 성장기에 있는 실무자라면 상대방에게 "저는 실무 업무를 담당하고 있습니다."라고 대답하면 된다.
- 당신이 식품기술연구원이라면 "저는 식품안전 부문에서 일하고 있습니다."라고 대답하면 된다.
- 만약 당신이 먼저 자신의 직업을 말하고 싶다면 일부 정보를 노출하여 상대방이 흥미를 가지는지 알아보면 된다. 간단하게 자신이 하는 일을 말하며 상대방의 직업에 대해 질문할 수 있다. "제가 하는 일은 대체로 이 지역의 시장을 개발하는 것이에요. 당신은요? 지금 어떤 일을 하고 있나요?"

직업에 대해 말하고 싶지 않지만 불가피하게 언급했다면 자신이 진짜 노출하고 싶은 정보를 덧붙여보자. "제가 하는 일은 ○○이지만, 제가 정말 좋아하는 일은 ○○이에요." 그리고 자신이 흥미를 느끼는 화제를 꺼내면 대화가 원하는 방향으로 흘러갈 수 있다.

3. 주의 : 당신이 사적인 비밀을 잃는 것은 아니다

낯선 사람이나 친숙하지 않은 사람과 교류할 때, 개인적인 생활을 자세하게 이야기했더라도 당신의 사적인 비밀은 그 사람이 모른다. 자세한 내용과 비밀은 같지 않기 때문이다. 화이트 교수는 이 점을 사람들이 꼭 알았으면 한다고 했다.

교류에 있어서 서로의 개인적인 정보를 노출하는 단계를 거치지 않으면 신뢰가 구축될 수 없다. 신뢰는 다른 사람에게 개인적인 정보를 노출하기 원하는 마음에 기초한다. 당연히 특수한 상황은 제외이다. 예를 들면 일과 관련된 교류에서 "저는 이 일이 정말 싫어요."와 같은 개인적인 감정은 노출하지 않는 것이 가장 좋다.

과도한 방어는 상대방이 당신을 멀리하게 만든다. 이는 사람들의 공통적인 성질이다. 반면에 개인적인 정보를 노출하는 행위를 자신에 대한 상대방의 신뢰라고 생각한다. 누군가 당신에게 의례적인 질문을 던진다면, 능동적으로 자신의 정보 일부를 노출해도 좋다. 그래야 상대방이 당신에 대해 이해할 수 있는 기회가 많아진다. 그렇다고 자신의 삶을 과도하게 분석해줄 필요는 없다. 이 경우 빙산의 일각만 전해주는 것으로도 충분하다.

친밀도에 따라 말의 깊이가 달라진다

감정과 관계의 깊이가 정비례하지 않는 상황에서는
과도하게 친밀감을 드러내면 드러낼수록 교류가 불가능해진다.
하버드대학 심리학자 센딜 멀레이너선

지나치게 능동적이고 다정한 사람이 있다. 아직 친해지지도 않았는데 건강, 돈, 사생활 등에 대해 질문하는 사람을 말한다. 그들이 무례해서 그렇게 행동하는 것은 아니다. 서로 나눌 수 있는 대화의 화제가 많아야 한다는 고정관념에서 비롯된 결과다.

네이크는 어느 회사의 인력자원부 주임이다. 그는 업무상의 필요로 신입사원 몇 명을 채용했다. 그런데 그중 한 명이 늘 히죽거리면서 틈만 나면 다른 직원에게 "그렇게 긴장하지 마!", "커피 마실래? 나 좀 사줘." 라고 말하곤 했다. 하지만 이처럼 어느 누구와도 친한 듯한 모습이 동료들의 호감을 사지는 못했다. 오히려 그녀가 점잖지 못한 사람이라고 생각했다.

그리고 또 다른 한 신입사원은 회사에 들어서자마자 사람들과 인사하고 여기저기 이야기를 주워듣고 다니느라 바빴다. 예를 들어 나이가 좀 있는 여직원에게 가서 "언제 결혼해요?", "왜 아직도 결혼을 안 했어요?"라고 묻거나 이미 결혼을 한 직원들에게는 "시간 나면 남편(아내)을 저한테 소개시켜주세요!"라는 황당한 요청을 하기도 했다.

천성적으로 친화력이 좋은 이런 사람들은 우리 주위에도 실제로 매우 많다. 이런 사람들의 특징은 처음 만나는 사람과도 정말 오래된 친구처럼 대화를 나눈다. 사회적 교류가 이루어지는 그곳에서의 예의나 상대방에 대한 고민을 하지 않는다.

이런 사람을 만나면 당황하지 말고 본인이 해줄 대답만 해주면 된다. 당신이 정말 대답하고 싶지 않은 질문을 받았다면 "죄송하지만 그 얘기에 대해서는 별로 이야기하고 싶지 않아요."라고 말할 수 있다. 이런 대답이 "그게 당신이랑 무슨 상관인데요?"라고 말하는 것보다는 훨씬 예의 바른 대답이다.

당신은 사적인 질문에 거절할 권리가 있다. 그러나 사적인 화제를 아무 때나 거절해서는 안 된다. 앞서 말했던 것처럼 유효한 정보를 교환하는 것이 대화 효과를 거둘 수 있을 뿐 아니라 분위기 조성에 영향을 끼치기 때문이다. 그렇다면 우리는 어떻게 하면 일정 거리를 유지한 상태에서 "내가 누구?"인지 효과적으로 알게 할 수 있을까?

멀레이너선은 하버드대학의 훌륭한 심리학자 중 한 명이다. 그는 수년간 진행해온 인간관계에 대한 연구를 종합하여 자기 노출의 4단계를 제시했다. 일반적인 대화에서 우리가 노출할 수 있는 자신과 노출의 결과로 접근할 수 있는 화제의 범위가 얼마나 큰지 증명해낸 것이다. 이는 우리가 타당하다고 생각하는 방식과 리듬으로 교류할 수 있도록 도와주고 교류의 목표를 더욱 뚜렷하고 의미 있게 만든다.

1. 자기 노출 1단계 : 의례적인 질문

의례적인 질문은 낯선 사람이나 그다지 친밀하지 않은 사람에 대한 안부인사 방식이다.

- 안녕하세요!
- 요즘 재미있는 일 뭐 없어요?
- 요즘 잘 지내요?

이런 질문이 나오면 대부분은 “아주 잘 지내요.”, "꽤 괜찮아요.”라고 대답한다. 하지만 때로는 의욕 없는 반응을 얻게 될 수도 있다. 예를 들어 "괜찮은 편이에요.”, “그냥 그래요.”와 같은 대답이다. 하지만 어떤 대답이든 능동적인 안부인사를 통해 상대방이 당신과 교류를 원하는지를 알 수 있다.

2. 자기 노출 2단계 : 기본 정보에 대한 대화

“당신은 어디 사람이고, 무슨 일을 하나요?”라고 서로 안부인사를 한 뒤, 다음 단계의 교류를 진행할 때는 일정한 개인 정보를 교환하게 된다. 그 사람이 어떤 일을 하는 사람이고, 요즘에는 무슨 일을 하고, 어떤 취미가 있고, 어디에 살고, 요즘 그의 생활 속에 어떤 일이 일어났는지 등이다. 당신이 자신의 지갑 속 사진을 꺼내며 “이 아이가 저의

아들이에요. 이제 막 세살이 되었어요.", "제 언니가 지금 미국에 있어요, 정말 보고 싶어요.", "저희 집 인테리어는 이런 식으로 해요."와 같은 자신의 배경을 이야기하다 보면 당신이 좋아하는 것, 기뻐하고 원하는 바가 드러나게 된다.

2단계는 상대방이 비교하거나 발견할 수 있는 소재를 제공하기 위해 이루어진다. 상대방이 당신과 깊게 교류하고 싶다면 이 단계에서 당신을 이해하기 시작하고 당신과 자신 사이의 공통점을 발견하게 될 것이다. 또한 자신도 기본적인 인생의 히스토리를 공유하고 싶어 한다.

3. 자기 노출 3단계 : 취미, 관점, 입장, 태도를 밝히는 것

이 단계는 동료나 일반적인 친구 사이에서 이루어지는데 서로 다른 주제에 대해 자신의 관점, 태도, 가치관, 관심의 초점을 솔직하게 이야기할 수 있다. 개방적인 태도로 의견을 전달하면 주위 사람들도 자신의 의견을 말하게 된다. 대다수의 사람들은 자신과 관점이 같은 사람을 좋아한다. 자신이 좋아하는 것, 가치관, 목표, 관점을 말하면 자연스럽게 일부 사람들은 당신과 그 주제에 대해 공유하고 싶어 하면서 적극적인 관계가 형성될 수 있다.

(1) 논쟁을 일으키지 말고 개방적으로 교류하라

3단계에서 서로 다른 관점의 충돌이 일어났을 때, 이를 잘못 이해하는 사람들은 토론으로 발전시키고 갈등을 불러온다. 하지만 여유롭게 교류할 줄 아는 사람은 대화를 잘 유지하며 분위기를 회복시킨다.

(2) 상관없다는 무관심한 태도는 반감을 일으킨다

어떤 사람들은 다른 사람의 관점을 거스르거나 고집스러워 보이지 않기 위해서 격렬한 대립에 대해 "나는 상관없어."라는 태도를 취하고 강경한 입장을 내보이지 않는다. 하지만 이런 모습은 주관이 없는 사람으로 보이거나 자신감이 없는 것으로 비춰질 수 있다.

솔직하게 자신의 관점을 밝히는 것은 다른 사람에게 무례를 범하는 것이 아니라 오히려 그들이 당신에게 다가갈 수 있는 기회를 주는 것이다. "만약에 나라면, 나는 아마도, 넌 어떻게 생각해?", "아마 나라면 이렇게 해결했을 것 같은데?"라고 말하는 것에 주저하지 말아야 한다.

4. 자기 노출 4단계 : 민감한 화제와 인생의 히스토리를 밝히는 것

친구, 동료, 지인에서 절친이 될 준비를 하는 단계다. 더욱 깊은 개인의 느낌이나 좋은 쪽이든 나쁜 쪽이든 의미 있는 개인의 히스토리를 밝히게 된다. 서로의 관계는 이미 일정한 정도까지 발전한 상태이고, 서로가 자기 노출을 순조롭게 진행해 나가며 마음을 나누는 사이로 결정된다. 아주 사적인 감정이나 민감한 화제에 접근하게 되기 때문이다.

이것은 일정한 리스크를 더하는 일이기도 하지만 공포, 사랑, 희망, 슬픔 같은 감정과 특정한 개인사를 털어놓음으로써 상대방은 당신이 어떤 사람인지, 당신의 가치관은 무엇인지 더욱 자세히 알 수 있다. 예를 들어 "내 회사가 파산했을 때, 정말 더 이상 살아갈 수 없을 것 같았어.", "나는 여러 번 실연의 아픔을 겪은 적이 있어.", "내가 너한테는 말해줄게. 그게 생각만큼은 그렇게 간단하지가 않아. 왜냐하면…."과 같은 말들이다.

물론 반대로 상대방이 당신에게 아주 사적인 일을 털어 놓았다면 당신은 그에게 믿을 만한 사람이 되어있다는 것을 의미한다.

자기 노출의 깊이는 친분으로 결정되기 때문에 앞의 3단계의 교류를 거치지 않고서 바로 4단계에 이를 수는 없다. 과정이 서로 교류하고자 하는 열정을 불러일으키는 중요한 작용을 하기 때문이다. 서로간의 신뢰와 조화로운 관계가 형성되기 전에 과도하게 사생활을 드러내면 상대방은 당신이 너무 가볍다거나 자신을 곤란하게 할 수 있다고 생각할지 모른다. 당신이 회사에 갓 들어온 새로운 직원에게 실연당한 일에 대해 모두 말했다면, 모든 회사 사람이 당신의 사랑이 얼마나 비참했는지 알게 될 수도 있다.

상대가 듣고 싶은 말을 먼저 하라

내가 중요한 사람이 되는 것은 인간의 본성 중 가장 깊은 떨림을 준다.
하버드대학 사회학자 스펜서 레드

스펜서 레드는 대화에서 중요한 것은 스스로가 아주 중요한 사람이라고 느끼게 만드는 것이라고 했다. 이로 인해 인간이 동물과 구별되고 더 나아가 인류의 문명을 파생할 수 있었다는 것이다. 자신에게 중요성을 부여하는 것은 사람의 생존 과정 속에서도 아주 의미가 있다. 즉, 자부심으로 인해 많은 친구를 사귈 수 있고, 몇 마디 하지 않아도 말 잘하는 사람으로 분류될 것이기 때문이다.

미국 철학자 윌리엄 제임스 역시 "인간의 본성 중 가장 인상 깊은 특성은 다른 사람에게 칭찬받는 것을 갈망한다는 것이다."라고 말하며 동일한 입장을 보였다. 대화에서 자신이 중요한 사람이라고 느끼게 할 수 있는 핵심 요소는 내가 말하고 싶은 것에 집중하지 않고, 그가 듣고 싶은 것에 집중하는 것이다.

존은 하버드대학을 졸업하고 '뉴욕타임스' 기자가 되었다. 그는 일을 시작하면서 뉴욕 시의 한 주임이 주의 소식을 손바닥 보듯 훤히 꿰뚫고 있다는 사실을 알게 되었다. 신문사에서는 누구든지 그의 이야기를 하면 모두 엄지를 치켜들고 말했다.

"재벌가의 추문부터 정부의 비밀까지 모르는 게 없는 분이에요!"

그래서 뉴욕의 수많은 기자가 그에게 소식을 얻어 보려고 했지만 늘 입을 굳게 다물어버리고 아무 이야기도 해주지 않았다. 그러던 어느 날 존은 그 주임에게 정보를 요청했다가 거절당했다. 그길로 존은 곧장 서점으로 달려가 폴란드 소설가 헨리크 시엔키에비치가 쓴 《불과 검》이라는 장편소설을 샀다. 그리고 집으로 돌아와 밤새 책을 읽느라 잠을 못 자서 눈은 충혈되었다.

다음 날 아침 존은 시청의 그 주임을 다시 만나러 갔다.

"보아하니, 수면부족이군요?" 주임이 비웃으며 말했다.

"그렇습니다. 어젯밤에 흐멜니츠키(소설 《불과 검》의 주인공)라는 분과 함께 긴 시간을 여행했답니다!"

"어느 분을 말씀하시는 건지?" 주임은 놀란 표정으로 말했다.

"보흐단 흐멜니츠키 말이에요. 그와 함께한 시간을 회상하느라 밤잠을 이루지 못했죠."

"당신도 《불과 검》을 읽고 있군요?"

"그렇습니다! 저는 이 책의 스릴 넘치는 부분들을 아주 좋아합니다."

"어디까지 읽으셨나요? 전부 다 읽었나요?"

"아니요. 자세히 음미해야 해서 215페이지까지밖에 읽지 못했어요."

"신기하네요! 저도 그 책을 읽고 있는데 396페이지까지 읽었어요. 사실적인 역사서라서 그 안의 수많은 이야기는 모두 진짜라고 하더군요!"

"그래요? 하지만 헨리크가 약간 과장해서 썼을 수도 있지 않을까요?"

"당연하죠. 그건 어쩔 수 없었을 거예요. 하지만 그에게도 약간의 선입견은 있었을 거예요. 헨리크는 폴란드 독립운동에 대해 많은 연구를 해서 어떻게 써야 사람들에게 흡입력이 생기는지 잘 알고 있을 거예요."

두 사람 모두 흥미진진하게 시간 가는 줄 모르고 오랜 시간 동안 이야기했다.

존은 한숨을 쉬며 슬그머니 말했다. "예전의 화려했던 시대는 이제 더 이상 없는 것 같아요. 요즘 공무원들을 보면 단조롭고 사치스러운 생활밖엔 모른다니까요! 이렇게 큰 도시에 흥미로운 일이 하나도 없으니 말이에요!"

"아니에요, 몰라서 하는 말이에요." 주임이 그의 말을 끊고 말했다. "현실은 영원히 소설보다 다채로운 법이죠. 아주 평화로운 시대라고 할지라도 말이에요. 우리가 사는 세상도 이미 어떤 흐름이 요동치고 있어요."

"오? 정말 그렇게 생각하세요?"

"당연하죠! 잘 모를 수도 있겠지만 뉴욕에서 가장 유명한 재벌 조지 한스는 당국이 그의 개인 재산의 안전을 지켜줄 수 있을지 의심하고 있다고 해요."

"정말 그런 일들이 일어나고 있군요." 이에 대해 존은 더 이상 많이 묻지 않았다. 오히려 화제를 다시 책 내용으로 돌렸다. 그는 더 물을 필요가 없었다. 이미 가장 중요한 뉴스의 실마리를 얻었고 자세한 내용은 자신이 조사하면 되기 때문이었다.

이때부터 존은 이 주임과 독서를 매개체로 우정을 다지게 되었다. 비록 두 사람의 대화 속 대부분의 시간은 책 이야기였지만 그 속에서 존은 무의식중에 수많은 귀중한 정보를 얻게 되었다.

편집장이 존에게 그 주임이 《불과 검》을 좋아한다는 사실을 어떻게 알았는지 물었다.

"처음 그의 사무실을 찾아갔을 때, 책상 위에 그 책이 있었고 3분의 2 부분에 책갈피가 꽂혀있는 것을 보았습니다. 그 책을 좋아하지 않으면 누가 그렇게 두꺼운 책을 그처럼 많이 읽었겠습니까?"

"훌륭해! 자네도 그렇게 많이 읽으려니 고생 좀 했겠군."

"고생이라고요? 아닙니다! 그렇게 재미있는 책을 읽어본 적이 없어요."

상대방의 흥밋거리를 이용하여 교류의 물꼬를 트면 두 사람의 대화는 깊어지게 마련이다. 레드는 이를 '블랑법칙'이라고 불렀다. 당신이 상대방의 흥밋거리를 찾았다면 교류의 자물쇠를 연 것과 같고, 흥미로 만들어진 열쇠로 인해 당신은 대화에 있어 자신감이 넘치게 될 것이다.

1. 상대방의 감정 원소를 찾아내라

레드는 "만약 감정적으로 받아들일 수 없으면 목적이 아무리 정확하고 확실해도 소용이 없다."라고 간단한 대화 법칙에 대해 이야기했다.

대화를 잘 시작하는 사람들을 관찰해보면 사람들 간의 공통적인 감정 원소를 발견해내고 그것을 화제로 이끈다는 점을 알 수 있다. 말하기 고수의 노하우인 셈이다.

- 남자들은 스포츠 경기, 자동차, 핸드폰 등의 내용으로 서로의 거리를 좁혀 나간다.
- 여자들은 옷, 화장품, 아이의 교육에서 시작하여 모든 것을 공유하는 절친이 된다.

2. 상대방을 위해 무슨 말을 할까

당신은 상대방의 생각과 필요를 이해하고 나서 무엇을 말할지 결정해야 한다. 주식을 하는 사람이 하루 종일 생각하는 것은 돈이다. 그렇기 때문에 빌게이츠 집에 있는 거대한 어항에 고래가 있을지 없을지에 대한 것은 관심도 없을 뿐더러 입에 올리고 싶어 하지도 않는다.

3. 말을 너무 많이 할 필요 없다

우리는 다른 사람의 지혜를 믿고 존중해야 한다. 상대방이 흥미를 가지는 것에 대해 많이 말하고 그렇지 않은 것에 대해서는 적게 말해야 한다.

낚시에 쓰이는 미끼가 당신이 좋아하는 음식이 아닌 물고기가 좋아하는 음식이라는 사실을 기억해야 한다. 마찬가지로 누군가와 대화할 때도 상대의 호감을 사야 한다는 것을 기억하자. 상대방이 관심을 가지는 것이 무엇인지, 어떻게 그의 필요를 채워줄 것인지 알아야 상대도 당신에게 흥미를 갖게 되고 당신의 교류를 좋아하게 된다.

몸짓으로 하는 말이 더 다가온다

대부분의 사람들은 그들의 행동이 그들의 인생을 증명하는 것임을 알지 못한다.
하버드대학 인류학자 레이 버드휘슬

보디랭귀지를 이해하는 사람이라면, 사람들이 바글바글한 방에 들어간 지 몇 분 만에 방 안 사람들의 관계와 감정을 정확하게 설명할 수 있을 것이다. 이런 능력은 타고난 본능에서 비롯된다. 사람의 언어 능력이 진화하기 전에는 다른 사람의 행동을 관찰하여 그의 의견과 생각을 해석하는 것이 근본적인 교류 방식이었다.

레이 버드휘슬은 1950년대에 보디랭귀지를 연구한 전문가다. 그는 연구를 통해 한 번의 대면 교류에서 언어가 전달하는 정보의 양은 총 정보의 35%에 불과하고, 나머지 65%의 정보는 비언어적인 교류로 완성한다는 사실을 알게 되었다.

지그문트 프로이트는 20세기가 배출한 가장 훌륭한 심리학자 중 한 명이다. 그가 경계심이 강한 환자를 만난 적이 있었다. 그녀는 자신의 결혼 생활이 매우 행복하다고 말하며 자신과 남편이 얼마나 친밀한지 알려주려 노력했다. 그런데 대화하는 중에 이 환자는 쉴 새 없이 자신의 결혼반지를 뺐다 꼈다를 반복했다.

그녀의 이런 무의식적인 동작이 프로이트는 무엇을 의미하는지 명확하게 알고 있었다. 그녀와 남편은 이미 더 이상 함께 살 수 없는 지경에 이르러 있었던 것이다.

심리학자에게 보디랭귀지는 상대방을 이해하고 교류를 촉진시키는데 도움을 주는 도구이지만, 보통사람들에게는 적극적인 소통의 분위기를 만드는 핵심 요소이다. 보디랭귀지와 유성 언어는 2개의 황금 열쇠와 같아서 우리는 이것들을 활용하여 소통의 대문을 열 수 있다.

말을 잘하지 못하는 사람의 문제는 사실 그들의 언어에 있지 않다. 그들의 부적절한 보디랭귀지가 다른 사람의 오해를 불러일으키고, 적극적인 대화 분위기를 망치는 최강의 킬러가 된다. 당신의 대화에 대한 열정을 상대방이 느끼게 만들려면 하버드대학에서 유행하는 'SOFTEN Smile, Open, Forward Lean, Touch, Eye, Nod 법칙'을 알아야 한다.

SOFTEN 법칙을 통해 상대방은 당신을 더 쉽게 받아들일 수 있고, 당신과 우호적이고 개방적인 대화를 나누고 싶게 한다.

1. Smile_미소 유지

얼굴에 표정이 없거나 눈썹을 찡그리는 것 모두 다른 사람을 혼란에 빠뜨릴 수 있다. '저 사람이 내 옆에 앉아 있기 싫은 것이 아닐까?'라고 생각할 수 있다. 자연스러운 미소는 열정과 우호의 상징이자 당신이 그와 소통하고자 하는 마음을 강력하게 암시하는 것이다. 그로 인해 상대는 기쁘고 편안한 마음으로 대화를 준비하고 당신에게 다가온다.

2. Open_개방적인 자세

개방적인 자세가 집중된 표현은 활짝 편 어깨이다. 어깨가 활짝 펴져 있으면 다른 사람에게 "나는 교류하는 것을 좋아합니다."라고 알려주는 것과 같다. 그렇지만 당신의 어깨가 닫혀있으면 "나를 내버려둬."라는 뜻으로 인식된다.

팔짱을 끼는 것은 "나에게 말을 걸지 마시오."라는 뜻이다. 당신이 스스로 팔짱을 끼면 경계심이 매우 강한 사람으로 보이고 상대방과 대화하고 싶지 않다는 느낌을 준다. 당신의 말보다 먼저 보이는 동작으로 상대는 당신의 마음을 헤아리고 접근하는 것이다.

3. Forward Lean_몸을 앞으로 기울이는 것

대화를 하면서 몸을 뒤로 기대고 있거나 손을 뒷머리에 대고 있으면 이 화제에 대해 귀찮다고 느끼거나 무신경한 것처럼 보인다. 이런 자세는 대화를 무료하게 만드는 주된 원인이다.

이에 비해 몸을 자연스럽게 살짝 앞으로 기울이면 대화에 대한 열정을 나타낼 수 있다. "저는 열심히 듣고 있고, 당신이 하는 말이 제게 의미 있습니다. 계속 얘기해주세요!"라는 뜻이 전달된다. 그런 당신과 상대방은 계속 이야기하고 싶어질 것이다.

4. Touch_접촉

여기에서 말하는 접촉은 악수다. 악수는 서로의 긴장을 풀어주면서 평등하고 서로 존중하는 분위기를 만들어준다. 어떤 상황에서든 힘 있고 열정적인 악수를 나누는 것은 당신이 상대방에게 우호적이고 열정적인 태도를 유지하고 있다는 것을 보여준다.

당신이 다른 사람과 만났을 때 먼저 손을 내밀면서 “안녕하세요.”라고 말하고, 자연스럽게 자신을 소개한다면 이미 대화의 통로는 열린 것이다. 대화가 마무리될 때의 우호적인 악수도 매우 중요하다. 당신이 미소를 띠고 “다음에 또 봬요.”, “만나서 정말 반가웠어요.”라고 말하면 만남과 대화가 즐거웠다는 느낌을 전할 수 있다.

5. Eye_시선의 교류

시선의 교류는 눈을 통해 전달할 수 있는 강렬한 비언어적 정보이다. 시선을 주고받는 동시에 상대방에게 우호적인 미소를 건넨다면 “나는 당신과 교류를 원하고 당신과 친구가 되길 원합니다.”라는 적극적인 신호를 보낸 것이다.

시선의 교류는 억지로 하는 것이 아니라 자발적인 것이어야 한다. 지나치게 능동적으로 시선을 주고받으려고 하면 자칫 째려보는 것으로 해석되어 반감을 일으킬 수 있다. 누군가와 시선을 주고받게 된다면 사이사이에 짧은 틈이 있는 것이 좋다. 그 찰나에 당신은 상대방의 얼굴이나 다른 곳을 관찰할 수 있다. 예를 들어 입 주변을 바라보는 것도 꽤 괜찮은 방법이다. 그러다가 상대방이 다시 이야기를 할 때면 다시 그와 눈을 마주치면서 이 만남을 중요하게 생각하고 있다는 뜻을 전달할 수 있다.

6. Nod_고개 끄덕이기

고개를 끄덕이는 동작이 꼭 동의만을 뜻하는 것은 아니다. 지금 잘 듣고 있으며 상대방이 말하는 내용을 이해한다는 뜻하기도 한다. 일반적인 경우에 고개 끄덕이기는 "계속 이야기하세요."와 같은 동의나 격려의 신호이다. 큰 길이나 어떤 모임에서 사람들과 인사하는 좋은 방법은 웃으며 고개를 끄덕이고 "안녕하세요."라고 말하는 것이다.

SOFTEN 법칙을 활용하면 더 적극적으로 상대방이 당신의 행동에 반응한다는 것을 알게 된다. 사람들은 반사적 행동을 하기 때문에 대화를 할 때 자신도 모르게 상대방의 동작과 표정을 따라하게 되는데 이런 행동의 반사가 적극적이라면 대화 자체도 활력 있고 화목해지는 것이다.

겁내지 말고
화제를 돌려라

막힘없는 대화란 거의 존재하지 않는다. 대화 시간이 길어지면
분명히 어떤 관점으로 인해 어긋나거나 대화가 막힐 수 있다.
하버드대학 심리학자 마이클 샌델

상대방의 화제 선택에만 따르는 대화의 원칙을 고수하면 대화의 절반은 샛길로 빠지게 된다. 당신은 평범한 회사원이고 상대방이 학술계의 거장인 경우, 당신이 계속 격려하고 경청하면 상대방은 당신이 정말 자신의 연구에 대해 듣고 싶어 한다고 오해할 수 있다. 그렇게 되면 당신은 무슨 소리인지도 모르는 '양자역학이 세계에 어떤 영향을 끼치는지'와 같은 오묘한 이론 속에 빠져 있어야 한다.

이때 적절하게 반응하지 못해 화제가 막히거나 소통할 기회를 잃어버리는 경우가 적지 않다. 그렇게 되면 상대방은 당신이 화제에 흥미가 있었던 것이 아니라 형식적으로 대화에 임했다는 것을 알고 불쾌할 수 있다. 물론 대화는 지속될 수 없다. 어떤 대화든 차분하게 대처할 수 있고 서로 흥미를 가지는 영역에 화제가 머물게 해야 한다.

마이클 샌델은 하버드대학의 훌륭한 강연자이자 심리학자이다. 그는 해마다 많게는 200번의 강연을 진행한다. 그의 강연을 듣기 위해 찾아오는 청중도 각양각색이다. 백발의 노인부터 아직 어린 티가 가시지 않은 청년들, 딱 봐도 사회생활 경험이 풍부해보이는 엘리트들까지 다양하다.

그가 사전에 어떻게 생각했든 간에 일단 청중 앞에 서면 늘 놀라게 된다. 매번 찾아오는 청중들이 모두 상상했던 것과 다르기 때문이다. 이럴 때 그는 임기응변으로 화제를 전환한다. 그렇지 않으면 무대 위에서 본인만 즐겁고 객석의 청중들은 모두 떠나버리는 상황이 발생할 수 있기 때문이다.

"한 번의 강연에서 저는 수차례 화제를 전환합니다. 이런 경우는 아주 빈번하게 발생하죠. 그래서 한 번의 강연을 위해 180개에 달하는 화제를 미리 준비합니다. 이는 모두 할 말이 없는 난처한 상황을 모면하기 위해서죠."

강연은 '1 대 다수'의 대화이고, 우수한 대화는 한 그루의 나무처럼 전개되어야 한다고 마이클 샌델은 생각했다. 나뭇가지가 자라는 것처럼 화제가 연장되어야 하는 것이다. 이야기가 이어지지 않는 상황이 발생하면 자연스럽게 다른 화제로 넘어갈 수 있어야 한다.

1. 평소에 보고 듣고 느낀 것을 말하라

많은 사람이 사회적 교류의 화제 선택에 대해 오해를 하고 있다. 빌게이츠를 만나는 것과 같이 이색적인 일이거나, UFO가 찾아오는 것과 같은 신기한 일들만이 이야기할 가치가 있다고 생각한다. 또는 대화 시간을 자기 자랑 시간으로 바꿔버리는 경우도 있다. 하지만 심오한 이론이나 학문적인 화제가 사람들에게 환영받을 리는 만무하다. 이런 화제를 받아들일 수 있는 청중은 매우 제한되어 있기 때문이다.

사람들은 신기하고 알려지지 않은 이야기를 듣는 것도 좋아하지만 일상생활과 관련된 일반적인 화제를 더 좋아한다. 예를 들어 최근에 어떤 스타에게 스캔들이 생겼는지, 직장에서 어떤 재미있는 일이 생겼는지 등 말이다. 핫한 사회적 이슈도 좋은 이야깃거리가 된다. 그렇기 때문에 당신은 다른 사람과 무슨 이야기를 나눠야 할지 어렵게 고민할 필요가 없다. 당신이 보고 듣고 느낀 것 모두가 좋은 화젯거리다.

2. 말하기 고수가 되고 싶다면 화제를 메모해두자

매일 새로운 주제를 찾고 더 많은 화제를 축적해보자. 화제라는 것은 실효성이 있어서 아주 빠르게 그 시기를 지나칠 수가 있다. 월드컵은 경기가 진행되는 그 달에는 아주 뜨거운 화젯거리이지만 3개월이 지나서 이야기를 하면 신선하지 않은 화제가 된다.

평소 시간이 빌 때마다 노트를 꺼내 새롭게 떠오른 생각을 기록하고, 이미 시기가 지난 화제가 있는지 체크해서 삭제하고 새로운 내용으로 빈 칸을 다시 채워나간다면 당신에게는 늘 새로운 화제가 넘칠 것이다.

마이클 샌델은 이 노트를 핫한 화제의 창고라고 불렀고, 보통 사람도 핫한 화제 창고를 가지고 있는 것만으로도 충분히 말하기 고수가 될 수 있다고 생각했다.

*** 핫한 화제 창고**

① 사람 : 가정 관계, 부모, 절친, 존경하는 사람, 반 친구, 자신, 이웃 관계 등

② 사건 : 잊지 못할 일, 여행, 인상 깊은 이야기, 흥미로운 이야기, 소망, 꿈, 휴일, 연애, 결혼, 옷이나 액세서리 등

③ 생활 : 어릴 적 재미있었던 일, 학습 생활, 독서 생활, 직업, 여가 생활, 성장과정, 고향의 변화, 고향 풍속, 친구나 동료와 어떻게 지내는지, 쇼핑 등

④ 취미 : 좋아하는 영화, 어떤 영화에 대해 감상, 음악, 책, 기타 취미, 이야기, 문예 활동, 동물, 자신 있는 음식, 스포츠, 맛있는 음식, 꿈꾸는 직장 등

⑤ 사회적 이슈 : 친구 사귀기, 최신 뷰티 소식, 자녀 교육, 공중도덕, 어떤 사회 현상에 대한 관점, 개인적 수양, 외국어를 공부한 경험, 위생과 건강, 자연 환경, 올림픽, 상품 소비, 과학기술 발전, 다이어트, 주식 재테크, 자동차, 게임, 군사 무기 등

대화를 나눌 상대에 대해 미리 안다면 이런 화제들을 2차로 세분화할 수도 있다. 이렇게 준비된 대화의 화제들로 끊임없이 대화를 이어가고 유연하게 분위기를 이끌면 된다.

3. 어색하고 어려운 화제는 피하라

이야기를 주고받다 보면 화제를 연장해야 하는 경우가 있다. 상대방이 하는 이야기를 잘 듣고 그의 반응을 살핀 후 "이 범주에서 나는 무엇을 이해했는가?"를 반문해보자. 그러면 당신은 더 쉽게 많은 일들에 대해 이야기할 수 있다.

예를 들어 상대방이 컴퓨터를 바꾸고 싶다는 화제를 꺼냈는데 당신이 컴퓨터 설치에 대해 어느 정도 아는 것이 있다면 "컴퓨터는 사무용으로 쓰실 건가요 아니면 게임용으로 쓰실 건가요?"라고 반응하면 된다. 자신의 경험을 근거로 다른 사람의 의견을 구하면 보다 편하게 대화 속으로 녹아들 수 있다. 그리고 이를 통해 추후의 대화에도 관련된 정보를 제공할 수 있다.

그렇지만 질의응답이 아닌 대화라는 것을 명확하게 하기 위해 당신은 다음 사항을 명심하는 것이 좋다.

- 만약 당신이 어떤 화제에 능숙하지 않다면 계속 그 화제에 얽혀 있지 마라.
- 최대한 자연스럽게 묻고 답하라. 상대방의 대화가 당신보다 많은 상태를 유지하라. 하지만 이전에 언급했던 것처럼 적절하게 자신의 사적인 정보를 노출하라.
- 적당한 때에 "당신은 어떻게 생각하나요?", "음, 이런 일은 정말 이해할 수 없네요."와 같은 말을 사용하여 상대방에게 당신이 적극적으로 듣고 있다는 것을 알려라.

4. 흥미로운 화제로 방향을 돌려라

대화를 지속시키는 것의 중점은 서로 흥미를 느낄 만한 대화의 주제인가에 있다. 때로는 상대방이 혹은 당신이 흥미를 느끼지 못하는 주제에 대해 이야기할 수 있다. 이때 당신은 효과적인 화제 전환 방법을 사용해서 대화의 순서를 조정해야 한다.

- 직접 상대방에게 이야기한다. 예를 들어 "이 문제는 금방 해결될 수 있는 문제는 아닌 것 같아요. 하지만 제가 듣기로는…."이라고 말하면서 화제를 새로운 방향으로 틀 수 있다.
- 상대방의 주의를 돌리고 상대방의 말 중에서 세부적인 내용 하나에 이어서 조언을 구하거나 대화를 연장하는 방법들로 화제를 전환할 수 있다. 예를 들어, 상대방이 친구를 지적하고 있다고 생각해보자. "걔는 너무 쪼잔해. 여러 번 같이 밥을 먹으러 갔는데, 돈 낼 때가 되면 돈을 꺼내는 걸 본 적이 없어." 이때 당신은 "그때 어디서 밥 먹었어?"라고 물을 수 있고, 상대방이 대답하고 나면 그 음식점의 특색 있는 음식에 대해 이야기할 수 있다. 이를 통해 화제를 전환하는 것이다.

사실 일상생활 속 크고 작은 일은 취미와 취향이 다른 사람과 이야기하기에도 무난한 화제이다. 상대방이 냉정하고 고귀해서 학문적 업적만 높이려는 사람이 아니라면 화제가 없는 것을 두려워할 필요가 없다.

상대방이 하는 말에 적극 호응하라

상대방이 말을 하고 싶어 하기만 하면 당신은 어떤 정보라도 얻을 수 있다.
하지만 어떤 사람들은 이런 정보를 캐치할 줄을 모른다는 것이 문제다.
하버드대학 심리학자 플랜더스 댄

상대방에게 의례적인 질문을 하는 법이나 적절히 반응하는 방식을 배우면 당신은 이상적인 대화 상황을 만들 수 있다. 상대방도 마찬가지여서 의례적인 질문이나 개인적인 관점을 이야기함으로써 당신과 교류하고 싶은 의사를 표현할 수 있다. 하지만 대화 능력이 부족하게 되면 몇 마디의 간단한 대화는 나눌 수 있지만, 교류로 발전시키지는 못한다.

적극적인 대화 분위기는 교류에 대한 열정과 떼려야 뗄 수 없는 관계이기 때문이다.

하버드대학의 심리학자 플랜더스 댄은 적극적인 대화는 양쪽이 전심으로 상대방에게 집중해 주변의 방해에서 벗어날 수 있을 때 가능하다고 말했다. 서로의 말에 끊임없이 집중하고 깊게 이어질 화제를 계속 발굴해야 한다는 것이다.

빌은 오랜만에 친구 젝의 술집을 찾았다. 빌은 의례적으로 인사한 후 "장사는 좀 어때?"라고 물었다.

"아직 괜찮은 편이야. 그보다 우리 아들이 아이비리그 대학에 들어가게 돼서 가장 기뻐."

"그래? 축하해! 2년 전에 매입했던 주식은 어때? 변화가 좀 있어?"

"매입했을 때랑 비슷해, 오르지도 떨어지지도 않았어."

"아, 그래. 새로 이사한 아파트는 어때?"

"아파트 주위 환경은 좋아. 특히 이웃들이 아주 친절해서 만족스러워."

"음, 아주 좋네. 우리 아파트는 아주 평범한데…. 참, 너 라스 기억 나?"

"기억하지…."

빌은 마침내 자신을 말하고 싶은 화제를 찾았지만, 젝은 그의 말을 이어가지 않았다. 그들은 그렇게 의례적인 이야기만 나누다가 헤어졌다.

이 대화에서 빌은 다음과 같은 세 가지 실수를 했다.

- 젝의 아들이 아이비리그 대학에 들어갈 예정이라는 좋은 대화를 할 기회를 놓쳤다.
- 젝은 새로 이사한 아파트의 이웃들이 매우 친절해서 매우 기뻐했지만 빌은 이 화제를 이어가주지 않았다.
- 빌이 자신의 아파트는 아주 평범하다고 말하면서 젝의 아파트와 관련된 화제를 더 묻지 않고 또다시 화제를 바꿨다.

쉴 새 없이 화제를 바꾸면 당신과 대화하는 상대방은 갈수록 반감을 느끼게 된다. 모든 대화가 수박 겉핥기식이라면 누구든지 더 이상의 시간과 말을 낭비하기 싫어 자리를 뜬다.

댄 교수는 막힌 대화를 풀고 나면 상대방의 한마디 한마디를 자세하게 들어야 핵심 내용을 캐치하는 데 긍정적인 도움을 줄 수 있다고 말했다.

1. 핵심 단어를 낚아라

우리는 "내가 무슨 말을 해야 할까?"를 걱정할 필요가 없다. "상대방이 무슨 말을 하는가?"에 더 집중하면 되기 때문이다. 대화를 발전시키고 심화시키는 비결은 상대방의 핵심 단어를 캐치하고 한 걸음 나아가 질문을 하고 평가를 하는 것이다. 댄 교수는 핵심 단어에는 주제와 사실적 관점, 느낌이 포함되어야 한다고 했다.

*** 대화 중 핵심 단어**

① 어떤 사람, 어떤 곳, 어떤 것, 어떤 활동

② 집, 자동차, 가족, 좋아하는 것

③ 친구, 학교, 학업, 복장

④ 함께 아는 사람, 어떤 도시, 어떤 도구

⑤ 선생님, 이웃, 교육, 전자 제품

⑥ 소비 활동, 휴가, 스타나 정치인

대화 중에 이런 내용이 나온다면 이에 이어서 더 심층적인 교류를 위해 대화를 이어가는 노력을 해야 한다.

2. 관심을 보이는 질문을 하라

설명식 질문이란 보다 자세하게 어떤 일을 한 이유나 과정, 결과를 설명하게 하는 질문이다. 이 질문을 통해 사실이나 세부 사항이 명확해지고, 당신이 상대방의 말을 주의 깊게 듣고 있고 상대방의 관점을 더 많이 이해하고 싶다는 것도 나타낼 수 있다. 다음은 대화를 자극하는 데 적극적으로 도움이 되는 질문들이다.

- …은 무슨 뜻인가요?
- …에 대해 왜 …하게 생각하나요?
- 왜 …이 아주 좋다고 생각하나요?
- 어떻게 그렇게 되었죠?
- 그래서요? 결국 어떻게 되었죠?
- …은 …에 대해서 어떻게 말했나요?

3. 무상으로 제공되는 정보에 공을 들여라

대화 과정에서 노출되는 정보는 우리가 의식하는 것보다 많다. 사람들이 능동적으로 제공하는 정보가 바로 무상 정보이고, 이는 곧 우리가 대화 과정에서 무의식중에 노출하는 정보이기도 하다.

어떤 사람이 말한 무상 정보에 대해 당신이 효과적인 질문을 한다면 열심히 그의 말을 들었다는 것을 나타낼 수 있다. 상대방은 당신이 열심히 듣고 반응하는 것을 통해 자신의 중요성을 깨닫게 되고 이를 통해 만족감을 느끼게 된다. 인간관계의 친밀감을 증가시키는 방법이기도 하다.

무상 정보는 상대방이 능동적으로 제공한 것이기 때문에 그가 당신에게 마음을 열고 있고 더 많은 공통 화제를 제공하고 있다는 것을 나타내기도 한다. 다른 한편으로는 이런 정보들을 무의식중에 노출한다는 것은 상대방이 거기에 흥미를 느끼고 있다는 것을 뜻한다. 따라서 당신은 이런 무상 정보들을 캐치하여 상대방을 격려하고 대화를 더 심화시킬 수 있다.

- 방금 그 말 정말 재미있었어요. 왜….
- 이왕 이렇게 된 거, …에 대해 물어봐도 될까요?
- 나는 정말 생각지도 못했어요. …를 알려줘서 고마워요.
- 이 일이 그렇게 된 거라면, …은 또 무슨 뜻일까요?

4. 예를 들어 설명해주기를 부탁하라

만약 당신이 그의 말을 이해하지 못하겠다면 상대방에게 예를 들어 설명해줄 것을 요청하는 게 좋다. 대화를 이어가거나 질문하기 위해 반드시 필요한 부분이다.

- 방금 말한 …한 상황은 …같은 것인가요?
- 예를 들면요?
- 구체적으로는 어떤 것들이 있나요?
- 당신이 어떻게 생각하는지 설명해줄 수 있나요?

5. 빙산 정보를 놓치지 마라

무상 정보가 상대방이 원해서 능동적으로 노출된 정보라면, 어떤 정보는 당신이 계속 질문해서 얻어야 한다. 그러기 위해 상대방이 직접적으로 말하지는 못하지만 암시를 준 정보를 눈치 채는 능력을 키워야 한다. 이것은 열심히 듣는 것만큼이나 중요한 것이다.

빙산 정보는 90% 이상의 내용이 언어의 바다 속에 숨겨져 있고, 당신이 능동적으로 발견해주기를 기다리는 정보다. 빙산 정보는 보통 한두 단어로 이루어져 있다. 사람들이 의례적인 질문에 대답하고 나서 툭 뱉은 말인 경우가 많다. 이런 말은 상대방이 진짜로 당신에게 알려주고 싶은 말일지 모른다.

상대방이 "당신은 내가 어떤 일을 겪어왔는지 모를 거예요.", "제가 하는 말이 무슨 말인지 알겠어요?"라고 말하면서 당신을 격려하고 있다는 것을 의식해야 한다. 이 말은 "계속 물어봐주세요!"라는 뜻이므로 당신은 이어서 이와 관련된 질문을 해야 한다.

- 어떤 일을 겪었나요?
- 모르겠어요. 빨리 알려주세요.
- …인가요?
- 어떻게 이렇게 되었죠?

빙산 정보는 상대방이 열렬히 원하는 화제일지도 모른다. "내 아들이 곧 대입 시험을 봐요."라고 말했을 때, 당신은 "그래요? 아이가 잘 준비하고 있나요?"라고 답하며 이와 관련된 질문을 많이 해주면 좋다. 어떤 빙산의 정보든 당신이 입수했다면 대화에 능동적으로 임해야 한다.

A : "오늘 밤에 친구랑 새로 개봉한 영화를 보러 갈 거예요.",

B : "어떤 영화인가요? 말해줄 수 있나요?"

A : "이번 주말에 날씨가 좋았으면 정말 좋겠어요."

B : "왜요? 어디 가세요?"

A : "저는 직업 훈련을 받아볼까 생각하고 있어요."

B : "어떤 훈련을 받으려고 하나요? 왜 그 훈련을 받으려고 하죠?"

6. 대화 중에도 내용을 정리하고 점검하라

대화는 누군가의 통제를 받는 것이 아니다. 그래서 때로는 주제를 벗어나기도 한다. 당신은 상대방과 대화하는 과정에서 대화의 주제를 수시로 정리해줄 수 있다. "내 생각에 당신이 말한 것은 …인 것 같은데, 맞나요?" 이런 정리 기술은 상대방이 말한 주요 관점과 세부 사항을 기억하는 데 많은 도움이 된다. 상대방의 주요 관점을 이해하고 나면 당신은 자신이 잘못 이해하지 않았다는 것을 다음과 같이 거듭 강조할 수 있다.

- 내가 이해한 것이 맞는다면, 당신은 ….
- 그럼 당신의 생각은 …라는 거네요. 맞나요?
- 당신의 뜻이 …이 맞나요?

이런 적극적이고 능동적인 대화 기술을 자주 연습하면 대화 능력을 향상시키는 데도 도움이 되고 상대방이 더 자세하게 세부 사항을 설명하도록 격려할 수 있으며 마음을 더 열게 만든다.

상대방을 격려해야
더 많이 이해할 수 있다

격려는 어리석고 미숙한 대화를 해결하는 핵심 요소이면서 관계를 발전시키고
심리적 인지도를 높이는 없어서는 안 될 요소이다. 격려의 효과는 사람의 상상을 초월한다.
하버드대학 심리학자 니콜라스 레드

우리는 항상 겸손한 태도를 유지해야 한다. 우리가 이룬 어떤 성과들은 사실 그렇게 대단한 것이 아니다. 삶은 아주 짧고 즐거운 순간은 쉽게 사라진다. 만약 우리가 다른 사람과의 대화에서 언제나 자신의 성과에 대해 이야기한다면 다른 사람들은 자연스럽게 그 대화가 싫어질 것이다.

"당신이 미국의 가장 영향력 있는 작가 중 한 명이라고 하던데 맞나요?"라는 질문을 받으면 "아니요. 이름뿐이에요."라고 답하곤 했다.

그의 대답 방식은 정확한 것이다. 우리에게 대단한 것은 아무것도 없다. 만약 늘 자신의 성과에 대해 큰소리를 친다면 다른 사람 눈에는 허풍떨기를 좋아하는 사람으로 비춰질 뿐이다.

조 로버트는 신문사에서 편집자로 일하고 있다. 그는 다른 사람이 말

을 잘하도록 격려하는 관리자였다. 그가 신문사에서 일한 18년 동안 17번이나 연달아 퓰리처상을 받아 동종업계에 부러움과 놀라움을 자아냈다.

조의 동료들은 모두 다음과 같은 상황을 기억하고 있다. 회의를 진행할 때 조는 긴 시간 침묵을 유지하곤 했다. 그의 침묵은 다른 사람들이 끊임없이 스스로 더 많은 이야기를 할 수 있게 만들었다.

"신문사에서 배운 가장 중요한 대화 기술이 바로 격려하는 태도를 유지하는 것입니다. 부하직원들이 말을 최대한 많이 할 수 있도록 해주면 대부분 자신의 문제를 해결할 수 있게 되고, 저도 제가 원하는 답을 얻을 수 있는 데다가 앞에 있는 이 사람을 더 많이 이해할 수 있습니다."

훌륭한 말하기 능력을 갖고 싶다면 먼저 다른 사람이 더 많이 말하도록 격려해야 한다.

- 자신이 말하는 동시에 다른 사람도 자기 의견을 말하게 하는 것은 기본적 예의이다.
- 상대방이 말을 많이 할수록 당신이 정보를 얻을 수 있는 기회가 많아진다. 이는 집안 문제를 해결하거나 비즈니스 기회를 얻거나 친분을 쌓는 데 큰 도움이 된다.
- 두 사람이 아주 가까운 친구라고 해도 한 사람이 자신의 성과나 일에 대해 지나치게 끊임없이 이야기하는 것을 달가워하는 사람은 없다. 사람들은 자신이 중요하다는 느낌을 받는 것을 더 좋아하기 때문이다.

• 자신이 할 말이 떨어질 때까지 이야기하기보다는 다른 사람의 말에서 다음 화제를 발견할 수 있다.

자신의 이야기만 하는 사람은 보통 다른 사람에게 따분하고 재미없는 인상을 남겨주게 마련이다. 그들은 자신의 성과에 취해 스스로 벗어나지 못하고 자신의 중요성만 확신한다. 하버드대학 심리학자 니콜라스 레드는 "자기만 생각하는 사람에게는 어떤 약도 듣지 않는다. 그들이 받은 교육의 정도가 얼마나 높은지와 상관없이 절대 다른 사람의 존중을 받을 수 없다."라고 말했다. 그리고 다음과 같은 제안을 했다.

1. 대화에 방해되는 것을 먼저 치워라

당신이 상대방을 중시한다면 대화하는 과정에서 낙서를 하거나 연필이나 열쇠 같은 것들을 가지고 노는 행동을 해서는 안 된다. 기타 방해요소들도 깔끔하게 정리해두는 것이 좋다.

"잠시만요. TV를 끄고 제대로 이야기해봐요."

"잠깐 앉아 계세요. '방해하지 마시오.'라는 팻말을 문에 걸어두고 올게요. 이러면 아무도 우릴 방해하지 않을 거예요."

"3초만요. 핸드폰 좀 꺼둘게요."

2. 상대방이 먼저 말을 꺼내면 당신에게 유리하다

상대방이 먼저 말을 꺼내도록 유도하면 대립이나 갈등에서 멀어질 수 있다. 개방적인 분위기를 만들어 의견일치나 공통의 인식이 형성되기 때문이다.

- 우리 정말 너무 오랜만이에요. 요즘 어떤 일을 하고 있어요?
- 당신이 …에 대해 당신만의 생각을 지니고 있다는 것을 알고 있어요. 알려줄 수 있나요?
- …에 대해서 당신의 조언을 꼭 듣고 싶어요.
- 최근에 이 일 때문에 정말 난처했어요. 당신은 어떻게 생각하나요?

3. 열심히 듣고 적극적으로 호응하라

상대방의 말하기를 격려하는 동시에 당신은 그 말을 어떻게 이어갈지 결정할 수 있다. 자신의 언어로 상대방의 말을 2차 서술하면 상대방의 경험이나 관점을 정리하는 데도 도움이 되고 유익한 정보도 얻을 수 있다.

- 당신이 …을 하고 있다고 했는데, 그건 어떤 일이죠?
- …에 가셨었나요? 저는 한 번도 가본 적이 없는데 그곳은 어떤가요?
- 그렇다면 이 일에 대해 당신만의 생각이 있겠네요. 맞나요?
- 그림을 그리는 것이 당신의 마음을 평안하게 하는 데 도움을 주던가요?

4. 잘 듣고 있다는 신호를 보내라

대화 중 신호는 상대방의 말을 열심히 듣고 있다는 것을 판단할 수 있게 해준다. 당신이 훌륭한 교류를 하는 사람이라는 인상을 주고 싶다면 반드시 상대방의 일에 더 관심을 갖고 있다는 표현을 해야 한다. 많은 사람이 슈퍼 세균의 진화가 인류를 사망의 이르게 할지의 여부보다 당장 자신이 앓고 있는 치통을 심각하게 생각하기 때문이다. 당신은 다음과 같은 방법으로 상대방이 한 말에 대해 흥미를 느낀다는 것을 표현할 수 있다.

(1) 관심이 있다는 제스처를 취하라

고개를 끄덕이거나 시선을 주고받는 등의 방식으로 관심이 있음을 표현하라.

(2) 말을 끝까지 마치게 하라

중간에 끼어들지 않으면 상대방의 말을 중요하게 생각하고 있다는 것을 나타낼 수 있다. 하지만 상대방이 말을 마치고 나면 바로 말을 이어나가야 한다. 그렇지 않으면 대충 들었다는 오해를 살 수 있다.

(3) 긴장을 풀어라

과도하게 신중하면 대화가 마치 심문 같아질 수 있다. 대화할 때는 몸의 중심이 상대방을 향하거나 머리를 살짝 한 쪽으로 향하게 해야 대화가 편안하고 즐겁다고 느끼게 된다.

PART 4_대화의 영향력

망설이지 말고 자신을 이야기하라

Harvard's 100-Year
Traditional Speech Class

✦ ✦ ✦

대화를 나눌 때 스스로 영향력이 약하다고 느끼는 경우가 있다. 사용하는 단어가 부적절하거나 말하기 능력이 부족한 것이 주요 원인이다. 자신의 생각을 전달하는 법을 배우고 말하기 기술을 훈련하면 충분히 보완할 수 있다. 당신이 언어를 통해 자신의 매력을 표현할 수 있다면 더 많은 사람들로부터 인정받게 될 것이고, 더 큰 기운과 더 강한 영향력을 얻게 될 것이다.

행동에서
그의 정보를 캐내라

우리는 다른 사람의 행동을 읽고 자신이 어떻게 말해야 할지를 판단한다.
우리는 다른 사람을 관찰함으로써 우리가 헤엄쳐 나갈 수 있는 여지를 찾을 수 있다.
하버드대학 출신 벤저민 프랭클린

어떤 전략이 있는 사람은 상대방이 귀중하게 여기는 것을 자신도 중요하게 생각한다고 표현한다. 다른 사람에 대한 존중일 뿐만 아니라 일종의 가치 교환이다. 당신도 주장을 잘 표현하고 다른 사람의 요구를 존중할 줄 알면 인정을 받게 될 확률이 커진다. 영향력은 그저 얻어지는 것이 아니다.

정계에 입문하기 전에 벤자민 프랭클린은 인쇄소에서 일했다. 그는 되풀이되고 있는 공장의 낡은 관습을 없애고 싶었다. 늙은 식자공들이 비공식적인 규칙을 들먹이며 신입사원들에게 비합법적인 세금을 걷고 있었다. 프랭클린은 부당하게 걷는 이 세금을 거부했다.

이 때문에 오랜 시간 부당한 압박을 받았지만 그가 이렇게 한 데에는 이유가 있었다. 바로 신입사원들의 신임을 얻고 자신의 영향력을 높이기 위해서였다. 그는 동료들도 내심 이 비합법적인 세금에 대해 아주 불만이 많다는 것을 잘 알고 있었다. 그는 신입사원들에게 말했다. "우리가 이미 나라에 세금을 냈으니, 사적인 세금을 더 낼 필요가 없습니다. 저는 이 부당한 세금을 절대 낼 수 없습니다."

많은 신입사원들이 그를 옹호해주었고, 그가 자신의 위치를 확보하자마자 회사 측에서는 세금을 걷는 불합리한 행동은 반드시 없어져야 한다고 공표했다.

하버드대학 인류 행동 전문가는 연구를 통해 사람에게는 고정적인 행동 패턴이 있음을 증명했다. 적절한 행동 분석 방법을 사용한다면 우리는 어느 정도 다른 사람의 행동을 예측할 수 있다는 것이다.

규칙적인 생활을 하는 사람이 오늘 무엇을 할지 알고 싶다면 그가 어제 무슨 일을 했는지 살펴보는 것이 가장 좋은 방법이다. 개인의 독특한 습관과 행동 패턴은 그의 일상생활에 반영된다. 이런 행동 패턴을 기초로 우리는 상대에게 해도 되는 말과 하지 말아야 할 말을 파악할 수 있다. 이는 대화 중에 상대방의 의중을 파악할 수 없어서 긴장될 때 많은 도움을 준다.

1. 행동을 살펴보면 할 말이 보인다

일상 속의 말하기 훈련은 정기적인 순환이다. 쉴 새 없이 같은 일을 반복하고 일상에서 대화를 나누는 사람 대부분은 고정적인 행동 패턴을 지니고 있기 때문이다. 예를 들어 당신의 상사가 월요일 회의 시간마다 누군가를 호명하여 지난주 업무에 대한 총정리를 시킨다고 생각해보자. 이런 경우 당신은 이미 고정화된 그의 행동을 예측할 수 있다면 이에 상응하는 대화 패턴을 준비할 수 있을 것이다.

따라서 평소에 주변 상황을 관찰하고 다른 사람의 행동 습관에 집중하는 것은 중요하다.

2. 상대방의 행동에 대한 설명서를 만들어라

상대방의 생각을 읽었다는 것은 그만큼 그에 대한 당신의 영향력이 발생했다는 것이다. 당신은 상대가 하는 말 한마디 한마디를 자세히 듣고 세세한 태도, 표정 하나 하나를 관찰해야 한다. 상대방의 행동 습관을 종합하기 위한 효과적인 방법으로 주위 사람들의 행동에 대한 설명서를 만드는 것이 있다.

예를 들어 "언제 화를 내고, 언제 기뻐하고, 언제 슬퍼하고, 언제 즐거워하는지."를 위주로 "어떤 화제에 그가 기뻐하는지, 무슨 말을 해야 그가 좋아할지, 어떤 일에 화를 내는지." 등을 취합해서 설명서를 만드는 것이다. 당신은 이를 통해 상대방이 일하는 방식이나 행동 방식을 기초로 그와 맞춤식 교류를 발전시킬 수 있다.

당신이 그의 호감을 살 수 있을지는 확실하지 않지만 당신이 미움을 살 확률은 분명하게 감소시킬 것이고 그에 대한 영향력도 증가하게 된다. 어떤 일을 해야 그가 더 빨리 당신의 의견을 받아들일지 알고 있기 때문이다.

3. 성격을 알면 상대하기 쉬워진다

비교적 다른 사람의 영향을 받지 않는 사람이 존재한다. 필드 교수는 다른 사람의 영향을 잘 받지 않는 사람을 다섯 종류로 나누었다.

(1) 동심이 부족한 성격

이런 유형의 사람들은 아주 성숙하다. 이성적인 태도로 세상을 관찰하고, 논리적 사고방식으로 사물을 관찰하고, 눈앞의 모든 것에 대한 신뢰 여부를 냉정하게 판단한다. 어떤 농담을 들어도 쉽게 웃지 않는다. 그들과 교류를 하고 싶다면 당신은 그들과 동일하게 이성적인 태도를 취해야 한다. 확실한 사실과 정확한 데이터를 제시하고 개인적인 의견을 최대한 배제해야 성공률이 높아진다.

(2) 과도하게 자신감 있는 성격

자기 연민이 강한 사람과 관계를 형성할 때 그들의 자존심을 절대 상하게 해서는 안 되며 강경한 태도로 대화를 진행하는 것은 더욱 금물이다. 만약 그들에게 영향력을 펼치고 싶다면, 아부와 칭찬을 선택하는 것이 꽤 좋은 방법이다. 그들은 칭찬받기를 좋아한다.

(3) 고집 있고 권위를 중시하는 성격

당신의 의견을 들어주거나 당신의 영향력을 그들이 받아들이기는 쉽지 않다. 그들이 권위를 중시한다는 특징에 초점을 맞춰서 당신이 제시한 데이터, 증거들이 공신력 있고 영향력이 있는 사람이 제공한 것이라는 것을 명확하게 알려주면 상대방은 더 빠르게 받아들인다.

(4) 사회적 인정을 추구하지 않는 성격

대다수의 사람들에게는 다른 사람들의 인정과 동의를 얻고자 하는 사회적 요구가 있다. 하지만 이 유형의 사람들은 다른 사람들의 인정과 찬성을 바라지 않는다. 당신이 어떤 식으로든 당신의 인정을 나타낸들 그들은 이로 인해 기쁘거나 만족하지 않을 것이라는 뜻이다. 당신이 그들에게 영향을 주고 싶다면 물질적으로 유익한 것을 주는 것이 좋다. 한 끼의 맛있는 음식을 대접하는 것이 그들을 움직일 수 있다는 것이다.

(5) 지적 능력이 우수한 성격

비교적 지적 수준이 높고 광범위하게 다양한 정보를 받아들이는 유형이다. 그들은 당신이 어떤 의견을 내든 모두 반박할 수 있다. 그렇기 때문에 그들과 토론을 하는 것은 바람직한 방법이 아니다. 그들의 승부욕에 불붙인 격이기 때문이다. 차라리 "당신의 식견이 넓으니 저의 생각도 이해하실 수 있으실 거예요."라고 말한다면 그들은 능동적으로 당신의 의견이나 주장을 짐작하게 될 것이고 성공률도 대폭 상승할 것이다.

모든 것을 축적하는 데 시간이 필요하듯이 당신이 다른 사람의 행동 패턴에 대한 인식이 형성되는 데도 시간이 필요하다. 당신이 익숙지 않은 누군가와 장기적으로 관계를 맺어야 한다면 그의 행동 패턴을 면밀하게 살펴라! 당신에게 쌓인 정보가 많을수록 그에게 당신의 영향력이 더 강력해질 것이다.

말투와 이미지는 갈고 닦을수록 좋다

어떤 사람의 목소리는 중요한 언어적 기억이다.
우리는 평생 이런 정보를 수집하고 이 기억을 통해 그 사람을 인식할 수 있다.
하버드대학 심리학자 스티븐 주버트

주버트 교수는 사람들이 직접 대면하는 사람을 판단하는 근거를 찾아 '7/38/55 법칙'을 발표했다. 말의 전달에 대한 연구로 정보를 전달하는 과정에서 영향력을 행사하는 요소다.

- 55%는 외모, 옷차림, 태도, 보디랭귀지, 표정 등과 같은 비언어
- 38%는 말을 하는 말투, 목소리의 표현 방식, 발음 등의 목소리
- 7%는 말의 내용

주버트는 만약 38%의 말투에서 실점하면 소통의 효과가 크게 감소된다고 말했다. 우리는 어떤 사람의 말투 속에서 동시에 세 가지 정보를 얻어낸다. 이는 상대방의 성격, 정서, 분위기이다.

하버드대학 언어 전문가인 첼은 '목소리로 정보를 전달하는 법'을 가르친다.

어느 날, 첼이 ○○회사 고객센터에서 강의를 하고 있는데 어리광을 부리는 말투를 사용하는 여학생이 물었다. "제 동료는 매일 많은 전화를 처리하는데, 저는 왜 통화가 늘 길어지고 고객이 전화를 끊지 않으려고 하는 걸까요?"

첼이 그녀의 목소리를 듣고는 웃으며 말했다. "입장을 바꿔서 제가 고객이어도 전화를 끊고 싶지 않을 것 같아요. 당신의 목소리는 아주 가볍고 말할 때 음을 길게 끌고 모든 문장의 끝을 올리네요. 이런 요소들이 합쳐지면 장난을 치고 싶은 느낌을 줘서 당연히 남자 고객들이 전화를 끊기 아쉬워할 것 같아요."

목소리는 우리가 상상하는 것보다 큰 마력이 있어서 목표를 설정하고 맞는 방법으로 조절할 수 있다면 자신의 성격과 감정을 적절하게 표현할 수 있을 뿐만 아니라 자신이 원하는 대화의 환경을 조성할 수 있다. 듣는 이는 자연스럽게 심리적 방어막을 허물며 경청할 것이다.

당신이 목소리에 조금 더 주의를 기울이면 당신의 대화 목표가 설득이든 설명이든 혹은 오락이든 쉽게 상대방의 인정을 받을 수 있다.

1. 목소리 강약을 조절해라

모든 사람의 음역 범위는 적응력이 좋아서 수줍음이 많은 사람이 갑자기 큰 소리를 낸다거나 우렁찬 목소리를 가진 사람이 갑자기 볼륨을 낮춘다거나 하는 경우를 볼 수 있다. 대화 과정에서 소리의 울림과 볼륨은 그 힘과 강도가 적절해야 하고 다양하게 변할 수 있어야 한다. 당신이 다른 사람과 효과적인 소통을 하려면 자신의 성량 상한선과 하한선 사이에서 대화 내용에 따라 가장 적절한 음량을 찾아내야 한다.

(1) 듣는 사람을 고려하라

당신의 청중은 누구인가? 대면한 한 사람인가 아니면 한 무리의 사람들인가? 음량의 크고 작음은 당연히 장소와 청중의 수에 따라 결정된다.

만약 자신의 음량이 충분히 큰지 확실하지 않다면 듣는 사람의 반응을 보면 바로 알 수 있다. 청중이 듣기 힘들어하면 조금 더 큰 소리를 내면 된다.

대화하는 상대방의 귀가 어두우면 자연스럽게 소리를 크게 내면 되지만, 상대방이 나이가 많다고 해서 무조건 고래고래 소리를 지를 필요는 없다. 오히려 상대방의 반감을 살 수도 있기 때문이다. 어수선한 환경에서는 목소리를 조금 크게 해야 하고, 조용한 환경에서는 자연스럽게 소리를 낮춰야 한다.

(2) 당신이 하는 말의 내용과 맞아야 한다

음량의 크고 작음은 말의 내용에 따라 결정된다. 강하고 힘 있는 정보를 전달하고 싶거나 사람들을 격려하여 상황을 발전시키고자 할 때, 목소리가 너무 부드러우면 말의 효과가 감소된다. 하지만 당신의 목표가 다른 사람을 위로하거나 그가 당신의 의견을 받아들이도록 설득하는 것이라면 음량은 최대한 부드러워야 한다.

* 음량을 높여야 하는 경우

① 대중을 향해 말할 때

② 주위에 소음이 있을 때

③ 중요한 정보를 전달할 때

④ 상대방이 어떤 행동을 취하게끔 격려할 때

⑤ 다른 사람의 주의를 끌고 싶을 때

* 음량을 낮춰야 하는 경우

① 조용한 환경에 있을 때

② 사적인 비밀에 대해 이야기할 때

③ 상대방을 위로하거나 설득할 때

2. 목소리 음질에 신경 써라

음질은 당신의 발음에 중요한 역할을 한다. 당신 목소리는 감정의 색채를 토로해내는 도구로써 다른 사람과 대화할 때 긍정적인 느낌을 줄 수 있어야 한다. 목소리에 함축된 에너지를 느껴야 당신의 영향력이 크게 증가하기 때문이다.

목소리의 질량을 통해 당신과 청중 혹은 대화 상대 간의 관계기조를 실질적으로 확정할 수 있다. 당신의 목소리에 비음이 짙다거나, 호흡이 불안정하거나, 귀를 찌른다거나, 활력이 없으면 그 부분을 반드시 노력해서 바꿔야 한다. 당신의 목소리가 맑고 감미롭고 감정의 색채가 풍부하게 들릴수록 상대는 당신에게 굳건한 신뢰를 보낸다.

3. 말하기 속도에 리듬을 넣어라

말하는 속도는 그 사람의 성격과 밀접한 관련이 있다. 또한 사고방식, 행동표현, 생활환경과 관련이 있기 때문에 쉽게 고쳐지지도 않는다. 하지만 평소에 말을 너무 빨리하거나 너무 느리게 하지 말아야 한다. 이 두 종류의 방식은 발음을 파괴하고 음의 높낮이 변화를 제한하기 때문에 대화 질량을 변형시키는 원인이 된다.

말이 느린 사람은 말을 할 때 상대방이 주의를 기울여 들어야 한다는 사실을 절대 모를 것이다. 사람들의 사고 전환 속도는 말의 속도보다 훨씬 빠르다. 그래서 말의 속도가 너무 느리면 듣는 사람은 졸음이 올 수도 있다. 이외에도 말이 느리면 말을 우물거리는 것처럼 들리거나 말의 변화가 부족해져서 당신이 말한 내용도 이해하기 어려워진다.

이와 같은 맥락으로 말이 너무 빨라도 비슷한 문제들을 초래한다. 정보가 순식간에 벌떼처럼 튀어나와 듣는 사람의 기를 죽이거나 정신을 못 차리게 만든다. 말이 너무 빠른 사람은 일부 발음을 건너뛰어서 말의 강도나 음량, 음의 높낮이를 조절할 수 없다.

가장 효과적인 말의 속도는 분당 120자에서 160자를 말하는 것이다. 편한 마음으로 말의 속도를 이 범주 안에서 유지해야 한다. 말하기 속도를 바꾸는 것은 감정과 정서의 변화를 반영하는데 중요한 것은 상대에게 안정감을 줄 수 있어야 한다는 것이다.

4. 말에 강약을 조절하면 전달력이 좋아진다

사람이 말하는 방식은 음표와 같다. 우수한 대화 능력이 있는 사람은

25가지의 서로 다른 톤을 사용하여 생동감과 의미를 전달한다. 반면에 대화 중에 한 가지 톤만 사용하면 듣는 사람은 금방 단조로움을 느끼고 딴 생각을 하게 되거나 따분함을 느끼게 된다.

발성의 다양성은 목소리로 흡입력, 흥분, 공감을 불러일으킨다. 우리는 음의 높낮이, 음량, 퍼즈pause를 조절하여 이를 실현할 수 있으므로 목소리 톤의 고저장단을 조절할 수 있는 법을 배우는 것이 좋다. 강조해야 할 글자의 음을 높이면 사람들은 당신이 어떤 부분을 중점적으로 강조하고 싶은지 알 수 있게 된다.

- **나는** 정말 미국에서 태어났어요.
  (당신은 다른 곳에서 태어났어요.)
- 나는 **정말** 미국에서 태어났어요.
  (제가 여기서 태어났다는 것을 의심하시는 건가요?)
- 나는 정말 **미국에서** 태어났어요.
  (저는 토박이에요, 타지 사람이 아니에요.)
- 나는 정말 미국에서 **태어났어요.**
  (뉴질랜드가 아니에요.)

우리가 말을 할 때 활용하는 톤은 보통 우리 자신의 변화에 따라 변화한다. 목소리 톤의 변화는 다른 사람의 반응에 깊이 영향을 준다. 이 사실을 빨리 인식한다면 상대에게 더 나은 영향력을 끼칠 수 있다.

질문이 정확하면 대답하는 사람이 좋아한다

나는 질문하는 방식을 사용하는 습관이 있다.
문제를 해결하는 방법과 더 빠르게 지식을 공유하는 방법을 다른 사람에게서 찾는 것이다.
하버드대학 교수 마이클 마크바트

질문과 대답은 교류에서 중요한 부분이다. 좋은 질문은 질문하는 사람과 대답하는 사람 모두에게 풍성한 수확을 가져다준다. CNN의 유명한 앵커 래리 킹은 자신이 인터뷰했던 5만여 명의 정계 인사나 스타들의 성공담을 종합하여 이렇게 말했다. "저는 질문을 하고 나서 상대방의 대답을 듣고 나면 계속 이어 질문을 했습니다."

사실 질문하는 능력도 말하기 능력을 증명할 수 있는 요소다. 하버드대학 인력자원발전센터의 교수 마이클 마크바트는 성공적이고 효과적인 대화를 하는 사람은 대화 속에서 끊임없이 질문할 기회를 찾고 이를 통해 상대방을 격려하고 창의력을 계발하고 문제를 해결하며 자신의 영향력을 높이는 목적을 달성하고자 한다고 했다.

나는 아내와 어떤 사교모임에 참여한 적이 있다. 그곳에서 직업상의 이유로 매사추세츠 주로 이사 온 사람들을 많이 만났다. 아내가 마샤라는 여성에게 물었다. "매사추세츠 주는 어떤 것 같으세요?"

이 질문은 모든 사람들의 이목을 집중시켰고, 마샤는 웃으며 매사추세츠 주를 칭찬하기 시작했다. 이곳에서 좋은 친구와 사람 볼 줄 아는 사장님을 만났으며, 몸담고자 하는 사업을 찾게 되었다고 말했다. 주위 사람들은 그녀의 말 속에 담긴 기쁨을 느낄 수 있었다.

이때 또 다른 여성이 끼어들며 말했다. "정말 좋은 일이네요. 그래도 여기서 힘든 일도 분명 많았죠?" 그러자 주위는 즉시 조용해졌고 기쁨이 가득했던 마샤의 얼굴색도 변하기 시작했다. 그녀는 이곳에 오느라 멀어졌던 친구와 임종을 지키지 못한 아버지에 대한 이야기를 사람들에게 해주었다. 갑자기 주위는 슬픈 기운이 흘러넘치고 말았다.

교류하는 중에 질문을 많이 하는 것은 상대방의 말하기 욕구를 높일 수 있을 뿐더러 상대방에 대한 이해도를 높일 수 있다. 하지만 질문의 목적은 단순히 정보나 당신이 원하는 것을 얻기 위해서가 아닌 다른 사람의 감정을 변화시키거나 상대방의 즐거움을 증가시키기 위해서여야 한다. 마크바트 교수는 소통을 하는 중에는 불행함을 떠올리게 하는 화제를 피하는 것이 좋다고 말했다.

일상적인 교류에서 올바른 질문을 해야 자신이 원하는 대답을 얻을 수 있다는 사실을 의식하지 못한다. 전문적인 대답을 원한다면 전문적인 질문을 던져야 하고, 자세한 대답을 원한다면 자세한 질문을 던져야 하고, 즐거운 대답을 원한다면 긍정적인 질문을 던져야 한다.

1. 당신의 질문이 꼭 필요한지를 확인하라

하버드대학의 연구팀들 사이에는 "당신의 노트를 읽어보라.", "바로 당신을 위해 인터넷이 존재한다."라는 은어가 있다. 새로 온 연구원들이 어떤 질문을 했을 때, 이런 대답을 듣게 된다면 자신이 한 질문은 스스로 충분히 해결할 수 있었다는 것을 깨닫게 된다.

이처럼 당신의 질문이 과연 꼭 필요한지 스스로 점검해야 한다.

- 질문하기 전에 여러 가지 키워드를 인터넷에 검색해보았다.
- 수많은 자료나 설명서를 읽었지만 답을 찾지 못했다.
- 이 질문은 사적인 비밀에 대한 질문이나 "너 바보야?", "이런 것도 못해?"와 같은 질문처럼 다른 사람을 바보 취급하는 도발성 질문에 속하지 않는다.
- "북극이 정말 그렇게 춥나요?"와 같은 상식적인 질문을 하지 마라. 이런 질문을 하는 당신은 전혀 귀여워 보이지 않는다. 그저 상식이 없는 사람으로 보일 뿐이다.

2. 질문을 자세하게 하라

개인적으로 혹은 비즈니스 관계에서 우리는 많은 질문을 받는다. 그러나 "당신의 인생의 목표는 무엇인가요?", "전자산업은 어떻게 돌아가나요?"라고 너무 모호하거나 장황해서 어떻게 대답해야 할지 난감하게 만드는 경우가 있다. 당신의 질문이 상대를 초조하게 만들어서는 안 된다.

- 질문의 범주를 확정할 수 없다면 효과적인 대답을 얻을 수 없다.
- 상대방에게서 적절한 대답을 얻고 싶다면 당신의 질문을 더욱 구

체화하여 상대방이 하나의 구체적이고 명확한 사물에 집중할 수 있게 만들어야 한다. 그래야 대답도 합리적으로 돌아온다.

친구의 생일이 곧 다가온다고 생각해보자. 당신이 그에게 서프라이즈 선물보다는 그가 원하는 선물을 주려고 할 때 "이번 생일에 뭐 받고 싶어?"와 같은 질문을 던지면 그는 분명 매우 난처할 것이다. 돌아오는 대답도 뻔하다. "갑자기 물어보니까 나도 모르겠어!" 이는 당신의 질문이 너무 광범위했기 때문이다. 그가 평소 좋아하는 독서나 영화감상에 맞춰 범주를 축소시킨다면 당신의 질문은 이렇게 변할 것이다.

"최근에 읽고 싶었던 책 중에 아직 안 산 책이 뭐야?"

"축구화랑 ○○작가(친구가 가장 좋아하는 작가)가 사인한 책이랑 어떤 게 더 좋아?"

이런 구체적인 질문은 더 적극적인 피드백과 효과적인 대답을 얻게 한다.

3. 긍정적인 감정을 일으키는 질문만 해라

긍정적인 질문은 긍정적인 대답을 이끌어낼 수 있고 상대에게 좋은 감정을 불러일으킨다. 반대로 부정적인 질문은 부정적인 것을 연상시키고 불쾌함을 가져온다. 따라서 질문의 성질을 분별하는 능력이 있어야 한다. 어떤 질문이 긍정적이고 어떤 질문이 부정적일까?

*** 긍정적인 질문**

① 몸이 아주 잘 회복됐네요. 어느 선생님께 수술을 받았나요?

② 일처리가 아주 훌륭하네요. 무슨 비결이라도 있으신가요?

③ 또 여행을 떠나시나요? 정말 재미있겠어요!

④ 당신의 여자 친구를 봤어요. 정말 예쁘던데 두 분은 어떻게 알게 되셨나요?

⑤ 일은 이미 일어났고 당신은 이 모든 것을 바꾸려면 어떤 일을 해야 한다고 생각하나요?

* 부정적인 질문

① 제가 듣기론 어제 다른 사람하고 크게 싸웠다면서요?

② 실연당했을 때 얼마나 슬펐나요?

③ 이렇게 스트레스가 심한데 이걸 다 어떻게 했나요?

④ 당신 회사에 아직 판매되지 않은 재고가 얼마나 있나요?

⑤ ○○회사와 협력 관계를 맺었다고요? 그 회사가 이 업계에서 유명한 양아치 회사라는 걸 모르세요?

⑥ ○○지역에서 그렇게 무서운 일이 많이 일어났다는데 왜 그런 데로 여행을 가려고 해요?

질문의 기본적인 원칙은 친절한 태도를 유지하며 자신이 하고 싶은 질문을 본인이 받는다면 어떤 느낌인지를 생각해보는 것이다. 그 질문으로 기분이 좋아진다면 상대방에게도 묻고, 만약 그렇지 않다면 물을 필요가 없다. 기분이 나빠지는 상황인데도 불구하고 질문을 강행한다면 상대방은 당신을 나쁜 감정을 몰고 오는 사람으로 인식하게 된다.

4. 말하고 싶은 것을 질문하라

당신이 누군가를 만나서 "오늘 하루 어땠어요?"라고 물었을 때 그 사람은 "아주 잘 보냈어요. 당신은요?"라고 대답할 수 있다. 이와 같이 어떤 질문을 했을 때 이 질문이 당신에게 다시 돌아오는 경우를 '영향력'과 관련된 전형적인 '대화 반등 효과'라고 한다. 상대방에게 특정한 질문을 했을 때 그 사람도 무의식중에 당신에게 동일한 질문을 하게 되는 것이다.

따라서 당신이 노출하고 싶은 내용을 상대방이 언급하게 하려면 먼저 같은 내용을 상대방에게 질문하면 된다. 예를 들어 당신이 어떤 일을 하는 사람인지 상대방에게 알려주고 싶다면 먼저 "당신은 어떤 일을 하시나요?"라고 질문할 수 있다. 그는 아마도 "저는 건축사예요. 당신은요?"라고 대답해줄 것이다. 또한 당신이 누구 밑에서 일하고 있는지 상대방에게 알려주려면 당신은 간단하게 상대방이 어느 회사에 다니는지만 물어보면 된다. 상대방이 그 질문에 대답하고 나면 대부분이 당신에게 이렇게 질문해 줄 것이다. "당신은 어느 분과 일하고 있나요?" 만약 당신이 자신의 화려한 휴가 계획에 대해 이야기하고 싶다면, 상대방에게 "휴가 때 무엇을 할 계획인가요?"라고 물을 수 있다. 상대방이 대답하고 나면 자연스럽게 당신에게 질문해줄 것이다. "당신은요?"

당신이 말하고 싶은 것이 분명하다면 정확하게 질문해보자. 상대방으로부터 당신이 의도한대로 질문을 받을 것이다.

최소한의 말에
최대한 의미를 담아라

간결하고 힘 있는 말하기는 일종의 예술과 같다. 말을 반복하고 또 반복하는 사람은
뇌가 퇴화되는 중이 아닌 이상 영향력이 미미한 사람이다.
하버드대학 소통전문가 닉 모건

간결하고 명쾌한 언어는 복잡하고 긴 연설보다 흡입력이 뛰어나다. 이는 말하는 사람이 문제를 빠르고 깊게 분석한다는 사실을 나타낼 뿐만 아니라 높은 인지 능력과 사고 능력의 표현이기도 하며 성격이 시원시원하고 낙관적이며 대범하다는 것을 구체적으로 드러내는 증거다. 그래서 사람들은 간결한 말에 많은 뜻을 담아내는 것을 좋아한다.

하버드대학 출신의 소통전문가 닉 모건은 말을 간결하게 한다는 것은, 간단명료한 말로 그들의 진심이나 진짜 생각을 전달하는 것이고 그의 성격이나 영향력도 말에서 드러난다고 생각했다. 그래서 그가 존경했던 사람은 처칠이었다.

2차세계대전 때 독일 나치에 맞섰던 영국이 번번이 패배하자 전국민의 마음이 흔들리고 군인들의 사기도 떨어지게 되었다. 영국 수

상이었던 처칠은 나라의 앞날을 위해 군사들의 사기를 돋울 수 있는 연설을 해야겠다고 생각했다.

군모를 쓴 처칠이 지팡이를 짚고 천천히 강단 위로 올라갔다. 그는 군모를 벗어 강단 위에 올려놓고 왼쪽에서부터 오른쪽까지 눈앞에 선 군사들을 훑어보고는 이렇게 말했다. “절대 포기하지 마라!” 그리고 다시 오른쪽에서부터 왼쪽까지 군사들을 훑어보고는 말했다. “절대 포기하지 마라!”

온 부대가 쥐 죽은 듯 조용했고, 처칠은 다시 한 번 큰 소리로 외쳤다. “절대 포기하지 마라, 절대 포기하지 마라, 절대 포기하지 마라, 절대 포기하지 마라!”

이때 모든 군인은 흥분하여 환호성을 지르며 서로를 포옹하는 소리가 온 부대를 뒤덮었다. 그후 영국군은 전장에서 잇달아 승리를 거뒀다.

이는 처칠의 가장 유명한 연설이다. 가장 적은 단어로 가장 큰 힘을 발휘했으며 묵직하고 깊은 의미를 전달했다.

모건은 당신이 가치 있는 사람이라고 인정받고 싶다면 간결한 말로 적절하게 하라고 했다. 간결한 말하기 방식을 활용하면 듣는 사람이 관심을 가지는 구체적이고 중요한 문제에 집중되어 쉽게 대화의 목적을 달성하게 되고 당신의 영향력이 발휘된다는 것이다.

간결한 말하기의 또 다른 장점은 살아 숨 쉬는 생동감을 느끼게 해준다는 것이다. 현대의 생활리듬은 끊임없이 빨라지고 사람들의 시간 개념도 갈수록 강력해지고 있다. 친구들 사이의 수다가 아닌 이상 사람들은 간결한 말하기를 구사하는 사람과 관계 맺기를 원한다. 비교적 짧은 시간 안에 비교적 많은 정보를 얻을 수 있기 때문이다. 모건의 연구에서도 이런 사람이 인간관계에서 더 강력한 영향력을 지닌다는 사실이 증명되었다.

1. 완벽하게 계획을 세워라

어떤 사람들은 대화 중에 말을 많이 했음에도 여전히 자신의 뜻을 정확하게 전달하지 못하고, 듣는 사람이 많은 시간과 노력을 들였음에도 여전히 그가 무슨 말을 하고 싶은지 알 수 없다. 이를 개선하는 좋은 방법은 말을 시작하기 전, 머릿속에서 말하기의 초기 계획을 세운 후에 불필요하고 주제에 무익한 내용을 없앤 뒤 남겨둔 중요한 내용만을 말로 꺼내는 것이다.

2. 같은 말을 중복하지 마라

우리는 때로 반복되는 구나 단어를 사용하여 다른 사람의 주의를 끌거나 의미를 강조한다. 하지만 이를 남용하면 말이 거추장스러워지고 영향력은 감소된다. 예를 들어 많은 사람이 어떤 의문이 풀리지 않을 때 자주 "왜, 왜?"라는 표현을 사용한다. "왜?"를 한 번 사용하면 당신의 결단을 나타낼 수 있지만, 두 번 사용하면 약간의 무지함을 표현하게 된다.

또 다른 사람에게 대답할 때 "그래, 그래, 그래."라고 말하며 동의나 공감을 표현하는데 사실 몇 번씩 "그래."라고 말하는 것도 당신의 영향력을 감소시킨다.

3. 동일한 단어를 너무 자주 쓰지 마라

대화에서 단어의 양이 풍부하고 다채로워야 좋다. 말할 때마다 유명 인사처럼 새로운 어휘를 만들어내야 하는 것은 아니지만 가능하다면 최대한 다양한 표현을 사용해야 하고 하나의 명사만 너무 빈번하게 사용하지 말아야 한다. 특히 다른 사람이 당신의 말을 이해하지 못할 때는 본연의 의미가 변질되지 않는 선에서 다른 방식으로 말해야 한다.

한정된 단어나 한두 가지의 말하기 방식을 자주 사용하면 사람들은 당신의 말이 지루하다고 느끼고 당신 어휘력의 한계와 식견의 부족함을 느끼게 된다. 당신이 사용한 단어가 근사하고 신기한 단어였다고 해도 그 자리에서 이미 여러 번 반복했다면 사람들은 그 단어에 대한 싫증을 드러낼 것이다.

4. 말버릇을 줄여라

사람들은 말하는 중에 자신의 말버릇이 나오는데, 예를 들어 "내 생각에.", "절대.", "상관없어.", "어떻게 이럴 수가 있을까?"와 같이 말 앞에 추임새를 붙이거나 특정 단어를 사용하는 것들이다. 말의 주제와 상관없이 이런 말버릇은 말하기 효과에 나쁜 영향을 준다. 또한 다른 사람에게 쉽게 웃음거리가 되기 쉽기 때문에 이를 고치는 것이 좋다.

5. 저속한 단어를 사용하지 마라

언어는 개인의 학문과 성품이 입은 옷과 같아서 말을 하는 사람의 격조를 나타낸다. 그러나 외모가 출중한 사람이라도 저속한 말을 사용한다면 우리는 그의 품격을 의심한다. 어떤 사람이 당신 앞에서 저속한 말을 계속한다면 당신 기분은 어떨까? 반대로 당신이 저속한 말을 계속 사용한다면 상대는 당신을 어떻게 생각할까? 단순히 개인의 언어 습관 문제라고 생각하지는 않을 것이다. 오히려 저속하고 가까이하지 말아야 할 사람이라고 결론지을 가능성이 높다.

6. 전문적인 용어를 남용하지 마라

저속한 단어나 말도 사용해서는 안 되지만, '지구동력학', '태양 흑점 복사', '물리적 출력' 등의 심오한 전문용어도 대화 중에 언급하지 말아야 한다. 특히 대화 상대가 비전문가인 데다가 전문적인 문제를 토론하는 시간이 아니라면 전문용어는 언급하지 말아야 한다.

우선, 전문용어는 두 사람의 대화에 곁가지가 늘어나게 만든다. 당신이 하는 말이 무슨 뜻인지 예를 들어 상대방에게 다시 설명해야 하기 때문이다. 그리고 이런 단어를 과도하게 사용하면 자기 학식이나 과시하는 좀스런 사람으로 치부되기 십상이다. 결국 당신의 영향력을 높이는 데 아무런 도움을 주지 않는다.

말을 하는 데 있어서 이런 요소들 때문에 당신의 영향력은 떨어지고 언어의 장황함만 높이게 된다. 이런 문제들만 피한다면 당신은 말하기 고수에 한 발자국 더 다가가게 된다.

가치 있는 일에 의견을 내라

당신은 굳이 애써 해결할 가치가 없는 일을 분명하게 구별해내야 한다.
늘 반박하고 논쟁하기 바쁘다면 당신은 영원히 다른 사람의 존중을 받을 수 없다.
하버드대학 비즈니스 협상전문가 크리스 셀스

크리스 셀스는 전 세계 500대 기업 중 5대 미국 본토 기업의 협상 대표로 있을 때, 세계 각지의 엘리트 협상팀과 회담을 진행하며 큰 업적을 남겼다. 그녀는 전체 협상에서 팀원들에게 논쟁이 불필요한 때가 언제인지 알려주었다.

"말다툼은 낭비다. 최소 시간과 힘의 오용이다. 모든 사람은 어떤 일은 논쟁할 가치가 없다는 것을 명확하게 구분해야 한다."

협상 테이블을 떠나면서도 셀스는 동일한 행동 규칙을 따랐다.

하버드대학에 입학한 셀스는 어떤 활동에서 아주 가치 있는 교훈을 얻게 되었다. 셀스의 오른쪽에 앉은 남성이 농담을 건네며 한 문장을 인용했다. "일을 계획하는 것은 사람이지만, 일을 이루는 것은 신이다."라는 것이었다.

그는 이 구절이 《성경》에서 나왔다고 말했지만 틀린 말이었다. 셀스는 당시에 고대 그리스 철학을 공부하고 있었기 때문에 이 말이 플라톤이 한 말이라는 것을 아주 잘 알고 있었다. 셀스는 곧바로 그의 말을 바로잡았다. 하지만 그는 오히려 그 말을 받아치며 말했다. "뭐요? 플라톤이라고요? 그럴 리가 없어요. 그 말은 분명히 《성경》에 나온 말이라고요!" 그는 자신의 생각이 정확하다고 확신했다.

셀스는 곧장 자신의 교수에게 사실 확인을 요청했다. 이에 교수는 웃으며 말했다. "셀스, 이분의 말씀도 틀리지 않았어. 《성경》에도 분명히 이 말이 있단다."

그날 저녁, 그녀는 교수에게 불만을 토로하며 말했다. "교수님, 분명 사실을 알고 계시면서 왜 그 사람을 바로잡지 않으셨죠?" 교수는 웃으며 말했다. "철학의 엄격함은 그런 곳에서 드러나야 할 필요가 없어. 살면서 먼저 다른 사람과 정면으로 충돌하려 들면 지는 쪽은 반드시 네 쪽이란다."

이 일이 있고 난 뒤 셀스는 말할 때 더욱 신중해졌다. 이후에도 셀스는 수천 가지 불필요한 논쟁을 보고 듣고 경험하게 되었다.

이 모든 결과는 그녀에게 이런 결론을 주었다. 논쟁에서 승리하는 방법은 논쟁을 피하라는 것이다. 대화하는 중에 당신이 논쟁을 시작했다는 것은 이미 통제력을 잃었다는 것이다. 논쟁은 토론이 아니다. 토론은 보다 다양한 관점을 받아들일 수 있게 해주지만, 논쟁은 당신을 끝없는 자만에 빠지게 한다. 그래서 이전 어느 때보다도 더 자신이 절대적으로 옳다고 주장하게 된다.

개인의 영향력을 감소시키는 진짜 원인은 무엇일까? 토론의 승리에 대한 과도한 기대이다.

1. 이기고 싶다는 것은 말하기를 무기로 삼았다는 뜻이다

셀스는 토론에서 이기고 싶다는 것은 말하기를 무기로 삼았다는 뜻이자 전쟁의 시선으로 토론을 바라보는 것이라고 말했다. 다른 사람과 논쟁할 때 당신은 이미 상대방과 전쟁을 한다는 의미에서의 투지를 불태운다. 다시 말해, 당신은 말로써 친구가 아닌 어떤 적을 만드는 것이다.

토론이 전쟁으로 변하고 나면 양쪽이 주목하는 초점은 더 이상 옳고 그름이 아닌 수단과 방법을 가리지 않는 승리이다. 자신이 틀렸다는 것을 인정하고 싶어 하는 사람은 없다. 입으로 하는 서바이벌인 만큼 아무도 희생당하기를 원하지 않는다.

전쟁의 결과에 상관없이 상대방의 호감을 사기는 힘들다. 엄밀하게 말해 논쟁의 승리자는 없다. 당신의 엄격한 관점으로 상대방의 논점이 만신창이가 되도록 공격했다고 해도 이것이 당신의 영향력을 높여주지는 않는다. 반대로 승리는 당신을 기세등등하게 만들고 상대방은 스스로를 부끄러워하게 만들어 그의 자존심을 상하게 하고 당신을 원망하게 만든다. 원한은 당신의 영향력에 부정적인 영향을 가져다줄 뿐이다. 그러므로 우리는 무의미한 논쟁을 최대한 피해야 한다.

2. 자신의 잘못이 분명할 때, 자기를 변호하지 마라

사무실 전화가 울리고, 당신이 수화기를 들었을 때 상대방이 다짜고짜 쉴 새 없이 불평불만을 늘어놓았다고 가정해보자. "이틀 전에 그쪽 직원한테 설계도를 제 메일로 보내 달라고 했는데 왜 아직도 안 보내는 건가요? 어떻게 이렇게 무책임할 수가 있죠?"

당신은 그 일을 담당하는 직원이 병가를 냈다는 사실을 설명할 필요가 없다. 선의로 하는 이야기라고 해도 상대방은 당신이 변명을 하고 있다고 생각할 것이기 때문이다. 만약 상대방이 원망하는 일이 분명한 이유가 있다면 더 이상 애를 써서 설명하지 마라. 반대로 당신은 상대방의 원망이 타당하다는 것을 인정하고 사과를 한 뒤 해결 방안을 모색해야 한다. "고객님의 말씀이 맞습니다. 일에 지장을 드리게 되어 정말 죄송합니다. 저에게 메일 주소를 다시 알려주시면, 제가 직접 5분 내로 다시 발송해드리겠습니다."

상대방에게 사과하는 것과 당신이 잘못을 인정하는 것은 다르다. 사과는 단지 상대방이 곤경에 처했음을 인정하는 것으로 원망을 제거하고 나서 실행 가능한 대처를 하는 것을 목표로 하되 내가 하지 않은 일에 휘말리지 않는 것이다. 또한 사과는 실수가 큰 잘못으로 발전되기 전에 이를 구제할 수 있고, 손상될 수 있었던 개인의 영향력도 구제할 수 있다.

3. 다른 사람을 인정하는 법을 배워라

반대 의견에 부딪혔을 때 당신은 자신만의 계획이 있어야 한다. "이 부분에 대해서 내가 큰 그림과 원칙에 무관한 범위 내에서 양보할 수 있을까?" 때때로 화제가 어느 음식점의 음식이 더 맛있고, 어느 스타가 더 매력적인지 정도라면 당신의 의견을 아예 내려놓는 것도 좋다. 이렇게 사적인 영역에 속하는 화제는 당신이 굳이 대적할 가치가 없다. 그저 자신이 좋아하는 것을 계속 하면 그뿐이다.

우리는 다른 사람의 사생활에 대해 어떤 의견도 내서는 안 된다. 솔직 담백함을 너무 쫓지 마라. 솔직 담백하다는 것은 무례함의 대명사이기도 하다.

논쟁을 즐기는 사람은 자존심이 세고 자만하다는 특징이 있다. 이런 사람과 논쟁을 피하는 현명한 방법은 상대방의 주장에 동의해주는 것이다. 그의 의견이 가소롭고, 미련하고, 천박하더라도 그에게 예의 있게 반응하고, 그의 의견에 찬성하고, 그의 식견과 현명함을 칭찬해라. 이런 사람은 자신에게 동의하는 사람만 인정하기 때문이다.

4. 우아하게 물러나라

의견이 충돌하는 상황에서 양쪽의 의견을 들어보면 모두 어느 정도 합리적이다. 이런 승자 없는 논쟁을 직면하게 된다면 자신의 의견을 보류하는 것이야말로 우아한 후퇴이다. 당신이 다른 사람의 관점을 변화시킬 수 없고 상대방도 당신을 설득할 수 없다는 것을 알게 되었다면 그 즉시 논쟁을 멈춰야 한다.

효과적으로 교착 상태를 피하는 방법은 상대에게 평화롭게 말하는 것이다. "내가 보니 우리가 하는 말은 모두 일리가 있어요." 그리고 안전한 화제로 그를 유도해야 한다. 예를 들어 당신과 친구가 자녀를 교육하는 문제를 토론하다가 토론이 격해져 논쟁이 되는 상황에 놓였다고 가정해보자. 양쪽의 의견이 일치되지 않는다고 해서 꼭 대립되는 것은 아니기 때문에 "사실 우리는 다 같은 생각을 하는 거야. 어떻게 하면 더 아이들이 잘 될 수 있는지를 말이야."라고 말할 수 있다. 대립의 정서에서 벗어나 부모의 각도로 일치점을 찾을 수 있기 때문이다.

또 다른 전략은 논쟁으로 발전하기 전에 이 일에 대해 토론하고 싶지 않다는 입장을 내보이는 것이다. 이런 태도는 승자 없는 논쟁을 일으키기 쉬운 토론에서 과감하고 광범위하게 활용되어야 한다. 예를 들어 "국산품을 장려해야 하는가, 수입품을 장려해야 하는가?"와 같이 누구의 말도 다 일리가 있고 상대방을 설득시킬 수 없는 화제에 대해서는 상대방이 당신의 관점을 이끌어 내려고 준비하기 전에 대범하게 의사를 표현해야 한다. "이런 화제는 너무 무거워. 맞다! 최근에 핸드폰 바꾼다고 했지? 새 폰 샀어?"

진심으로 개인의 영향력을 형성하려는 사람은 사적인 의견에 얽매여 하는 말을 논쟁에서 승리를 얻게 해줄 무기로 여기지 않는다. 과분하게 자신을 떠벌릴수록 다른 사람에게 자신이 무시당한다는 사실을 알고 있기 때문이다.

거절하는 법을 배우고 당당해져라

우리는 은혜를 베푸는 법을 배워야 할 뿐만 아니라 거절하는 법도 배워야 한다.
이것이 바로 완벽한 영향력을 행사하는 방법이다.
하버드대학 심리학자 랑 블랑크

누군가 당신에게 도움을 요청한다면, 상대방의 삶에 당신이 영향력을 지니고 있다는 것과 동시에 당신의 능력과 위치가 증명되는 것이다. 이는 마땅히 기뻐할 만한 일이지만 여러 이유로 그 사람의 크고 작은 일에 도움을 줄 수밖에 없는 상황이 된다. 이에 당신은 시간이 맞지 않거나 당신이 할 수 없는 일에 대해서 거절하는 법을 배워야 한다.

거절하는 법으로 당신은 말의 주도권을 가질 수 있고 자신과 관련된 일에 더 많은 시간을 투자할 수 있다. 거절을 잘해야 당신의 사적인 부분이 인정받고 당신에 대한 이해도를 높일 수 있다.

하버드대학의 유명한 심리학자 랑 블랑크는 인간관계 속의 교류에서 발생하는 심리적 변화를 연구할 때, 영향력이 높은 사람들이 "아니요." 라는 말을 잘하고 적절하게 거절하는 방법을 효과적으로 사용한다는 사실을 알게 되었다.

폴은 새로 이사한 아파트에 살고 있는 넬에게 자신이 일요일에 진행하려는 활동을 도와줄 수 있는지 물었다. 그 날 시간이 있는 아파트 사람들이 모두 참여할 예정이었다.

폴의 부탁을 받은 넬은 그 당시에 거절을 하지는 않았지만 웃으며 말했다. "생각해볼게요."

"네. 괜찮으시면 내일까지 알려주세요. 괜찮으시죠?"

다음 날 폴은 밤까지 기다렸지만 넬에게서 어떤 대답도 듣지 못했다. 그래서 그는 어쩔 수 없이 다시 한 번 직접 넬의 의견을 물으러 갔다.

어처구니없게도 넬은 미안한 마음도 없이 그에게 말했다. "제 말 뜻을 이해하셨을 거라고 생각했어요."

"그게 무슨 말이죠?"

"제가 시간이 없기 때문에 '생각해보겠다.'라고 말한 거예요."

너무 화가 난 폴은 단지의 이웃들에게 이 일을 알렸고, 넬의 이미지는 순식간에 나빠지게 되었다.

넬은 명확하게 거절하지 않아서 신뢰를 잃어버리게 됐다. 만약 자신이 도와줄 수 있을지 없을지 확실하지 않다면 "생각해볼게요."라고 말하면 안 된다. 가장 현명한 대답은 곧장 명쾌하게 "네!"라고 하는 것이었다. 넬이 그를 도와주게 된다면 당연히 가장 좋은 일이고, 혹여나 그렇지 못하더라도 상대방은 명쾌한 대답 때문에 최대한 노력했을 것이라는 것을 느낄 수 있다. 그들은 넬이 자신을 도와주지 못한 것은 도와주고 싶지 않아서가 아니라 도와줄 수 없었기 때문이라고 생각하게 되는 것이다.

하지만 "생각해볼게요."라는 말은 상대방이 상상할 수 있는 여지를 주는 것이다. '어쩌면 이미 허락한 것일지도 몰라!'라고 말이다. 비록 눈치가 빠른 사람은 동의할 확률이 적다는 것을 알아차릴 수 있겠지만 기대하는 사람의 입장에서는 성공 확률이 높을 것이라고 생각한다.

상대방이 도움을 청하면 곧장 "네!", "아니요."로 명확하게 대답해라. 만약 당신이 그를 돕지 못하게 되더라도 당신이 핑계를 대는 것처럼 보이지 않기 위해서 말이다.

다른 사람에게 거절할 때는 예의 바르고 힘 있게 말해야 한다. 여기서 '예의 바르게'라는 것은 행동, 말에 예의가 있어야 한다는 것이다. 다른 사람의 체면과 정서를 최대한 고려한다는 전제하에 거절을 표현해야 한다. '힘 있게'라는 것은 말을 정확하게 해야 한다는 것이다.

"아니요."는 한 단어이자 하나의 완벽한 문장이기도 하다. 말을 꺼내는 순간 명확하게 당신의 의견을 전달할 수 있다. "아니요."라고 말했을 때 논쟁이 생길지도 모른다는 생각이 든다면 다음의 두 가지 방법을 사용해볼 수 있다. 인간관계에 해를 끼치지 않으면서 자신의 영향력을 강화할 수 있을 것이다.

1. 거절하는 것에도 요령이 있다

심리 전략 중에 상부상조 원칙이 있다. 누군가 나를 도와주면 우리는 보통 보답을 하고 싶다는 생각을 하게 되는데 이로써 평행적인 인간관계를 형성하는 것이다. 그렇지 않으면 다른 사람에게 빚진 느낌을 받는다.

이는 인간관계의 보편적인 원칙이다. 누군가 나에게 무언가(시간, 선물, 정보 등)를 주면 우리는 상대방에게 빚을 진 느낌을 받는다. 그렇기 때문에 물건을 살 때 판매원이 줄곧 아주 예의 있게 상품을 설명해주면 많은 사람이 '이 물건을 사지 않고는 못 배기겠다.'라는 느낌을 받게 된다. 어떤 방식으로든 보답을 해야 우리는 비로소 마음이 편해진다.

이 원칙의 보편성에 기대어 상대의 부탁을 거절하지 못하고 들어주는 경우가 있다. 상대가 베푼 친절이나 배려 때문이기도 하고 친밀한 인간관계나 사회적 관계에서 형성된 유대감 때문이기도 하다. 물론 당신이 모든 것을 수용하고 감당할 수 있다면 문제가 되지 않겠지만 당신이 거절하지 못한 채 무리한 상태에서 상대의 부탁을 들어준다면 오히려 어려운 상황에 처할 수 있게 된다. 돈독했던 신뢰가 깨지거나 서로의 관계가 불편해지는 것이다. 이런 시각에서 본다면 정중한 거절도 인간관계의 보편적 원칙에 해당한다.

상대방의 요구를 거절할 때는 그들의 절실함을 이해하는 마음으로 접근해야 한다. 먼저 상대의 말에 관심을 갖고 긍정적으로 받아들이며 호응을 보이는 것이다. 예를 들어 어떤 친구가 "오늘 네 차를 좀 써도 될까?"라고 물었다고 생각해보자. 당신은 친구의 급한 사정에 관심을 갖고 들어줘야 한다. 설령 부탁하는 이유가 하찮거나 가당치 않은 경우라도 상대를 무시하거나 무안을 주는 말을 해서는 안 된다.

또한 거절의 말에는 진정성을 담아 전하고 이유는 구체적으로 말하는 것이 좋다. 모호하게 말하거나 횡설수설한다면 상대방은 핑계를 대는 것으로 오해할 것이다. "미안해. 네 급한 사정은 알겠는데 나도 오늘 차를 써야 할 일이 있어. 내일은 괜찮은데 그 일을 하루만 미룰 수 있다면 내일은 어떨까?" 이렇게 적절한 대안을 제시하면 상대는 거절에 대한 기분 나쁨보다 상대방의 배려에 고마워할 것이다.

거절은 적을 만들거나 관계를 단절시키는 말하기가 아니다. 당신을 이해시키는 말하기 요령이다. 정당하고 바른 거절은 당신의 생각과 가치관을 상대에게 전하는 기회가 될 수 있다.

2. '왜냐하면'을 이용하면 수월하다

블랑크 교수는 자신의 연구를 통해 '왜냐하면'이라는 단어가 놀라운 위력을 지니고 있다는 사실을 알게 되었다. 사람들이 서있는 줄에 끼어들어 복사를 하는 실험에서 블랑크의 동료가 "죄송하지만 제가 먼저 복사해도 될까요?"라고 말했을 때 대략 3분의 1의 사람들이 이를 허락해주었다.

하지만 말을 조금 바꾸니 거의 모든 사람이 이에 동의했다. "죄송하지만 제가 먼저 복사해도 될까요? 제 상사가 당장 가져다달라고 하셔서요." 이 말과 줄을 서서 기다리던 사람들은 아무런 관련이 없지만 그 효과는 아주 좋았다.

'왜냐하면'이라는 단어가 우리의 잠재의식 속 동의를 불러일으켜서 사람들이 자동적으로 이에 합리적인 이유를 더해주기 때문이다. 블랑크 교수는 모든 단어는 우리의 머릿속에서 자동적인 반응을 일으키는데 '왜냐하면'이라는 단어는 그것이 타당하다고 가정하게 하기 때문에 우리가 어떤 결정을 함에 있어서 많은 생각을 필요로 하지 않는다.

그래서 당신이 "아니요."라고 말할 때, 곧바로 말하기보다는 '왜냐하면'을 덧붙이고 그 뒤에 당신의 부탁을 말하게 되면 불쾌감이 생기는 것을 방지할 수 있다.

"원하는 것은 뭐든 들어준다."라는 것이 당신의 영향력을 증가시키지는 않는다. 오히려 원하는 것은 뭐든 들어주는 사람은 갑자기 다른 사람의 요청에 응할 수 없는 경우 그의 영향력이 크게 감소한다. 정확하게 "아니요."라고 말하는 것이 인간관계 속 교류에서 진실한 자신으로서의 자리를 확실하게 잡을 수 있는 방법이다.

어려운 순간에 단호하게 자기를 변호하라

자기변호와 궤변은 본질적인 차이가 있다.
전자는 결백함을 수반하지만 후자는 명예에 영향을 끼친다.
하버드대학 출신 버락 오바마

누군가 당신에게 까다로운 질문을 던지면 시한폭탄을 받아 든 것이나 마찬가지 상태에 빠질 수 있다. 이럴 때 자기변호에 대한 방법을 안다면 당신은 값을 헤아릴 수 없는 재산을 가진 것과 같다. 직면한 위기를 현명하게 대처할 수 있기 때문이다.

2014년 3월 11일, 미국 대통령 오바마는 한 인터넷 토크쇼 프로그램에 게스트로 출연하게 되었다. 그 프로그램의 진행자는 유명한 스타 코미디언 자흐 갈리피아나키스였는데 그는 영화 '행오버'의 주연으로 활동하며 '독사'라는 별명을 갖고 있었다. 프로그램에 초청된 게스트들은 하소연할 곳도 없이 그에게 갖은 모욕을 당하지만 이 프로그램은 미국 젊은 층에 인기가 많았다.

아무리 상대가 대통령이라고 해도 자흐는 동일하게 독사의 본색을 드러냈다.

자흐 : 최후의 흑인 대통령이 되신 소감이 어떠신가요? 연임, 재임을 못 하면 기분이 그리 좋지 못하겠죠?

오바마 : 그럼 제가 물어볼게요. 이 대화가 당신이 대통령과 나눌 수 있는 마지막 대화라면 기분이 어떨 것 같나요?

자흐 : 2년만 있으면 대통령에서 물러나실 텐데 그러면 농구할 때 더 이상 아무도 양보해주지 않을 거예요. 괜찮으시겠어요?

오바마 : 대통령을 연임, 재임하지 못하는 건 좋은 일이에요. '행오버'의 속편이 계속 나와도 반응이 그렇게 좋지 못한 것처럼요.

자흐 : 예전에 만약 아들이 있다면 절대 럭비를 못 하게 할 거라고 했는데, 아들이 럭비를 하고 싶어 할지 어떻게 아나요? 당신처럼 책벌레면요?

오바마 : 미셸 같은 여자가 책벌레랑 결혼을 해줄 것 같은가요? 그녀에게 물어보세요. 제가 책벌레인지.

자흐 : 제가 직접 영부인에게 확인해보죠.

오바마 : 아니요. 절대 그녀 곁에 당신이 가까이 가지 못하게 할 거예요.

자흐 : 만약 제가 대통령이 된다면 이혼을 불법으로 만들 거예요. 그래도 결혼을 할 건지 두고 보자고요.

오바마 : 그래서 당신이 대통령이 되지 않은 건 정말 다행스러운 일이에요.

하버드대학 출신의 오바마 대통령은 까다로운 질문에 어떻게 대처해야 하는지 명확하게 알고 있었다. 상대방의 질문에 정면으로 상대하는 것은 자신을 곤경에 빠뜨리는 일임을 알기에 오바마는 직접적으로 대답하지 않고, 화제를 상대방의 입장으로 이끌어 와서 자흐의 질문이 부당한 비난이라는 점과 지혜로운 사람에게서는 이런 비난에 대해 아무런 대답도 얻지 못할 것이라는 것을 알게 만들었다.

이런 대화에 관련된 가이드북은 아주 많다. 하지만 문제는 대화가 이성적이고 지혜롭고 의미 있을 것을 전제로 둔다는 점이다. 까다로운 교류 속의 대화는 질의의 방향이 비난으로 향해가고 있는데도 말이다. 당신이 독사처럼 말끝마다 트집 잡는 사람을 마주하게 됐을 때는 강력하고도 단호하게 자신을 변호하는 방법을 사용해야 한다.

1. 공격으로 방어하고 반문해라

나쁜 의도를 가진 질문을 받으면 당신은 반문 할 수 있다. "어떤 대답을 듣고 싶어요?"라는 이 대답에 질문자는 두 종류의 반응을 보게 된다.

- "저도 몰라요."라든가 "당신이 질문을 할 때 어떤 대답을 듣고 싶은지 스스로 알지 못하면 제가 그걸 어떻게 알겠어요?"라고 대답할 것이다.
- 구체적인 대답을 듣게 되는 경우에는 당신에게 더 많은 단서가 제공되는 것일 뿐더러 지금 질문에 대답하는 쪽은 상대방이기 때문에 그에게는 퇴로가 없다.

만약 "당신은 경력이 부족해서 어떤 일을 할 수 없어요."라고 말한다면 당신은 "저 경력 많아요. 왜냐하면…."이라고 말해서는 안 된다. 이렇게 되면 자기 방어로 변형되기 때문에 상대방은 이어질 당신의 이유에 대해 하나씩 시비를 걸게 된다. 더 좋은 대답은 "당신은 얼마나 오래 일해야 경력이 있다고 말할 수 있다고 생각하나요?"라도 되물어서 그가 "3년이요."라고 대답한다면 당신은 이렇게 반문할 수 있다. "그럼 2년 11개월은 경력이 부족한 건가요?" 이런 답변으로 자기변호에 빠지는 건 상대방이지 당신이 아니다.

대답이 구체적이면 증명하기가 더욱 어려워진다. 그는 지금 '2년 11개월'과 '3년'의 경력이 대체 어떤 차이가 있는지 말하지 않을 수 없다. 그가 대답을 해낸다면 다시 이렇게 물을 수 있다. "왜 그렇게 생각하시나요?"

이 방법의 좋은 점은 어려운 질문을 던진 사람은 자신의 전제가 정확한지 계속 설명해야 하고 다른 사람들의 눈에 그가 융통성이 없고 미련해보이게 된다. 사실 당신의 주장, 생각이 어떤 것이든 간에 구체적이고 미세한 세부 사항에 대해 변호하려 들면 당신은 매우 미련해보일 수밖에 없다. 그래서 당신이 난처한 질문을 받았을 때는 방어만 하거나 상대방이 설계한 전제하에서 논쟁하지 말고 상대방이 왜 이런 생각을 하는지 그가 설명하도록 반문해라

2. 초점을 상대방에게 옮겨라

당신과 관련된 어리석은 말을 한 것이 질문의 형식으로 당신에게 돌아온다면 어떻게 해야 할까? 어떠한 변호의 행동을 보여도 상대가 억지를 쓰면 당신은 곧바로 자기 방어를 시작하며 화를 내야 한다.

"내가 없으면 당신은 아무것도 아니에요.", "당신은 정말 바보 같은

일을 했어요."와 같은 논리도 없는 말을 듣게 되었을 때 당신은 이렇게 말할 수 있다. "이 말은 당신이 생각해도 어이없죠?"

상대방이 자신이 한 말에 대해 변론하려고 한다면 당신이 그의 근거가 타당한지 논해야 한다. 또 다른 훌륭한 대답은 "그렇게 말하는 이유가 뭔가요?"라고 반문하는 것이다. 당신이 자기변호를 하지 않았기 때문에 그는 자신의 주장에 대한 근거를 분명하게 밝혀야한다.

3. 모든 논쟁을 피하라

당신이 우위를 차지하지 못한 논쟁에서 벗어나고 싶다면 절묘한 말하기 기술을 익혀야 한다. 질문이 마음에 들지 않으면 질문으로 바꿔 대답하는 것이다. "어느 부분에서요?", "그게 정확히 무슨 뜻이죠?" 이렇게 되면 상대방은 다른 방식으로 질문할 수밖에 없고 당신은 새로운 질문에 대답하면 된다. 원래의 질문에 얽매이지 마라. 상대방은 당신이 화제를 돌리고 있다는 것을 절대 모른다.

예를 들어 회사 대표가 "왜 모든 직원들이 업무 환경이 나쁘다고 원망하는 거죠?"라고 묻는다면 이에 대해 원만한 대답을 찾기 어렵다. 그래서 상대방이 이를 구체적으로 설명하도록 질문을 만들어야 한다.

"그게 정확히 무슨 뜻이에요?"

"조, 프레드, 베리가 저에게 점심시간이 너무 짧다고 불평하더라고요."

이제 당신은 휴식 시간이 너무 짧다고 불평한 사람은 모두가 아니라 세 사람이라는 것을 알게 되었다. 그러면 문제는 훨씬 간단해진다. 계속해서 질문의 범위를 좁혀나가면 된다. 당신이 다시 "점심시간이요?

그분들은 점심시간이 어느 정도였으면 좋겠다고 생각하나요?"라고 물을 수 있다.

이 내용을 되짚어 보면 논쟁의 기운이 빠르게 사라졌다는 것을 알 수 있다. 그리고 당신은 새로운 화제를 얻게 되었고 상대방을 방어하는 입장으로 유도해 상황을 구체적으로 이야기하게 만들었다.

이런 방식으로 자기를 변호할 때 중요한 점은 상대방은 당신이 질문을 피하고 있다는 사실을 몰라야 한다는 것이다. 부드럽게 초점을 옮기면서 건설적이고 유용한 대화를 이끌어내야 한다.

4. 난처하다면 다른 질문으로 연장하라

까다로운 질문을 만나게 되면 "당신의 말은…라는 뜻이죠?"라고 말하며 질문의 방향을 상대방에게 돌린다. 예를 들면 어떤 사람이 "당신은 이 회사를 관리할 능력이 없는 것 같아요."라고 한다면 "당신의 말은 제가 만약 초기 자본은 줄이면서 영업 소득을 늘릴 수 있다면 당신도 흥미를 가지게 되실 거라는 뜻이죠? 맞나요?"라고 되물으며 당신의 숨은 동기를 드러내는 것이다. 상대방은 딱히 부정할 만한 근거가 없기에 당신 말에 동의하게 된다.

5. 자신을 위해 생각할 시간을 벌어라

난감한 질문을 피할 수 없다면 당신은 즉답보다는 생각할 시간을 갖고 답변을 할 필요가 있다. '대화 바리케이드'를 활용하라는 것이다. 상대방을 잠시 멍한 상태에 빠지게 하는 것으로 부드러운 환각제 같은 작용을 한다. 당신이 무슨 말을 한 것인지 긴장한 채 머릿속이 복잡할 것이기 때문이다. 대화를 통제하고 싶거나 생각을 정리하고 싶다면 이런 전략을 쓰는 것이 아주 좋다.

- 당신은 왜 자신도 답을 알지 못하는 일을 질문했나요?
- 당신은 이런 근거 없는 소문을 정말 믿나요?
- 당신의 말은 이해했지만 그것이 사실인지 증명할 증거가 없네요.
- 제가 정말 당신을 믿어주길 바란다면 그렇게 말하지 마세요.
- 당신은 자신이 무슨 생각을 하고 있는지 알고 있나요?
- 당신이 무엇을 잊었는지 모르시나요?

이 문장들을 보면 말을 돌리고 있다는 것을 알 수 있다. 그래서 상대방도 잠시 혼란스럽고 그 의미를 알기 위해 노력할 것이다. 의식이 없는 머릿속으로 어떤 생각을 집어넣을 때 최면술사들이 사용하는 기술이다.

이 대처들은 추상적이고 부정적인 문제에 얽매이는 것이 아니라 말할 수 있는 구체적인 근거들이 있다는 것이다. 추상적인 질문에 좋은 대답을 하는 것은 불가능하다. 하지만 질문을 명확하고 구체적으로 만들면 대답하기는 훨씬 쉬운 일이 된다. 당신을 자극하는 질문요법에 당하지 마라. 질문의 방향을 바꾸고 그 범위를 축소하고 나서 대답하라. 그러면 까다로운 질문에 대답할 사람은 당신이 아닌 질문을 던진 사람이 될 것이다.

6. 누구나 저지르는 잘못은 있다

(1) 변명

논쟁에서 중요한 원칙은 절대 변명을 해서는 안 된다는 것이다. 변명하기 시작한 순간부터 당신은 영향력을 잃게 된다. 변명을 한다는 것은 상대방이 옳다는 것을 증명하기 때문에 당신에게는 퇴로가 없다. 하지만 사람들은 난처하거나 난감한 상황에서 변명을 선택한다.

예를 들어 연예인의 경우 어떤 문제에 발생했을 때 변명을 하기 시작하면, 그들은 유죄의 모습으로 비춰질 뿐만 아니라 대중의 공격 타깃이 되고 만다.

(2) 상대방의 논리를 받아들이고 이를 근거로 논쟁을 펼치는 것

어떤 사람이 "당신 얼굴색이 좋지 않네요. 자기 관리를 왜 안 하세요?"라고 말했다고 가정해보자. 이 대화의 시발점은 "당신의 얼굴색이 좋지 않다."이다. 이 논리에 근거해 말하면 어떻게 설명하든 당신은 자기 관리를 하지 않는 사람이 되거나 이미 자기 관리를 충분히 했는데도 불리한 입장에 서게 될 뿐이다. 이때 당신이 "음, 어제 제가 밤을 샜어요."라고 말하면 상대방은 "밤을 왜 샜어요? 일을 다 못 끝내서요?"라고 말할 수 있다. 이미 당신은 논쟁에 휘말렸기 때문에 변명을 할 수밖에 없다.

PART 5_대화의 설득력 높이기

설득하면 당신을 거절할 수 없다

Harvard's 100-Year

Traditional Speech Class

✦ ✦ ✦

너무 소심하거나 너무 긴장한 탓에 다른 사람에게 끌려 다닌 적이 있는가? 자신감이 없어서 자신의 의견을 잘 표현하지 못하는가? 다른 사람들의 권유에 자신의 관점을 너무 쉽게 바꾸는가? 말하기의 승패를 좌우하는 핵심 능력인 설득력을 마스터하면 대화의 목적을 달성하기 쉽고 좋은 인간관계를 맺을 수 있다.

상대를
당신 편으로 만들어라

설득은 예술이 아니라 과학적인 행동이다.
하버드대학 조직행동학 박사 스티브 마틴

당신의 좋은 아이디어가 모두에게 유익하다는 것이 확실한데도 아무도 들어주지 않고 오히려 잘못된 방법과 주장을 따르도록 강요당한다고 가정해보자. 정말 화나고 슬픈 일일 것이다. 이런 곤경의 상황은 당신의 말에 설득력이 없기 때문에 유발된 것이다.

스티브 마틴은 60여 년의 연구조사와 데이터를 근거로 설득력이 있는 사람은 조직행동학적 측면에서 자신의 관점을 어필하는 방법을 알고 있다고 밝혔다.

마틴의 아버지는 보스턴 근교에서 의사 생활을 했다. 그가 어렸을 때 보스턴의 신문에는 돌팔이 의사의 거짓 광고들이 넘쳐났고 특히 낙태 전문가라는 사람들이 많았다. 표면적으로는 그들이 사람들을 치료하는 것처럼 보였지만, 그들은 자주 "치료하지 않으면 성 기능을 잃을 수도 있다."라는 위협적인 말을 사용해 무고한 피해자들을 속이고 있었다. 더 화가 나는 것은 그들의 치료 방법이 매우 저열해서 수많은 여성들이 불행하게 목숨을 잃었다는 것이다. 하지만 당시의 법은 온전하지 못해서 그들 중 극히 일부만 처벌을 받았고, 그마저도 벌금을 내는 정도였으며 인맥을 이용해 법의 테두리를 벗어나기 일쑤였다.

이런 상황들은 결국 보스턴 시민들의 분노를 자아냈다. 선교사나 상인, 청년 커뮤니티, 여성 커뮤니티에서 일제히 공개적으로 이런 비양심적인 의사를 질책하기 시작했으며, 뻔뻔한 광고를 신문에서 몰아내기 위해 노력했다. 하지만 정치권의 압박과 이해 집단의 저항으로 이런 노력들은 결국 수포로 돌아갔다.

그래서 마틴의 아버지는 새로운 방법을 사용하기로 결심했다. 그는 보스턴에서 발행부수가 가장 많은 신문사 발행인에게 편지를 한 통 보냈다.

> 저는 줄곧 귀사의 신문을 읽어온 충성 독자입니다. 당신의 신문은 그동안 자극적인 뉴스를 싣지 않고, 사설도 아주 훌륭하기 때문이죠. 당신의 신문이 이 지역에서 가장 훌륭한 신문이라는 것은 의심할 여지 없는 사실입니다. 미국 전체를 놓고 봐도 이 신문과 우열을 다툴만한 신문을 찾을 수 없을 거예요.
>
> 어느 날 밤 제 딸이 저에게 큰 소리로 이 신문에 있는 낙태에 대한 광고를 읽어주더니 이 광고가 무슨 뜻이지 물었습니다.
>
> 솔직히, 저는 정말 난처했습니다. 제가 의사임에도 정말 어떻게 대

답해야 할지 모르겠더군요. 당신의 신문은 보스턴의 수많은 유명인사들의 필수품입니다. 이런 상황이 저희 집에서 생겼다면 다른 집에서도 이런 상황이 발생될 것이 뻔합니다. 만약 당신에게 딸이 있다면 그 아이에게 이런 광고를 보게 하실 겁니까? 만약 아이가 이 광고를 보고 당신에게 설명을 해달라고 한다면 당신은 어떻게 대답하실 건가요?

귀사의 신문처럼 우수한 신문에 이런 광고가 실려서 부모들이 딸이 보지 못하도록 막아야 하는 상황이 생긴다면 정말 유감스럽습니다. 아마 다른 수많은 독자들도 저와 같은 생각을 하고 있을 것입니다.

이틀 후, 이 신문의 발행인은 마틴의 아버지에게 편지를 한 통 보내왔다.

친애하는 선생님, 당신의 편지에 깊은 감동을 받았습니다. 당신의 옳은 말에 저는 결심을 내리게 되었습니다. 다음 주 월요일부터 저는 본사 신문에 모든 불합리한 광고가 사라지도록 노력할 것입니다. 물론 한 번에 완전히 사라지게 하기는 힘들겠지만 저희도 최대한 편집에 신중을 기해서 더 이상 독자들에게 어떤 불쾌함도 주지 못하도록 막을 것입니다. 다시 한 번 감사드리며 앞으로도 본사 신문에 대한 아낌없는 조언 부탁드립니다.

마틴은 이 일을 아직도 생생하게 기억한다. 신문의 나쁜 광고를 정리하는 것은 사회에 막대한 유익을 주지만 많은 신문사는 이 주장을 받아들이지 않았다. 그의 아버지는 효과적인 조직 행동을 통해 자신의 합리적인 의견이 받아들여지게 만들었다. 당신의 아이디어도 효과적인 조직 행동으로 전환해보자.

1. 사회적 규범을 활용해라

당신의 관점으로 설득할 때 사회적 규범을 활용해 공동의 지식을 형성하면 유리하다. 사회 전체적으로 인정되는 공동의 지식 관념을 찾아낸 다음, 어떻게 정보를 전달할 것인지 고민하고 고려해야 한다. 이때 다른 사람을 본보기로 내세우는 방식은 접근이 쉽다.

미국의 세무국이 납세신고서에 "미국인의 10명 중 9명이 성실 납세자입니다."라는 표어를 추가했더니 세금 납부비율이 상승했다고 한다.

2. 주고받는 전략을 세워라

다른 사람에게 미안한 마음을 느끼고 있을 때 긍정적 반응을 할 가능성이 높아진다. 예를 들어 고객에게 청구서를 가져다줄 때, 입 냄새를 없애주는 사탕을 함께 건네준다면 그 고객은 팁을 주거나 팁의 액수를 높일 가능성이 크게 증가한다는 것이다.

3. 상대방의 잠재적 손실에 대해 말해줘라

어떤 선택을 했을 때 초래되는 잠재적 손실에 대해 알려준다면 그는 강박감을 느끼게 된다. 어떤 연구에서 직원들이 상사에게 어떤 기술적인 항목을 실시하지 않으면 최대 50달러의 손실이 발생할 것이라고 설명하는 것이, 50달러의 수익을 낼 수 있다는 설명보다 두 배로 잘 받아들여진다는 결과가 나왔다. 이렇게 기회비용에 대해 설명하는 방식은 간단하게 수익을 설명하는 것보다 더 설득력이 있다.

4. 공통점으로 동지가 되라

설득하는 과정에서 당신과 상대방의 공통점을 찾으면 성공 확률이 배가 된다. 물론 서로를 심도 있게 이해하고 같은 편이라는 전제가 바탕이 되어야 한다.

*** 사례 속 조직 행동을 통한 설득**

① 사회적 규범의 활용 : 나쁜 광고는 독자들에게 불편함을 느끼게 한다.

② 주고받는 전략 : 독자는 정보를 얻고 신문은 수익을 얻는다.

③ 상대방의 잠재적 손실 : 광고 때문에 유명인사 가정의 구독률이 감소한다.

④ 공통점 : 신문은 훌륭하고 독자는 모두 엘리트이다.

이와 같이 조직행동학에 기반을 두어 도출된 설득의 기술은 일반적인 설득 방식보다 훨씬 효과적이다. 좋은 아이디어의 실현을 가속화한다면 다른 사람의 인정과 지지를 얻어 당신이 유도한 방향으로 움직이게 된다. 이를 통해 좋은 아이디어의 실현을 가속화하고 다른 사람에게 영향을 주어 상대방은 적극적으로 모든 행동에 참여하게 될 것이다.

설득과 강요를 혼동하지 마라

다른 사람을 설득하려고 한다면 먼저 다른 사람이 당신의 말을 들을 수 있게 만들어야 한다.
하버드대학 협상전문가 리어 찰스

우리는 다른 사람과의 소통과 교류에서 지지받고 협조받기를 기대한다. 협조를 얻으려면 당신에게 설득력이 있어야 가능하다. 당신이 세운 논리로 당신의 건의나 의견에 수긍하게 만드는 것이다. 하지만 현실에서는 강압으로 변질된 설득을 더 자주 맞닥뜨리게 된다.

예를 들어 직장에서 선배나 상사가 퇴근시간에 추가적인 업무를 부여하는 경우다. 만약 당신이 거부한다면 상대방은 권력으로 당신을 압박하면서 "무조건 받아들여!"라고 한다면 설득이 아니라 강압으로 변질된 것이어서 반감을 일으키기에 충분하다.

다니엘 릭터는 하버드대학 법학대학원을 졸업하여 현재 성공한 변호사로 일하고 있다. 그는 말의 전쟁에서 상대방을 압박하여 자신의 관점을 받아들이게 한다면 그 관점이 옳은 것이라도 상대방의 반감을 불러일으킬 수 있고, 변호에 불리하게 작용하게 된다고 생각했다.

그래서 그는 법정에서 우호적인 언어로 자신의 관점을 강력하게 표현하는 데 신경을 썼다. 예를 들어 "이 부분은 여러분이 한 번 생각해 보실 만합니다.", "배심원단 여러분 이 부분도 고려해주시기 바랍니다.", "이 몇 가지 사실은 절대 쉽게 넘길 수 없는 것들이라고 생각합니다.", "인간의 성격에 대해 치밀하게 이해하고 있기 때문에 여러분 모두 이 일의 중요성을 쉽게 알게 되셨을 거라고 생각합니다."라고 말하는 것이다.

공포감을 주는 언어를 사용하거나 다른 사람에게 자신의 생각을 강요하지 않고, 낮은 목소리로 조용하고 우호적인 방식의 변론을 통해 다니엘은 텍사스 주 전체에서 가장 훌륭한 변호사 중 한 사람이 될 수 있었다.

누구도 자신의 결정을 바꾸는 것을 좋아하지 않는다. 부드러운 태도와 우호적인 권유를 받아들이고 싶어 한다. 그렇다고 해서 부드럽게 건의하는 것이 모든 상황에서 받아들여지는 것은 아니다. 설득의 유형에 대해 면밀히 알아보고 각 상황에 맞게 응용해야 한다.

하버드대학 협상전문가 리어 찰스는 협상을 진행하는 과정에서 자신이 어떤 설득의 유형을 사용해야 하는지 명확하게 알고 있었다. 그는 설득을 세 가지 유형으로 나눌 수 있다고 말했다.

- **주장형 설득** 교섭, 변론, 토론에 적합하다.
- **제안형 설득** 설명회에 적합하다.

• **유도형 설득** 업무 조정이나 관념 주입 등에 적합하다.

서로 다른 유형의 설득 방식을 확실하게 인지시키기 위해 리어 찰스는 협상 경험을 근거로 아주 명확한 테스트 양식을 만들었다. 다음 [표 5-1], [표 5-2], [표 5-3]의 10가지 항목의 테스트를 거치고 나면 당신이 어떤 유형의 설득을 활용하는지 알 수 있다.

[표 5-1] 주장형 설득

항 목	자주 그렇다	보통 그렇다	거의 그렇지 않다
논리적으로 대화를 진행할 수 있다.			
상대방의 불합리한 말을 놓치지 않는다.			
말을 할 때 이유를 말하는 습관이 있다.			
자신감 있고 대범하게 말하는 편이다.			
다른 사람의 말을 듣는 것보다 자신이 말하는 것을 좋아한다.			
다른 사람과의 대화가 금방 토론으로 바뀐다.			
크고 명확한 톤으로 말한다.			
처음 만난 사람에 대해 낯을 가리지 않고 자연스럽게 교류한다.			
정의감이 매우 강하고, 이상한 부분이 있으면 반드시 그에 대해 이야기해야 한다.			
자신의 주장을 쉽게 바꾸지 못한다.			
총점			

[표 5-2] 제안형 설득

항 목	자주 그렇다	보통 그렇다	거의 그렇지 않다
새로운 사물에 대해 끊임없이 사고하는 것을 좋아한다.			
현재 상황을 바꾸고 싶다.			
서비스 정신이 투철하다.			
호기심이 강하고 질문이 많다.			
아주 작은 일도 놓치지 않는 편이다.			
말을 할 때 제안할 부분이 비교적 많다.			
사람들 앞에서 이야기하는 것을 즐긴다.			
자신의 제안에 대한 사전 준비를 충분히 해둔다.			
상대방의 일에 대해 관심과 호기심이 많다.			
끊임없이 새로운 제안을 한다.			
총점			

이 테스트를 하고 나면 당신은 당신이 어느 유형의 설득을 사용하는지 쉽게 알 수 있다. 하지만 어떤 유형의 설득이 더 좋다는 것은 아니다. 다만 유도형 설득을 사용한다면 회의 시간에 자신의 주장을 끝까지 밀고 나가는 법을 배워야 한다. 그렇지 않으면 당신이 다른 사람의 주장에 쉽게 설득당할 수 있기 때문이다.

모든 유형의 설득에는 장단점이 있다. 자신이 속한 유형을 이해하고 그 유형의 단점이 자신의 약점으로 작용하지 않도록 강화할 필요는 있다.

[표 5-3] 유도형 설득

항 목	자주 그렇다	보통 그렇다	거의 그렇지 않다
인간관계를 중시한다.			
가볍고 자유롭게 대화할 수 있다.			
빠른 시간 내에 상대방과 허물없이 친밀하게 교류할 수 있다.			
상대방의 감정 변화를 빠르게 캐치한다.			
설득을 할 때 자신이 말하는 것 보다 상대방의 말을 더 많이 듣는다.			
사전에 상의할 수 있다.			
설득에 성공하면 상대방에 대해 "이 사람 덕분이다."라는 생각이 든다.			
상대방의 장점을 5개 이상 말할 수 있다.			
상대방을 설득하기 위해 소요되는 시간이 비교적 길다.			
다른 사람을 지나치게 배려한 나머지 자신의 주장이 약해진다.			
총점			

마음을 울리는 감정을 더하라

가장 적절한 설득은 당신의 이론이 얼마나 완벽한지가 아닌
당신의 감정이 얼마나 마음을 울리는지가 결정한다.
하버드대학 심리전문가 에이몬드 크리스토크

설득에 대해 이야기할 때 논리와 이성을 강조하곤 한다. 시간과 노력을 들여 논리에 부합하는 일에 대해 논쟁할 때 사람들은 수많은 이유를 들어 자신의 설명은 완전무결하므로 당연히 인정받아야 한다고 주장한다. 하지만 바로 이점 때문에 인정받지 못한다.

영국의 마지막 귀족이었던 로더청은 미국을 여행하다가 어떤 신문에 자신의 사진이 게재된 것을 보게 되었다. 그 사진은 그가 어린 시절 찍은 황당한 사진이었다. 그는 신문사의 편집자에게 편지를 한 통 보냈다.

"그 사진은 저의 어머니의 마음을 아프게 합니다. 한 아들이 다시는 어머니의 마음을 아프게 하고 싶지 않은 마음을 헤아려 다시는 그 사진을 싣지 말아주시길 바랍니다."

그는 자신의 어머니가 미국과 영국 모두에서 존중받는 사람이고

고귀하며 마음씨가 고운 사람이라는 것을 알고 있었다. 그래서 그는 편지에 어머니를 언급한 것이다.

미국의 석유왕이었던 존 록펠러는 기자가 자신의 아이 사진을 신문에 싣는 것을 막기 위해 "저는 제 아이의 사진이 신문에 실리는 것이 싫습니다."라고 강경하게 말하지 않았다. 그는 어떻게 해야 사람의 마음을 움직일 수 있는지 잘 알고 있었기 때문에 이렇게 말했다. "저는 이곳에 있는 모든 아버지가 저와 같은 생각을 할 것이라고 생각합니다. 아이가 공인이 되는 것은 부적절하다고 말이죠."

하버드대학 심리전문가 에이몬드 크리스토크는 다른 사람을 설득하려면 반드시 좋은 감정 요소를 사용해야 한다고 말했다. 당신의 생각이 얼마나 합리적인지, 얼마나 논리정연한지, 얼마나 많은 근거가 뒷받침되었는지와 상관없이 상대방의 마음을 움직이지 못하면 당신의 어떤 의견도 받아들이지 않는다는 것이다.

우리가 하는 결정의 90% 이상은 감정적이다. 감정적 결정 후에야 우리는 비로소 논리적으로 검증하는 행동을 취한다. 논리로만 사람을 설득하려고 하면 당신이 이길 가능성은 높지 않다. 위험한 사랑을 하고 있는 사람을 말리려 할 때 감정을 공유할 수 없기 때문에 그 사랑의 무모함을 논리적으로 설명한다고 해도 설득하지 못하는 것과 같은 이치다.

1. 감정의 연결고리를 만들어라

가능하다면 다른 사람을 설득하기 전에 최대한 상대방을 이해해야 한다. 상대방이 당신을 신뢰하면 당신이 하는 말을 받아들일 가능성이 높기 때문이다. 고작 30여 분 정도의 짧은 시간의 신뢰를 쌓았더라도 이는 당신에게 분명 엄청난 도움이 된다.

감정의 연결고리를 만드는 방법은 상황에 따라 달라진다. 기본적인 방법은 "같이 커피 한 잔 할래요?"라고 권하는 것이다. 함께 카페에 들어가 그와 일상생활 속의 재밌고 도전적인 일에 대해 대화를 나누면서 적절한 의견을 제시하면 그도 받아들이기가 훨씬 쉽다. 설득에 앞서 우리는 상대방을 이해해야 한다. 이해를 통해 신뢰를 쌓으면 그는 당신이 하는 말을 긍정적으로 받아들인다.

2. 상대에게 맞춤형 근거를 제시하라

명확하고 구체적인 내용을 상대방이 볼 수 있어야 그의 마음을 움직일 수 있다. 상대가 관심을 가지는 것을 설득에 개입시키면 상대의 감정에 파동을 일으키게 된다. 상대방이 돈에 예민한 사람이라면 금전적인 변화에 대해 설명한다. 예를 들어 "이렇게 해봐요. 당신이 생각했던 것보다 3년 일찍 집을 살 수 있어요!"와 같은 흥분되고 자극적인 말을 사용하거나 "그렇게 하면 당신의 적금이 반 토막 날 거예요!"와 같은 상대방을 놀라게 하는 말을 사용하면 상대방의 마음을 움직일 수 있다.

또한 상대방에게 구체적인 행동 단계를 보여줄 수 있다면 그를 설득할 수 있는 성공률은 더욱 높아진다. 특히 상대방에게 협조를 구하는 상황에서 열정적으로 행동하게 유도하려면 그를 이해시켜야 한다.

- 왜 이렇게 해야 하고 어떻게 해야 하는지

• 어느 방향으로 가야 하고 어떻게 가야 하는지

이렇게 불확실한 미래에 대한 확신을 주는 것이다. 불안을 달래주면 대부분의 사람은 안정감을 느끼고 확신을 준 당신을 믿게 된다.

3. 일의 순조로움을 위해 상대방을 추켜세워라

사람들은 자신이 낸 의견에는 더욱 적극적으로 반응한다.

(1) 상대방이 낸 의견이 당신의 의견과 부합한다고 생각하게 하라

이는 크리스토크의 '일치성 원칙'이다. 만약 당신이 추진하는 생각이 상대가 추구하는 생각과 같고 행위와 일치하면 적극적으로 당신을 지지할 것이다.

(2) 상대방이 이 교류가 강압적이지 않다고 느끼게 하라

설득이 강압으로 변하면 안 된다. 누구도 잘난 체하는 사람의 말을 듣고 싶어 하지 않는다. 그래서 당신이 의견을 제시할 때 조심해야 할 것은 확신을 주되 겸손하라는 것이다. 당신의 말이 진리고 모든 것을 아는 것처럼 보이면 안 된다. "저도 모든 것을 알지는 못해요. 같이 의견을 나눠보고 싶어요."라고 말하는 게 좋다.

4. 강요는 반항을 불러온다

크리스토크는 인간의 행동연구를 통해 "사람들은 무언가를 하지 못하게 하면 할수록 더욱 하고 싶어 한다."라는 것을 알게 되었다. 그는 이 현상을 반항이라고 불렀다. 다른 사람이 자신의 자유를 제한하려 들면 발화되는 특징이 있다.

크리스토크는 이 감정의 위력은 강력해서 단지 반항을 하기 위해서 일부러 다른 사람이 제시한 의견과 완전히 반대되는 행위를 하기도 한다고 말했다. 만약 당신이 강경하게 설득하려고 하면 상대방에게는 반항 심리가 생겨나게 된다는 말이다. 강압적 지시로 일을 시키면 "당신이 그저 내가 협조해주기만을 바라고 나의 의견은 전혀 고려하지 않는데 내가 왜 당신 말을 들어야 하지?"라고 말하며 상대는 당신의 의견을 듣지 않는다.

이런 반응에는 논리적 순환이 있다. 설득을 시작하기 전에 모든 결정은 그의 손에 달렸다는 것을 알려주어라. 그 후 논리에 근거하여 당신 의견의 장단점을 그에게 알려주는 것이다. 감정적 전략과 열정은 전염된다. 상대방의 마음을 열기는 당신이 열정적으로 말할수록 더 쉬워진다.

증거를 보여주고 마음을 사로잡아라

우리는 생각보다 더 권위를 맹신한다.
하버드대학 공공관계학자 카스너 베크로스 리

당신이 어떤 정책회의에 참여해 공공사업을 위한 찬조비를 걷어야 한다면, 어떤 근거가 가장 설득력 있을까? 정책을 결정하는 사람들에게는 믿을 만한 자료를 제공하는 것이 개인의 관점을 전달하는 것보다 훨씬 설득력이 있다. 사람들은 증거와 증거의 출처로부터 영향을 받기 때문이다.

하버드대학 공공관계학자 카스너 베크로스 리는 다음과 같은 실험을 진행했다. 두 개 그룹에게 처방 없이 항히스타민제를 팔 수 있는지에 대한 논쟁을 들려주었다. 그중 한 그룹에게는 판매할 수 있다고 주장하는 쪽의 증거가 '뉴 잉글랜드 생리학 & 의학 월간지'에서 나왔다고 말해주었고, 다른 한 그룹에게는 그 증거가 미국의 유명한 최신 유행 화보에서 나왔다고 말했다. 그 결과 첫 번째 그룹에서 판매에 동의한 사람의 수가 두 번째 그룹보다 훨씬 많았다. '뉴 잉글랜드 생리학 & 의학 월간지'가 지어낸 이름이었음에도 불구하고 이를 근거로 그 주장이 받아들여진 이유는 권위를 대표하고 있었기 때문이다.

대부분의 사람들은 증거라는 단어가 법률적 용어이기 때문에 일상 생활 속에서는 거의 사용하지 않는다고 생각한다. 하지만 회사와 회사 간의 국제적 협력에서부터 개인 간의 교류에 이르기까지 자신의 언어에 힘을 더 싣기 위해서는 증거가 필요하다. 증거는 말 그대로 우리가 한 말의 객관적인 사실이다.

대화 속에서 다른 사람이 어떤 결정을 내리도록 설득해야 한다면 이를 도와줄 객관적인 자료가 필수적이다. 대부분의 사람들은 평소에 말을 할 때 모호한 언어를 사용하고 구체적이고 정확한 수치적 증거를 제시하지 못한다. 듣는 사람도 '들어나 보자'는 식으로 접근하기 때문에 설득력이 발휘되기 어렵다.

하지만 다수의 사람들의 나쁜 습관은 소수의 사람들에게 자신을 드러낼 기회가 된다. 사람들이 모호한 언어를 사용할 때 당신이 수치적 증거를 꺼내든다면 당신의 말에 믿음이 생긴다. 그렇다면 증거를 통해 설득력을 강화하는 과정을 알아보자.

1. 수치적 증거는 한눈에 알 수 있게 한다

소통, 강연, 협상, 변론을 하는 과정에 있어서 적당하게 수치적 증거를 인용하여 사람을 만족시키거나 놀라게 할 수 있다. 또한 분노하게

도 하고 어찌할 바를 모르게 하며 슬프게 만들 수도 있다. 또한 자연스럽게 설득할 수도 있다.

"그거 알아요? 작년에 홍콩에서는 총 21,795쌍의 부부가 이혼을 했대요. 올해는 7월 한 달에만 2,174쌍의 부부가 이혼을 했어요. 하루 평균 70쌍이 이혼한다는 뜻이죠." 혼인 관계 조정회의 직원이 좌담회에서 수치적 증거를 언급했다.

미국 반전쟁 사회 집단에서는 자신들의 관점을 이렇게 전달했다. "1963년에서부터 1973년까지의 베트남 전쟁 기간 동안 총 46,752명의 미군이 전장에서 목숨을 잃었습니다. 동일한 10년 동안 미국 국내에서 총기 살인 사건으로 인해 목숨을 잃은 미국인은 총 84,633명입니다." 수치적으로 비교해보면 미국 내의 치안 상태가 갈수록 악화되고 있다는 것을 알 수 있다.

종합되고 요약된 수치적 증거는 사람들에게 깊은 인상을 준다. 또한 설득력도 매우 강하다. 수치가 증거가 되어 나타났을 때 발생하는 효과는 단일 사례와 비교할 수가 없다. 하지만 수치적 증거 자체는 무미건조해서 이를 사용할 때는 현명하고 신중한 태도를 취하고 동작과 언어를 결합하여 생동감을 더해야 한다.

여행 가이드가 어떤 고대 유적이 얼마나 대단한지 설명할 때 유적의 가로 세로 높이 등만 나열한다면 당연히 그 말의 설득력이 부족할 것이다. 하지만 그 고대 유적에 2,000여 명이 모여 살았고 오락 시설 공간도 있었다고 설명한다면 사람들은 그것이 얼마나 대단한지 명확하게 알게 된다.

2. 전문가의 말을 빌려오자

많은 사람이 어떤 관점을 인용할 때 모호하게 말한다. "자연법칙에 따르면…." 이런 불확실한 말하기는 과학적 증거를 인용하는 사람으로부터 반박당하기 쉽다. 심지어 어떤 사람은 감정을 앞세우거나 신분상의 권위로 다른 사람을 설득하려고 한다. 이는 명언이나 격언들이 유행하는 이유이기도 하다.

우리는 자신의 논리를 설득하는 과정에서 현실적인 검증을 받아들일 수 있는지 확인해야 한다. 권위는 전문적인 잡지나 전문가나 공신력 있는 조직에게 있다. 대화에서 권위의 관점을 인용하여 말하면 설득력이 높아진다. 어떤 권위자의 발언이든 과학적 증거이든 이를 입 밖으로 꺼내기 전에 스스로에게 먼저 이렇게 질문해야 한다.

(1) 내가 인용한 내용은 그 사람의 전문 분야에 속하는가?

당신이 아인슈타인의 말을 인용해 사랑에 대한 관점을 설명한다면 당신은 단지 그 사람의 권위를 드러내는 것에 급급해서 그의 전문 분야도 아닌 내용을 인용한 꼴이 된다.

(2) 청중이 그 사람을 잘 알고 존중하는가?

대중 앞에서 강연할 때 전문가들이나 겨우 알 수 있는 사람의 이름을 꺼내고 그가 어떤 분야에서 어떤 성과를 냈는지도 설명해주지 않으면 당신의 증거는 받아들여지지 않는다.

(3) 인용은 1차 자료로부터 나오는가?

권위를 가진 증거가 언제 어느 곳 어떤 상황에서 전문 분야와 관련된 말을 했는지 명확하게 알려줄 수 있다면 당신의 설득력은 더욱 강화된다.

증거를 나열할 때 상대방의 심리를 공략하려면 때로는 수치적 증거에 접촉하고 이를 수집해야 한다. 설득력을 강화하고 싶다면 기초적인 작업과 얼마나 적극적인 열정으로 증거를 수집하느냐에 따라 설득의 성과로 나타난다.

만약 당신이 자신의 삶에서 엑스트라가 되고 싶다면 굳이 애써서 어렵게 증거를 수집할 필요가 없다. 하지만 당신이 자신의 삶에서 주인공이 되고 싶다거나 자신만의 맛을 내고 싶다면 교류를 할 때 경험에만 기대어 판단을 내려서는 안 된다. 경험은 자기합리화로 자신까지 깜박 속이지만 수치적 증거만큼은 객관적이고 진실하기 때문이다.

칭찬하는 것부터 시작해보자

크게 봤을 때 고집은 잘못된 열심이다.
하지만 우리에게 필요한 것은 잘못된 것을 바르게 고치는 것이다.
하버드대학 성격연구전문가 릴리안 포터

당신이 어떤 사람의 업무방식을 바꾸고 싶거나 그가 새로운 생각을 받아들이게 만들고 싶은데 하필 그가 고집이 세고 다른 사람의 의견을 잘 받아들이지 않는 사람이라고 가정해보자. 어떻게 그를 변화시킬 수 있을까. 자기 생각만이 가치 있는 것이라 믿고 주위 사람들의 조언을 받아들이지 않는다면 당신은 그의 관념을 어떻게 바꿀 것인가.

카스너 리엘은 몬태나 주의 한 대형 전자제품 제조회사의 부사장이다. 그는 어떤 사람이 오랫동안 지켜 온 업무방식을 바꾸는 가장 좋은 방법은 그 사람이 자기 스스로 생각해낸 의견으로 여기게 만드는 것이라고 했다. 이 변화에 대해 전적인 책임을 지게 하는 동시에 그의 적극성과 능동성, 예견하는 능력이 있음을 칭찬하면 상대방도 완전히 인정하게 된다는 것이다.

이와 같은 방법은 회사에 유익이 된다. 직원들은 자기의 생각으로 바꾼 자신의 업무가 보다 더 중요하고 안전하고 생산 효율도 높아졌다고 생각하게 될 것이기 때문이다.

하지만 공장에서 생산 감독관인 벤루는 아주 고집이 센 사람이었다. 그는 원래 다양한 장점을 지니고 있는 사람이었고 20여 년간의 업무 경력이 더해져 공장에서는 가장 우수하고 자기만의 업무 방식에 확고한 신념을 가진 직원이었다. 당시 회사에서 생산 라인의 효율이 떨어지는 것을 개선하려고 했다. 하지만 그는 자신의 기계 배치 방식이 가장 효율적이라고 생각하고 있었다.

리엘이 그를 만났다. "벤루 씨, 제 생각엔 4호 생산라인을 저쪽으로 옮기고 2개의 전동 궤도를 추가하면 생산 속도가 훨씬 빨라질 것 같은데 어떻게 생각하세요. 저는 당신의 의견을 듣고 싶어요."

다음 날, 벤루는 리엘의 사무실에 찾아와 이렇게 말했다. "저에게 더 좋은 생각이 있어요. 모든 생산 라인을 다른 방향으로 바꾸고 4개의 전동 궤도를 추가하면 조립 라인의 우회로를 많이 줄일 수 있고 생산 효율도 높아질 거예요. 한 번 시도해보면 좋을 것 같아요."

벤루의 의견은 리엘이 그에게 지시하려던 내용과 일치했다. 많은 사람은 지시받는 것을 좋아하지 않는다. 자신의 방식대로 일하는 것을 좋아하기 때문이다. 고집이 센 사람의 생각을 억지로 바꾸는 것만큼 그 사람의 기를 죽이는 일은 없다. 고집이 센 사람 앞에서는 이치나 논리가 통하지 않고 감정이나 이성도 별다른 영향을 끼치지 못한다. 그들을 설득하고 싶다면 고집을 부리는 사람의 심리 상태를 이해해야만 한다.

릴리안 포터는 하버드대학 심리학계의 성격연구전문가이다. 그녀는 인간관계에 대한 관찰과 세밀한 연구를 통해 고집의 대부분은 네 가지 원인으로 발생된다는 것을 알게 되었다.

- **첫 번째 유형** 그가 어떤 의견도 들어주지 않는 것은 새로운 생각에 대한 불신으로 "움직이는 것이 가만히 있는 것보다 못하다."라는 신조를 가지고 있기 때문이다. 그에게 변화는 곧 나쁜 일인 것이다.
- **두 번째 유형** 그는 어떤 사람들을 괴롭히는 것을 좋아하는데 이번에는 당신이 그 타깃이 된 것이다. 이런 사람의 특징은 다른 사람의 생각이 얼마나 설득력이 있고 합리적이든 간에 다른 사람이 한 말은 절대 들으려고 하지 않는다.
- **세 번째 유형** 그는 방금 다른 사람에게 속아서 상처를 입은 상태다. 물론 당신과 그 일은 아무런 상관도 없지만 그에게는 아직 새로운 시도에 대한 부정과 불신의 여파가 남아있기 때문에 익숙지 않은 생각을 받아들이려 하지 않는다. 자신의 정책 결정 능력을 그다지 신뢰하지 않기 때문에 다른 사람에게 농락당할 바에야 보수적인 입장을 취하려고 하는 것이다.
- **네 번째 유형** 그는 혐오적인 사람으로 무조건 자신이 믿는 대로 행동을 취한다. 즉 당신은 자신과 무조건 관련 없는 사람이고 모든 생각이 자신과 맞지 않으며 하는 일은 다 못마땅하고 그의 자아인지는 당신이 말한 것과 명백히 불일치한다고 치부한다.

이런 네 가지 유형의 사람들을 만났다면 논쟁이 무의미하다는 것을 알게 된다. 당신이 논리를 따져 이기려고 하면 할수록 그들은 더욱 반항할 것이기 때문에 애초에 손을 쓸 수가 없다. 당신이 어떻게 말하든 무슨 행동을 하든 아무 소용이 없다는 것이다. 그것이 아무리 올바른 행동이었다고 해도 말이다.

그럼에도 불구하고 그가 마음속 생각을 바꾸게 하고 싶다면 다음 두 가지 스텝을 밟아보자.

step 01. **누군가에게 도움을 요청하기 전에 상대방의 허락을 받아라**

그가 다른 각도의 생각이나 사고방식에 동의하게 해서 그가 반대하는 태도를 중화시키는 것이다. 상대방의 관점이 어떠한지 관계없이 그의 생각을 변화시킬 수 있다.

예를 들어 당신의 동료에게 새로운 의견을 들어보라고 설득하고 싶다면 "고집스러운 사람을 좋아하는 사람은 없어. 그렇지 않아?"라고 질문한다. 그리고 잠시 후, 상대방이 양보하지 않을 것 같은 의견을 꺼낸다면 보통 때와 다르게 협조 의사를 내비치는 모습을 보게 될 것이다. 그는 앞선 의견에 동의했기 때문에 무의식중에 이것이 생각의 기반이 되었고 스스로 그에 부합하는 행동을 하기 때문이다.

이 방법은 '일치성 원칙'을 따르는 것으로 사람들은 자신의 태도와 행위를 일치시키려고 한다. 공개적으로 어떤 관점에 대해 동의하고 나면 그에 순응하고 뒤따르는 행동도 조절되는 것이다.

step 02. **상대방이 '하고 싶지 않은 일'을 제한하라**

이 방법은 여행을 좋아하지 않는 사람에게 지금 있는 이 마을을 절대 떠나서는 안 된다고 말하는 것과 같다. 그는 갑자기 자신의 자유가 제한되었다고 느끼고 잠재의식 속에서 이곳을 떠나고 싶다고 생각하게 되는 것이다. 그리고 "나는 떠나야겠다."라는 갈망이 "내가 떠날 수 있었으면 좋겠다. 왜냐하면 나는 떠나고 싶기 때문이다."로 발전하고 "반드시 떠나야 한다."라고 여겨 실행에 옮기게 된다.

이와 같은 제한은 다양한 부분에서 드러난다. 할인쿠폰에 유효기간이 찍혀 있고, 판촉 활동에 '시간제한 특가'가 있는 이유다. 선택에 시간제한이 없다면 우리의 동력이 축소되지만 어떤 일에 제한이 생기면 그에 대해 훨씬 강력한 흥미가 생긴다.

이 전략이 성공하기 위해서는 당신의 제안이 충분한 신뢰를 주어야 한다. 당신이 사장에게 다음 주 금요일에 전 직원이 공원에서 캠핑을 하는 것은 어떤지 제안한다고 가정해보자. 사장이 십중팔구 거절할 거라고 예상하고 당신은 step 01의 방법을 사용해볼 수 있다. 먼저 아주 포괄적인 의견을 꺼내는 것이다.

"고집스러운 사람을 좋아하는 사람은 없어요. 그렇지 않나요?" 혹은 "당신에게 어떤 아이디어가 있는데 다른 사람이 들어주지도 않으면 정말 화가 나겠죠?"라고 말하고, 보다 구체적으로 이야기를 꺼낼 수 있다. 예를 들어 "직원들의 사기가 일의 효율에 영향을 끼친다고 생각하시나요?" 이것이 전형적인 함정 질문이다. 상대방이 인정하거나 이에 대해 자세히 대화하려고 하면 내재된 일치성의 요구를 유발하는 것이다.

바로 이어 step 02를 밟는다. 대다수의 직원이 모두 캠핑에 가는 것을 좋아하지만, 모든 사람이 즐길 수 있는 프로그램을 짤 수 있을지, 캠핑에 가 있는 동안 회사 전화를 받아줄 사람이 있을지 걱정된다는 말만 하면 된다.

자, 이제 당신이 이룬 성과를 지켜보자. 눈앞의 고집 센 사장이 당신의 의견을 듣고 나서 꽤 일리가 있다고 생각하고 이를 실현시키기 위한 방법을 찾을 것이다.

소수가 다수를 이끌 수 있다

역사는 다수의 사람들에 의해 무시당했지만
소수의 사람들에 의해 변화되어 왔다. 이것이 바로 사실이다.
하버드대학 사회학자, 심리학자 하우스 블레드

때로 우리는 설득해야 하는 상황에서 약세에 몰리는 경우가 있다. 상대방 쪽이 인원수가 많거나 거짓된 정보로 우세를 차지하고 있는 경우다. 이런 상황에서 당신은 기로에 선다. 다수를 따를 것인가, 아니면 다수를 설득할 것인가.

패트릭 헨리는 미국 독립전쟁 당시 훌륭한 정치가이자 연설가였다.

18세기 중반에 북미에서 독립에 대한 여론이 갈수록 드세지자 영국 정부는 이를 크게 두려워하여 수단을 가리지 않고 불평등한 종주국 관계를 유지하려고 노력했다.

식민지에서도 모두가 헨리처럼 자유주의자는 아니었다. 기득권 세력 사이에서는 독립이라는 단어를 금기시했다. 그들은 렉싱턴에서 독립의 첫 총성이 울리고 나서도 여전히 모래 속에 머리를 파묻는 타

조처럼 행동할 뿐이었다.

이때 소수파이자 전쟁을 주장하는 쪽의 대표였던 헨리는 일련의 결의를 제시했다. 독립문제에 있어 그는 더욱 적극적인 태도를 취했다. 북미 식민지가 생명과 피의 대가로 자유를 쟁취하여 영국과의 종속 관계를 벗어나야 한다고 말했다.

1774년 3월 23일 마침 버지니아주 회의가 열렸을 때 그가 연설문을 발표했는데 "나에게 자유가 아니면 죽음을 달라."라는 말이 바로 그곳에서 나왔다.

오늘 날에도 헨리의 자유에 대한 격정과 깊은 갈망을 느낄 수 있다.

"인간은 희망의 환상에 빠지기 쉽습니다. 고통스럽다고 진실을 외면하고 요정의 노래에 귀를 기울이다가 끝내 마수로 변모해버리는 일이 많습니다. 사태를 완화하려는 시도는 이제 헛된 일입니다.

-중략-

여러분이 원하는 것은 무엇입니까? 여러분이 갖게 될 것이 무엇입니까? 쇠사슬과 노예화란 대가를 치르고 사야 할 만큼 우리의 목숨이 그렇게도 소중하고 평화가 그렇게도 달콤한 것입니까? 전능하신 하느님, 그런 일은 절대로 없게 해주십시오! 다른 사람들이 어떤 길을 택할지 모릅니다. 그러나 내 입장은 이것입니다. 나에게 자유가 아니면 죽음을 달라!"

이 연설 이후, "나에게 자유가 아니면 죽음을 달라"라는 말은 아주 빠르게 전파되었고 북미 식민지 사람들이 독립과 자유를 위해 무기를 들 용기를 북돋았을 뿐만 아니라 200여 년이 넘는 세월 동안 계속 사람들에게 전해지고 끊임없이 세상 사람들이 안일함을 포기하고 자유의 아름다움을 누리도록 격려하고 있다.

소수의 생각이 인류의 미래를 만들고 변화시켰다. 그들은 전통에 도전하는 용기가 있었고 다수의 사람들처럼 구시대적 사상에 굴복하지 않고 완전히 새로운 세상을 만들어냈다. 전통과 노골적으로 맞서고 이를 기회로 삼아 변화를 도모했다. 인류의 발전과 자유를 위해 새로운 길을 찾아낸 것이다.

신세계 창조는 소수가 다수를 설득하는 대표적인 전형이다. 당신이 친구들과 모임을 가질 때 다른 사람들은 카페에 가자고 하고 당신은 노래방에 가고 싶은 상황이라면 어떻게 해야 할까? 자신의 의견을 고수하려면 다음 전략들을 활용해보자. 아마 다른 사람들의 의견을 바꾸고 당신의 의견에 따르게 만들 수 있을 것이다.

1. 일치성을 유지하라

당신이 어떤 입장을 고수할 때는 앞뒤 행동도 이와 일치하는 모습을 보여줘야 한다. 하버드대학 블레드 박사는 단체 대화 속에서 굴복하거나 주저하는 모습을 보이면 당신의 설득력이 크게 감소할 것이라고 말했다.

그는 6명이 참여한 실험에서 두 사람이 긍정의 대답을, 네 사람이 부정의 대답을 하는 경우, 긍정의 대답을 한 두 사람이 처음부터 끝까지 자신의 의견을 고수하자 결국 부정의 대답을 했던 4명 중 2명이 자신의 의견을 바꾸게 되었다.

이 실험이 여러 번 반복하고 나니 자신의 의견을 고수하는 소수의 사람들이 결국에는 다수파의 의견을 바꾸는 데 성공한다는 사실이 증명되었다. 당신의 의견이 소수파에 속하더라도 당신의 의지는 흔들릴 필요 없다. 처음부터 끝까지 일관된 의견을 고수하면 예상 밖의 수확을 얻게 된다.

다시 말해 "음, 잘 모르겠어요.", "이렇게 하면 더 좋을 것 같아요."와 같은 말들을 "정리하자면, 나는 우리 의견이 100% 정확하다고 생각해요."라고 바꿔야 한다는 것이다. 이런 확고한 말하기 방식은 그 의견에 대한 당신의 믿음을 보여준다.

자신 있는 사람과 자신 없는 사람의 대화에서 우리는 보통 자신 있는 사람을 믿는다.

2. 유연함을 유지하라

블레드 박사는 새로운 정보나 추세의 변화를 무시하고 자신들의 관점만을 고수하는 소수파는 결국 패배하게 될 것이라고 말했다. 여기서 그들이 자신의 관점을 얼마나 신뢰하는지는 상관없다고 했다. 상황에 변화가 생기기 전까지는 당연히 입장을 동일하게 유지해야 한다.

하지만 명확한 변화가 발생했거나 특수한 상황이 생겼다면 이 점에 대해 시간을 들여 생각해봐야 한다. 새로운 상황이나 정보를 쉽게 거절해서는 안 된다. 이에 대한 올바른 방법은 "이런 생각도 아주 흥미롭네요. 저희는 한 번도 이렇게 생각해보지 못했어요. 저희가 생각해볼 시간을 조금 주세요."라고 말하면 된다.

이에 대한 잘못된 방법은 "상관없어요. 그것들과 우리는 아무런 관련도 없어요. 저희의 의견은…."이라고 말하는 것이다.

3. 당신의 지지자를 늘려라

사람들의 지지가 있다면 자신의 입장을 더욱 고수하게 된다. 지지의 효과는 모두 무리 속에 존재하고 있다. 즉 당신의 동료가 당신을 반대하는 또 다른 다른 동료를 알게 된다면 그 두 사람이 당신을 반대하는 경향은 더욱 선명해진다.

하지만 당신의 동료가 오직 본인만 당신을 반대하고 있다고 믿는다면 그는 자신의 관점을 쉽게 바꿀 수 있을 뿐만 아니라 당신을 더 쉽게 인정한다.

상대방이 자신 쪽에 사람이 많음으로 인해 우위를 점하게 하지 마라. 가능하다면 각개 전투 전략을 사용하라. 우선 내부에서부터 서서히 그들이 당신의 관점을 받아들일 수 있도록 설득해서 당신의 지지자를 늘려나가고 그들의 지지자는 줄여나가야 한다.

4. 사람들의 호감을 유지해라

대화에서 설득력을 발휘할 수 있는 호감은 중요한 요소이다. 사람들은 대다수의 사람과 당신의 의견이 다를 때, 당신이 우호적이지 않다고 느낀다. 당신의 호감도가 하락하게 되는 것이다. 이럴 경우 "호감을 파괴하지 않는다."라는 전제하에 당신의 의견이 다수에게 장점으로 작용한다는 사실을 알려야 한다. 이에 대해 설명할 수 있다면 사람들은 당신을 믿는다.

5. 새로운 정보를 유입하라

양쪽 모두 자신의 의견이 맞는다고 대립하고 있는 상황에서 상대방이 이 일에 대해 다시 고려해주길 원한다면 새로운 정보를 유입해야 한다. 새로운 정보가 유입된다는 것은 양쪽 모두 이 정보를 기초로 원래의 결정을 재검토해봐야 한다는 것을 의미한다.

새로운 정보가 당신에게 유리한 것이라면, 예를 들어 상대방이 투자한 회사의 대주주가 바뀌었고 하필 그 대주주가 투자에 불리한 대표자라면 상대방은 당신에게 쉽게 설득될 것이다. 새로운 정보를 소개하는 비교적 좋은 방법은 “당신이 왜 그렇게 생각하는지 이해할 수 있어요. 하지만 제가 방금 알게 된 새로운 소식을 생각해보면 우리는 다른 각도로 문제를 바라봐야 해요.”라고 말하는 것이다.

6. 제3자의 지원을 유입하라

상대방이 양보할 마음이 없다면 당신의 설득은 교착 상태에 빠지게 된다. 이때 당신은 제 3자를 끌어들이는 것을 고민해볼 수 있다. 그 사람은 두 사람의 공통된 친구일 수도 있고, 전문가이거나 지위나 식견이 우수한 사람일 수도 있다.

당신의 관점을 지지하는 제3자의 유입은 상대방에게 “내 관점이 정말 확실한가?”라는 생각을 유도한다.

여기서 주의할 점은 제3자의 지지를 끌어들일 때 현재 의제와 이해관계가 없는 사람이어야 한다는 것이다. 만약 당신이 회사 직원을 설득해 주식을 사도록 설득할 때 당신이 데려온 지지자가 당신 회사의 또 다른 매니저라면 최종 결과는 "회사의 주식을 사지 않는다."라는 관점을 더욱 강경해지게 만들 뿐이다.

동료들이 당신의 의견을 받아들여 주길 원하거나 친구들은 별로 보고 싶어 하지 않는 영화를 당신과 함께 보러 가주길 바랄 때 이런 설득의 전략들이 당신의 영향력을 크게 증가시킨다. 당신이 지금 처한 상황에서 소수파는 다수파를 리드하는 중요한 부분으로 작용될 것이다.

상대의 관심이 어디에 있는지 찾아라

우리 중에 대부분의 사람들은 때로는 솔직함이 미련함의 다른 표현이라는 것을 알지 못한다.
하버드대학 심리학자 윌리엄 제임스

상대방이 분명한 잘못을 저질렀을 때 이를 최대한 빨리 고칠 수 있도록 "보세요. 당신이 방금 이런 잘못을 저질렀어요."라고 말해준다. 그러면 상대방이 고마워할 것이라고 생각하겠지만 그에게서 돌아오는 반응은 예상 밖이다. 그 사람은 끝까지 자신의 잘못을 인정하지 않고 고마워하지도 않을 뿐만 아니라 오히려 화를 낸다.

그렇다고 상대방을 질책할 필요는 없다. 그의 잘못은 누구나 저지르는 아주 흔한 일이고 모든 사람이 한두 가지 약점을 지니고 있기 때문이다. 다른 사람이 자신의 잘못을 지적하면 즉시 받아들이기가 힘들다. 자신을 걱정하거나 도움을 주려고 하는 말이라는 것을 알고 있으면서도 일종의 분노가 생겨나 당신의 비평이나 바로잡음을 거절한다.

자아는 마음 속 가장 핵심적인 부분이자 진정으로 상처를 받을 수 있는 유일한 부분이다. 자아 이미지가 위협을 받으면 우리는 불안함을 느끼게 되고 내재된 자아에 상처를 받으면 언어로 상대방을 반격하게 된다.

자아는 유리판에 그려진 그림과 같다. 그래서 다른 사람과 관계를 맺을 때 상대방의 자아를 보호해주는 데 주의를 기울여야 한다. 상대방이 당신의 말을 진짜라고 믿을수록 자신의 말이 충분히 신중한지 유의해야 한다.

진 윌리엄스는 하버드대학의 법학 교수로 말을 신중히 하는 사람이었다. 어느 날 그의 교구 목사님이 돌아가셨다는 소식과 함께 슬퍼하고 있는 교인들 앞에서 강연을 해달라는 요청을 받았다.

윌리엄스는 이 강연을 성공적으로 치루기 위해 원고를 고치고 또 고쳤다. 마치 판사가 판결문을 쓰듯 지나치게 조심스럽게 원고를 다듬었다. 원고가 완성되고 나서 그는 이를 그의 아내에게 읽어주었다. 조용하게 끝까지 들은 아내는 원고를 새로운 관점에서 다시 시작했으면 좋겠다고 조언했다. 마치 어떤 변호사가 선량한 사람의 인생에 대해 결론을 내리는 것 같았기 때문이다.

윌리엄스의 아내가 식견이 부족한 사람이었다면 아마도 이렇게 말했을 것이다. "이건 정말 엉망진창이야. 절대 이 원고를 읽어선 안 돼! 거기 있는 청중들을 모두 잠들게 할 거야! 세상에나, 당신은 왜 평범한 사람처럼 이야기할 줄을 모르는 거야? 사람들이 당신의 학생도 아닌데 왜 이런 식으로 말하는 거야?"

만약 그녀가 이렇게 말했다면 결과는 불 보듯 뻔하다. 다행히 진의 아내는 그렇게 미련하지 않았다. 그녀는 완곡한 표현을 사용하여 말했다. "이 글을 '하버드대학 법학의 관점'에서 보면 분명 학생들에게 존경을 받는 아주 멋진 글이 될 거야!" '하버드대학 법학의 관점'은 하버드대학 법학 전문 잡지로서 글의 관점이 객관적이고 빈틈이 없는 것으로 유명했다. 하지만 이것과 강연 원고에서 필요한 친절함, 쉬운 접근성과는 아무런 관련이 없었다.

결국 윌리엄스는 기쁘게 아내의 의견을 받아들였고 장장 3일 동안 쓴 원고를 쓰레기통에 버렸다. 어떤 개요를 포기하고 돌아가신 목사님에 알고 있던 것을 근거로 객관적인 강연을 진행했다. 의심할 여지 없이 그의 강연은 그곳에 목사님의 마지막을 배웅하러 온 많은 사람을 감동시켰다.

윌리엄스의 아내는 그의 원고를 칭찬하면서 이 원고가 적절하지 않다는 사실을 교묘하게 암시해주었다. 윌리엄스도 아내의 말뜻을 알았기 때문에 원고를 바꾸게 된 것이다. 다른 사람을 설득하면서 상대의 내재된 자아에 상처를 주지 않으려면 전하는 말을 듣기 좋게 만들어야 한다. 귀에 거슬리는 좋은 말은 애초에 받아들여질 기회조차 없기 때문이다.

하버드대학 심리학자 윌리엄 제임스는 '받아들여지지 않음'의 가장 큰 힘의 작용은 자아가 부리는 심술 때문이라고 했다. 자신이 믿고 있는 것이 의심받거나 부정당하면 심리적으로 초조함이 형성되고 자존심에 상처를 입는다. 심지어 자신의 안전이 보장되지 못한다고 느낀다는 것이다. 그렇게 되면 당신의 말이 절대적으로 옳다는 것을 알아도 상대는 자신의 잘못을 본능적으로 인정하지 않게 된다. 그래서 어떤 사람을 설득하고 스스로의 부족함을 깨닫게 하려면 직언을 하는 것이 가장 나쁜 방법이다.

직접적으로 상대방의 잘못을 지적하는 것은 공개적으로 상대방을 인정하지 않는 것이다. 사람들은 본능적으로 다른 사람의 인정을 갈망한다. 그리하여 다른 사람의 자존심을 상하게 해서라도 자신이 인정을 받으려는 바보 같은 짓을 저지른다. 사실 비판하는 방식의 맞고 틀림은 자신이 결정하는 것이다.

1. 타이밍이 맞아야 한다

모든 전략 중에 가장 중요한 것은 타이밍이다.

(1) 당장의 상황에서 벗어나라

동료가 회의 중 한 발언에 대해 이야기하고 싶다면 절대 회의 중에 말해서는 안 된다. 회의가 끝나고 돌아가는 길에 다시 이야기를 꺼내는 것이 좋다. 갈등과 대립을 일으킬 만한 대화의 좋은 타이밍은 사건이 끝나거나 그 당시의 장소를 벗어났을 때이다.

(2) 사건이 한 차례 지나가고 나서 다시 말해라

당신이 입으로는 별거 아니라고 말할 수 있지만 논란이 된 그 일을 당장에 언급하면 일을 크게 만드는 꼴이 된다. 며칠이 지나고 나서 말하면 상대의 자아에 상처를 줄 수 있는 그 일의 관계가 약화되고 그도 비판을 민감하게 받아들이지 않을 것이다.

이는 고정적인 법칙이다. 어떤 문제든지 시간이나 상황적으로 비판을 빨리 꺼낼수록 상대는 자신의 생각을 고집하고 변명할 가능성이 높아진다.

2. 심리 전략을 사용하라

타이밍의 원칙을 엄수한다는 전제하에 누군가를 비판하거나 그의 의견을 바로잡고자 할 때 심리 전략을 활용해보자. 당신의 바른 말이 상대방의 자아를 존중하면서도 그가 스스로의 부족함을 인식할 수 있도록 해준다.

- 이 일이 별것 아니라고 말하지 마라. 그는 당신이 이 말을 하는 이유가 그에 대한 관심이고 두 사람의 관계를 중요하게 생각하기 때문이라는 것을 알아야 한다.
- 반드시 은밀하게 말해라. 이 일이 별것 아니라고 느껴지더라도 문을 닫아놓고 이야기하는 것이 가장 좋다.
- 칭찬하는 말을 먼저 꺼내라. 예를 들어 "빌, 너는 세상에서 꼭 사귀어야 하는 가장 좋은 친구야. 근데 나는… 알고 싶어."라고 말한다.
- 비판의 대상은 상대방의 행동이지 그 사람의 인간성이 아니다. "너는 정말 별로야."라는 말은 절대 해서는 안 된다. 더 좋은 방법은 "넌 사람은 정말 괜찮은데 가끔…할 때…."라고 말하는 것이 좋다.
- 그 사람이 그 일을 일부러 했을 것이라고 가정하지 마라. 무심코 저지른 잘못이라고 생각하는 것이 가장 좋다.
- 가능하다면 일부분의 책임을 분담하는 것이 좋다. 그렇게 하면 그는 이 일에 있어 당신과 대립하는 것이 아니라 공동으로 이를 직면

했다고 생각하게 된다. "당신이 …하는 것은 정말 별로예요."라고 말하는 대신 "내가 더 자세하게…할 수 있었는데…"

- 해결 방안을 제시하려고 할 때, 그 일에 해답이 없으면 아무 말도 하지 않는 게 낫다. 당신이 어떻게 말하든 그가 듣지 않을 것이라는 생각이 들면 아예 말을 하지 않는 것이 좋다. 받아들여지지 않을 의견이나 방안은 그를 귀찮게 할 뿐이다.
- 비판과 지적이 가장 효과적일 때는 그 사람 혼자만 다르다는 사실을 알려줬을 때이다. 상대방이 다른 많은 사람도 모두 이렇게 한다는 것을 알면 자아에 대한 충격이 감소되고 이는 그 질책이 자신에게만 해당된다는 것이 아니라는 것을 알게 된다.

당신은 솔직하고 거리낌 없이 말하고 싶은데 상대방을 화나게 하거나 무안하게 만들까 봐 걱정된다면 이 전략들을 사용해보라! 당신의 의견이 귀에 거슬리더라도 그는 순순히 받아들이게 될 것이다. 이 점은 안심해도 좋다. 이런 방식으로 의견을 제시하면 절대 상대방의 기분을 상하게 하지 않을 테니 말이다.

결정의 90퍼센트는 감성에 근거한다.
감성을 동기로 작용한 다음, 행동을 정당화하기 위해 논리를 적용한다.
그러므로 설득을 시도하려면 감성을 지배해야만 한다.

리버만

PART 6_대화의 화제 다루는 법

문제될 만한 화제를 피하라

Harvard's 100-Year
Traditional Speech Class

✦ ✦ ✦

때로는 가벼운 화제들이 문제를 유발시킨다는 것을 인정하자. 대화 중에 꺼내지 말아야 할 화제가 있다. 다른 사람이 나의 잘못을 지적하는 경우, 내가 변명을 하려고 하면 그럴수록 더 의심받게 된다. 말하기 능력이 부족해서 발생되는 이런 난감한 문제를 어떻게 해결해야 할까? 지금 하버드대학 말하기 전문가들이 당신에게 화제에 대한 보다 나은 대처 방식이 무엇인지 알려줄 것이다!

자신의 잘못을 스스로 조롱해라

자조하는 법을 제대로 아는 사람은 아주 현명한 사람이다.
그는 자신을 낮추는 방식으로 자신을 보호한다.
하버드대학 출신 조지 워커 부시

대화 중에 다른 사람을 조롱하는 것은 아주 부도덕한 행위다. 하지만 스스로를 조롱하는 것은 일종의 미덕으로 인식된다. 자조는 스스로를 희롱해서 다른 사람의 웃음을 자아내는 것이다. 이는 심리적 균형을 조절하는 좋은 처방이자 중요한 교류 방식이다. 어떤 교착 상태나 난처한 상황에 처했을 때 누군가 다른 사람들을 위해 자조 섞인 말을 재밌고 생동감 넘치게 쳐준다면, 사람들은 심리 상태를 조절하게 되고 대화의 상황은 활발해질 수 있다.

미국의 전 대통령인 부시는 퇴임 후 그림 그리기에 전념했다. 2013년 크리스마스 기간에는 공개적으로 자신의 유화를 판매하기 시작했다.

부시의 첫 개인 작품은 홍관조 한 마리가 나뭇가지 끝에 앉아 있는 그림이었다. 이 서툰 유화는 한 장에 29.98달러로 책정되어 크리스

마스트리에 거는 장식용 그림으로 판매되었다.

그해의 크리스마스가 끝나고 어떤 매장에서 통계를 낸 결과, 이 그림은 만 개 이상의 판매 기록을 세우며 해당 계절에 가장 잘 팔린 제품으로 꼽혔다. 사실 이 유화는 부시가 전 미국 주재 UN대사였던 티치노에게 준 선물이었다. 부시는 자신이 영국의 전 수상이었던 처칠의 영향을 받아 그림을 그리기 시작했다고 말하며 "여러분이 보시기에 제가 대단한 화가는 아닐 겁니다. 아마 제 사인이 제 작품보다 더 값어치가 있을걸요."라고 자조했다.

이게 사실일까? 미국의 유명한 예술 평론가 잘츠는 "부시의 그림은 보기에는 간단하고 서툴지만, 천부적인 재능이 없는 사람이 그릴 수 있는 최고의 수준이다."라고 평가했다.

정치인, 연예인과 같은 수많은 유명인사들은 모두 자신을 웃음거리로 삼아 더 좋은 소통의 효과를 얻어내고 곤경에서 벗어나 상황을 반전시킨다. 조롱을 피하는 것은 해탈이 아니다. 오히려 보이지 않는 심리적 불균형을 초래한다. 누군가 당신을 조롱할 때 화를 내면 더 많은 조롱을 몰고 오게 될 뿐이다. 그래서 가장 좋은 방법은 자조를 배우는 것이다.

당연히 자조는 자기 비하가 아니다. 잘 활용하여 대화를 시작하려면 반드시 다음과 같은 원칙을 잘 익혀야 한다.

1. 자신이 좋게 보이지 않는 점을 이용하라

많은 사람은 다른 이들이 좋게 보지 않는 자신의 특징을 잘 이용한다.

젊었을 때는 아름다웠다가 나이가 들고 나서 뚱뚱해진 여배우가 자조하며 말했다. "흰색 수영복을 입고 해변에서 수영을 하면 상공을 날아가던 미국 공군들이 긴장하게 되죠. 쿠바에 온 줄 알고요." 그녀는 자신의 몸집이 크다는 점을 들어 스스로 이를 웃음거리로 삼음으로써 사람들에게 이해받는 동시에 자신의 친절함을 드러낼 수 있었다. 이에 사람들은 대화 중에 굳이 그녀가 뚱뚱해졌다는 사실을 말하지 않게 되었다.

때로 어떤 사람들은 허구의 우스운 사실을 들어 자신을 웃음거리로 만든다. 링컨 대통령은 자신의 외모를 가지고 자조한 적이 있었다. "가끔 저는 제 자신이 못생겼다고 생각합니다. 숲에서 산책을 하다가 한 노부인을 만나고부터 말이죠. 가여운 노부인이 저를 보더니 날카롭게 소리치며 말했습니다. '당신은 제가 본 사람 중에 가장 못생긴 사람이에요!' 저는 그녀를 위로하며 말했습니다. '부인, 그건 제가 어쩔 수가 없어요.' 그러자 그녀는 이렇게 말했습니다. '아니요. 저는 그렇게 생각하지 않아요. 최소한 집 밖으로 나오지 않을 수는 있잖아요!'"

링컨은 정계 라이벌에게 양면적이라는 지적을 받은 적이 있었다. 그때 링컨은 자신이 양면적이지 않다는 것을 모든 사람이 알아야 한다고 항의하며 말했다. "제게 양면성이 있다면 저는 절대 이런 못생긴 얼굴로 여기 나타나지 않았을 것입니다."

자신의 외모를 조롱하거나 자신이 잘해내지 못한 일을 가지고 스스로를 자조하는 것은 당신이 친화적이라는 사실을 드러내는 것이다.

2. 자신의 몇 가지 약점을 먼저 폭로하라

당신이 우연찮게 예쁘거나 잘생겼다면 하늘의 축복에 감사하는 동시에 아름다운 외모 때문에 쉽게 가까이 할 수 없는 경외감을 느끼게 한다는 사실을 알아야 한다. 다른 사람이 이런 감정을 느낀다는 것을 알았다면 자신의 약점을 찾아 보여줌으로써 상대의 마음을 조금 편하게 만들어줄 수 있다.

당신에게 재미있는 약점이 부족하다면 하나쯤 만드는 것은 어려운 일이 아니다.

어떤 스타 미식축구 선수가 자신의 기교가 얼마나 훌륭한지 이야기할 때 이런 말을 했다. "됐어요. 저도 제가 꽤 괜찮다는 것을 인정해요. 하지만 아주 치명적인 단점이 있죠. 저는 이미 대학교 4학년이고 졸업을 하고 나면 이 특기는 제 강아지랑 산책할 때나 써먹을 수 있다는 거예요."

만약 당신의 어떤 능력이나 성과가 다른 사람의 경외나 질투를 불러일으킨다면 자조를 통해 부정적인 시선을 바꿔보는 것도 좋다. "세상에 완벽한 사람이 어디 있겠어요. 제가 바로 가장 좋은 예시죠."

자신을 웃음거리로 삼아 사람들이 미소 짓게 할 수 있다면, 그들은 당신을 더 좋아하고 존중하며 심지어 우러러보게 될 것이다. 또한 그들은 당신이 유머를 통해 당신의 우수함과 사람을 배려하는 친절, 다른 사람과 격의 없이 소통하는 요건을 갖췄다는 것까지 알게 된다.

3. 잘난 척보다 자기 조롱이 매력적이다

몇 년 전, 하버드대학의 학자들이 '자조 혹은 풍자'에 대한 논문을 썼다. 이 논문에서 자조할 줄 아는 사람에게는 저항할 수 없는 매력이 있다고 밝혔다. 단, 그들이 훌륭한 사람이여야 한다는 전제가 있었다.

인생에 실패한 사람이 스스로를 조롱한다면 그를 존경할 수도 없고 가까이하지는 않을 것이다. 누구든지 아무런 쓸모도 없다고 스스로를 조롱하면 사람들은 그가 정말로 쓸모없는 인간이라고 판단하게 된다. 이것이 바로 '자조의 철칙'이다. 가진 지위나 능력의 우수함에 의심할 여지가 없는 사람이라면 자조를 아주 강력한 무기 중 하나로 사용할 수 있다. 하지만 그렇지 못한 사람이라면 그의 자조는 자기 비하가 될 뿐이다. 이는 자조의 특징에서 비롯된 결과이다. 자조의 예술을 마스터하고 제대로 활용하려면 먼저 겸손하고 자신감을 가져야 한다. 겸손함과 자신감을 겸비한 사람만이 더 여유 있게 자신의 약점을 자신의 특징으로 바꿀 수 있다. 하지만 실패한 사람은 자신감을 가질 수는 있어도 절대 겸손해질 수는 없다. 겸손함은 성공한 사람만의 특징이기 때문이다.

4. 상대가 인정하거나 동의하면 멈춰라

당신의 자조에 동의하는 사람이 있을 때 자조는 위험할 수 있다. 다시 말해, 당신이 자신의 일에 만족하지 못할 때 스스로 이를 조롱하면 안 된다. "세상에나, 이 일은 정말 실망스러워!" 이런 말은 동료들로 하여금 당신이 어떻게 실패했는지 주목하게 만들 뿐이다. 실패했지만 자조하지 않으면 그들은 그 사실을 모른다. 더 참담한 경우는 당신의 자조에 그들이 "그럴 리가요! 당신은 충분히 잘했어요!"라고 말하는 경우다.

다른 사람이 반박하는 자조는 사람들을 즐겁게 만드는 유머가 되지 못한다. 이는 결국 당신에게 다른 사람들의 위로가 필요하다는 뜻으로 변질되어버린다. 분명히 실패를 자초하고도 위로를 바라는 것은 우스운 일이다.

따라서 당신의 능력이 그다지 뛰어나지 않다면 당신은 자조에 신중해야 한다. 하지만 당신이 삶 속에서 분명한 강자인 경우에는 자조를 자주 활용해도 무방하다. 자조는 다른 사람이 당신에 대한 경계심을 내려놓고, 당신에게 경외할 만한 능력이나 권위가 있다는 것도 잊고 당신을 좋아하게 만든다. 당신이 상대방에게 "세상에 완벽한 사람은 없어요. 저처럼요."라고 말하는 것은 "저는 당신에게 위험한 사람이 아니에요. 우리 좀 더 친해져요!"라고 말하는 것과 같다.

당신의 자조로 다른 사람이 당신을 좋아하게 된다면 "당신을 좋아합니다."에서 "당신을 알고 싶습니다."로, 또 "당신을 믿습니다."로 발전하는 심리 변화를 인식하게 될 것이다. 그러므로 당신이 최종적으로 도달해야 할 목표는 신뢰다. 다른 사람들이 당신을 신뢰할 때 당신은 말하기 능력을 활용하여 그들에게 영향을 주고 설득할 수 있다. 이는 우리가 다른 사람과 소통하는 일의 최종 목표이기도 하다.

원망하는 말도 효과적으로 전달하라

평범한 사람은 원망을 전쟁으로 만들지만,
뛰어난 사람은 원망을 새로운 문제 해결 방법으로 만든다.
하버드대학 긍정심리학자 리처드 와이즈먼

심리학자 와이즈먼은 전 세계에 영향을 준 책《립잇업Rip it up》을 출간하고 나서 원망에 대해 더 깊이 알고 싶다는 생각이 들었다. 이 세상이 완벽하다면 원망할 일이 없겠지만 현실은 다르다. 우리는 어떤 시간, 어느 곳에서 대화할 때 옳거나 그른 방식으로 자신의 불만을 표현한다.

우리가 말하기 실력을 키우기 위해 노력하는 것도 갈등을 처리하는 능력을 비롯한 인간관계에서 소통의 기술을 강화하기 위해서다. 물건을 사고파는 곳이든, 직장이든, 집이든 자신의 의견을 이야기하는 것이 부정적인 원망을 토로하는 것으로 변질되지 않았으면 하는 바람인 것이다.

어떤 문제를 맞닥뜨렸을 때 침묵을 유지하는 것이 비교적 간단해보인다. 식당에서 밥을 먹을 때 30분을 넘게 기다려도 음식이 나오지 않거나 물건을 살 때 친절한 서비스를 받지 못하더라도 아무 말도 하지 않으면 된다. 하지만 이런 침묵은 당신의 이익에 손해를 끼칠 뿐만 아니라 잘못된 방법을 묵인함으로써 더 나은 방향으로 개선될 기회를 놓치게 만든다.

마이크 한나는 버진 애틀랜틱 항공에 선물을 하나 보냈다. 런던에서 뉴욕까지의 비행에서 한나는 승무원이 가져온 기내식을 보고 깜짝 놀랐다. 그는 그 자리에서 기내식 사진을 찍고 이 특별한 기내식을 다시 승무원에게 건네주었다.

승무원은 미안하다는 말 한 마디와 함께 이 기내식을 정상 제품으로 교환해주었다.

하지만 한나는 이 일을 여기서 끝내지 않았다. 버진 애틀랜틱 항공 본사에 문제를 일으켰던 음식 사진과 함께 편지를 한 통 보내고 자신이 하버드대학 교수라는 사실을 알렸다. 그는 기내식에 '기계유가 묻어 코를 찌르는 냄새가 나는 젤리'가 나온 것이 우연한 일이라고 생각하지 않았다. 왜냐하면 비행기에서 많은 사람이 같은 일을 겪었기 때문이다. 다만 그들은 한나와 달리 묵묵히 그 젤리를 버리는 것으로 상황을 마무리했다.

한나는 단순하게 침묵하지 않고 즉각 행동했다. 다행히도 그는 아주 빠르게 피드백을 받을 수 있었다.

3일 후, 버진 애틀랜틱 항공의 사장 리차드 브랜슨은 직접 그에게 전화를 걸어 언제든 편한 시간에 와서 자신의 회사 주방을 둘러봐도 좋다고 전했다. 그리고 그에게 '버진 애틀랜틱 항공 이용 시 음식을 고를 수 있는 권리'를 주었다.

한나는 자신의 경험을 언급하며 원망이 주목을 받는 것은 대부분의 사람이 원망하지 않기 때문이라고 말했다. 하지만 운영자들은 회사와 관련된 원망을 아주 중시한다. 브랜슨은 어떤 사람이 침묵하는 사람이라는 역할을 벗어나 자신의 불만을 이야기할 때 그를 침묵하는 다른 사람들의 대변인이라고 생각해서는 안 된다고 했다.

사실 원망은 어떤 조직이나 사람이 쉽게 얻을 수 없는 선물이다. 즉 당신이 그 조직이나 사람에게 다른 방법으로는 절대 얻을 수 없는 정보를 주는 것이다.

원망을 효과적으로 표현하는 기술이 필요하다. 사실상 원망의 전략은 공식적인 연설과 창작, 발표와 같다. 우리는 데이터를 모으고 실제 사례 증거를 제시해야 하며 냉정하고 명확한 언어를 사용해야 한다. 효과적인 원망은 한 편의 좋은 연설문과 같아서 시간과 노력이 필요하다.

1. 관련 자료를 수집하라

당신이 회사에서 더 많은 월급을 받기를 원한다면 간단하게 "제 생각에 제가 일하는 정도와 소득이 부합하지 않는 것 같습니다."라고 말하는 것만으로는 월급 인상이 필요하다는 것을 증명하지 못한다. 당신은 실제 사례를 수집하여 월급 인상의 당위성을 증명해야 한다. 수치적 자료, 영업 실적, 고객이 직접 쓴 칭찬 카드 등을 대조해보는 것이다. 이런 데이터를 통해 당신의 가치를 증명하고 월급을 올려야 할 필요성을 어필해야 한다.

2. 정확한 대상을 찾아라

당신의 동료에게 월급이 너무 적다거나 일의 양이 너무 많다는 원망을 늘어놓는 것은 금물이다. 당신의 월급을 올리는 데 전혀 도움이 되지 않을 뿐만 아니라 이로 인해 직장을 잃게 될 수도 있다. 당신이 원망하는 문제를 해결할 수 있는 권리를 지닌 사람을 찾아야 한다. 월급을 올리려면 상사에게 가야 하고 상품에 대한 불만을 제기하려면 마트의 고객센터로 가야 하는 것이다.

3. 원망이 있다면 정확하고 구체적으로 말해라

당신이 원망하고 있는 것의 중점이 무엇인지 확실히 알아야 한다. 당신이 가장 아끼는 블라우스를 왜 남편이 잘못 세탁해 못 입게 만들었는지 같은 일들은 원망해봤자 아무런 변화도 일어나지 않는다. 변화시킬 수 없거나 변화시킬 필요가 없는 일에 대해 원망하지 마라. 당신만 속상할 뿐이다.

당신이 원망해야 할 것은 남편이 왜 세탁 전에 세탁 라벨을 먼저 확인하지 않았는지 하는 것이다.

비행기가 연착되어 중요한 비즈니스 미팅이 무산된 것이 원망스러울 때는 "제 짐은 중량이 초과되지 않았는데 왜 추가 요금을 내라는 거죠?"라고 원망하지 마라.

갈아 신을 양말이 없을 정도로 아내가 집안일에 소홀한 것이 원망스러울 때는 지난달에 그녀가 당신의 신용카드를 한도가 초과될 때까지 써버렸던 이야기를 꺼내지 마라.

이야기의 초점을 흐리거나 한 번에 여러 가지 일을 원망하면 그저 한바탕 비난을 쏟아내는 것으로 밖에는 보이지 않을 것이고 문제를 해결하는 데 전혀 도움이 안 된다.

4. 원망을 말하기에 앞서 대안을 먼저 생각해라

듣는 이가 이야기의 핵심에 집중할 수 있도록 말하고자 하는 내용과 관련된 이야기로 말문을 열어야 한다. 예를 들어 자신이 좋아하는 음식점에 가서 식사를 하는데 아주 형편없는 서비스를 받게 되었다면, 음식점의 주인에게 당신이 평균적으로 3일에 한 번은 그곳을 방문한다거나 3년 전부터 단골손님이었다는 사실을 이야기할 수 있다.

이런 고백은 당신 불만의 핵심을 전달하는 데 도움을 준다. 이와 더불어 당신은 사전에 수집한 관련 정보를 추가해야 한다. 원망의 이유와 기대하는 해결 방안이 무엇인지 확실히 알고 있어야 하는 것이다. 예를 들어 마트에서 하자가 있는 제품을 구매했을 때 당신은 그것을 수리할지, 교환할지, 환불할지 생각해야 한다.

특별히 주의할 것은 당신이 무엇에 대해 원망하든 적절하고 합리적인 요구를 해야 한다는 점이다. 만약 당신이 사장에게 월급을 올려줄 것을 요청할 때, 당신의 현재 월급이 5천 달러라면 1만 달러를 요구하는 것보다는 6천 달러를 요구하는 것이 더 받아들여지기 쉬울 것이다.

5. 융통성 있는 명확한 목표를 수립하라

당신은 명확한 목표를 제시해야 한다. 그래야 당신이 원망하는 과정에서 상대에게 설득되지 않을 수 있다. 이와 더불어 목표에는 일정한 융통성이 있어야 한다. 이는 당신이 목표한 바가 거부되거나 완전하게 받아들여지지 않더라도 상심하지 않기 위해서이다.

사장이 지금 당장은 당신의 월급을 4% 인상해주는 것이 불가능하지만, 우선 2%를 인상해준다고 하거나, 앞으로 3개월 동안 4% 인상에 상응하는 당신의 가치를 보여달라고 요청할 수도 있는 것이다.

6. 예의를 갖춰 시작하고 좋은 점을 이야기하라

상대가 당신의 원망을 받아들인다면 그가 속한 단체, 개인 혹은 그룹에 어떤 좋은 점이 있는지 이야기해야 한다. 예를 들어 당신의 아내에게 "당신이 지출을 줄이자는 내 의견을 받아들이면, 우리는 3년 안에 집을 살 수 있어."라고 말하거나, 혹은 당신의 사장에게 "업무 시 소음을 줄여주신다면 직원들의 업무 효율이 크게 높아질 것입니다."라고 말할 수 있는 것이다.

상사나 직원 혹은 친구나 동료, 가족과 같이 좋은 관계를 유지하고 싶은 사람을 원망할 때는 최대한 조심스럽게 말을 꺼내야 하고, 이야기하기 전에 상대방의 반응에 주의할 필요가 있다. 한나 교수는 원망은 예의를 갖춰 시작하라고 말했다.

"혹시 아셨을지 모르겠지만….", "혹시 예전에도…과 같은 일이 생긴 적이 있는지 알고 싶어요."와 같은 질문식 문장으로 탐구하듯 이야기를 꺼내는 것이 좋은 방법이라는 것이다. 만약 상대방이 어떤 식으로든 부정적인 반응을 보이면 당신의 이야기를 듣기 싫어한다는 뜻이므로 대화를 중지해야 한다.

상대방이 "나는 매우 관심이 생겼어요. 무슨 일이죠?"라고 말하면 당신은 정식으로 원망할 수 있는 것이다. 원망할 때는 타이밍과 장소의 선택도 중요하다. 당신의 원망을 두 사람만 들을 수 있고, 상대방이 시간에 쫓기지 않는 상태라는 것이 확실해야 한다. 올바른 시간과 장소에서 이야기해야 원망의 성공률을 높일 수 있다.

아부와 칭찬을 구분하라

제가 가진 가장 큰 자본은 다른 사람들의 열정을 끌어올릴 수 있는 능력입니다.
모든 사람이 자신의 재능을 충분히 발휘하게 하는 방법은 칭찬과 격려입니다.
하버드대학 심리학자 에이브러햄 매슬로

심리학자 프로이트는 사람이 어떤 일을 하는 데는 성적 충동과 출세에 대한 욕망이라는 두 가지 동기가 있다고 말했다. 하지만 미국 철학자 듀이 교수는 인간의 본성 중에 가장 큰 충동은 자신이 중요한 사람이 되길 바라는 것이라고 말했다. 우리가 다른 사람과 소통하는 중에 그가 스스로 중요한 사람임을 느끼게 할 수 있는 가장 빠른 방법은 칭찬이다.

하지만 많은 사람이 사회적 교류에서 칭찬을 과도한 아부로 잘못 사용하고 있다. 적절한 칭찬은 쌍방의 감정과 우정을 자신들도 모르는 사이에 발전시키고 서로 간의 교류와 협력이 적극적으로 이루어지도록 할 수 있다. 그렇다면 칭찬하는 적절한 방법은 무엇일까?

하버드대학 출신의 미국 대통령 루스벨트에게는 브래드라는 보좌관이 있었다. 그는 칭찬과 아부에 대한 특출하고 유익한 견해를 가지고 있었다. 뒤에서 다른 사람의 장점을 칭찬하는 것은 앞에서 아부하는 것보다 효과적이며 아주 높은 단계의 말하기 기술이다. 뒤에서 다른 사람을 칭찬하는 것은 여러 가지 칭찬 방식 중에 가장 사람을 기쁘게 할 수 있고 효과적인 방법이라고 할 수 있다. 브래드는 바로 이런 기술을 통해 신임을 얻었다.

브래드와 같이 일하는 부하직원들이 있었다. 그들은 브래드가 좀처럼 잘못을 저지르는 일이 없다고 생각했다. 브래드는 그들을 아부쟁이라고 불렀다. 이 사람들은 루스벨트를 존경할 만한 사람, 이 시대의 영웅, 비범한 사람이라는 말들로 평가했다.

브래드는 루스벨트를 아주 존경했지만 이런 아부쟁이가 되고 싶지는 않았다. 그는 계획을 세워서 루스벨트를 칭찬하곤 했다. 또한 칭찬을 루스벨트가 제시한 각종 정책들과 결합시켰다. 그 결과 루스벨트는 브래드가 자신에게 진심으로 관심을 두고 집중하고 있다는 사실을 신뢰하게 되었다.

매슬로는 수년간 심리학을 연구하면서 사회심리학적 측면으로 봤을 때 칭찬은 분명 효과적이고 긍정적인 교류 기술이고 사람과 사람 사이의 심리적 거리를 좁힐 수 있다는 것을 알게 되었다. 하지만 실생활에서 사람들은 다른 사람을 칭찬하는 것에 익숙지 않았다. 왜냐하면 칭찬하는 법을 몰라서 소통과 교류에서 즐거운 감정을 잃어버렸기 때문이다. 사실 정확한 칭찬은 말하기 능력을 보여주는 중요한 표현이자 사람 간의 교류에서 감정을 발전시키는 중요한 원칙이다. 매슬로는 정확한 칭찬은 일반적으로 다음과 같이 몇 가지 원칙을 따른다고 말했다.

1. 상대방이 원하는 칭찬을 하라

어떻게 해야 상대방이 듣고 싶은 칭찬을 할 수 있을까? 어떤 선생님의 사무실이나 귀부인의 응접실에 들어갈 때, 우리는 많은 단서들을 발견할 수 있다.

(1) 주위의 환경을 관찰하라

테이블 위의 액자나 컴퓨터 바탕화면에 있는 사진이 보통은 가장 정확한 단서가 된다. 만약 그와 고위관료가 함께 찍은 사진이 있다면 그의 인맥이 넓다는 것을 칭찬할 수 있다. 만약 그와 가족이 함께 찍은 사진이 있다면 자연스럽게 가족의 안부를 물으면서 가족들이 아주 훌륭한 사람들 같다고 칭찬할 수 있다.

사무실을 휙 둘러봤을 때 눈에 띄는 물건은 상대방이 다른 사람에게 보여주고 싶은 물건이자 상대방이 이에 대해 언급하거나 물어봐줬으면 하는 물건이다.

(2) 상대방이 뿌듯함을 느끼도록 해라

매슬로는 인간관계를 조정하는 데 쓸 수 있는 하나의 비책을 소개했다. 바로 다른 사람을 칭찬할 때 상대방이 '가장 칭찬받고 싶어 하는 그 부분'을 칭찬하기 위해 노력하는 것이다.

그러한 칭찬을 해낸다면 그 사람은 절대 당신을 잊을 수 없을 것이다. 하지만 그러기 위해서는 약간의 추리 능력이 있어야 한다. 외모가 출중한 여성이 사무실이 아닌 시장에서 일하기를 고집한다면, 이는 그녀가 자신이 '직장 속의 꽃병'이 아니라는 것을 증명하고 싶어 한다는 의미이다. 어떤 비즈니스맨이 무의식중에 자신이 매주 야외 활동에 참여하고 있다고 말한다면 그는 분명 야외 스포츠를 좋아하는 사람일 것이다.

열심히 관찰한 후에 칭찬하면 상대방은 그 칭찬을 귀기울여듣게 될 것이다.

(3) 기분이 좋을 때 칭찬하라

상대방의 상태를 관찰하는 것은 중요한 과정이다. 상대방의 기분이 저기압인 상태거나 잘 풀리지 않는 다른 일이 있을 때 과도한 칭찬을 듣게 되면 그는 당신이 진실하지 않다고 생각한다. 그래서 우리는 상대방의 감정에도 주시해야 한다. 상대방이 즐거운 상태라면 우리의 칭찬에 경계를 허물고 칭찬을 받아들일 것이다.

2. 진실한 마음으로 칭찬하라

과도한 칭찬은 오히려 상대방의 기분을 나쁘게 만들 수 있다. 당신이 어떤 보답을 바라고 있다는 느낌을 줄 수도 있는 것이다. 칭찬을 아부와 아첨으로 표현하는 것은 무례하다. 칭찬은 진실이고 아부는 거짓이다. 칭찬은 마음으로부터 우러나오는 사심 없는 말이지만 아부는 입으로 떠벌리는 말로 결국 자신의 이익을 위해 하는 것이다. 하버드대학 출신의 미국 대통령 시어도어 루스벨트는 "적의 공격을 두려워하지 말고 친구의 아부를 경계하라."라고 말했다.

매슬로는 대다수의 사람들이 친구를 선택할 때 상대방이 진실한지를 보고 결정한다고 말했다. 교류에 진심이 담겨 있지 않다면 좋은 인간관계를 맺는 것 자체가 불가능하다는 것이다. 과도하게 아부하면 다음의 상황을 초래할 수밖에 없다.

- 상대방이 당신을 얕잡아보고 당신이 정말로 자신을 존경한다고 오해한다.
- 상대방의 반항 심리를 자극하고, 당신이 칭찬하는 이유가 자신에게서 어떤 이득을 취하기 위해서라고 생각한다.

따라서 칭찬은 반드시 진실과 사실에 근거해야 이상적인 효과를 얻을 수 있다.

3. 같은 칭찬을 반복하지 마라

같은 사람을 칭찬할 때는 그 모양을 끊임없이 바꿔야 하고, 다른 각도에서 다른 부분을 칭찬해야 한다. "당신은 정말 아름다워요."라는 말은 한 번 들으면 기분이 좋지만 두 번 들으면 그렇게 강렬한 느낌을 받지 못한다. 열 번 들었을 때는 싫증이 날 수도 있다. 이것이 한계 효과의 감소이다.

어떤 사람이 외모가 출중하거나 사업에 성공했다는 이유로 늘 각양각색의 칭찬을 듣는다는 것이 짐작된다면, 그 사람도 발견하지 못한 장점을 찾아내어 적당히 칭찬해주는 것이 효과적이다.

4. 적절한 때에 적절하게 공급해야 효과적이다

경제학에서는 가격을 결정하는 중요한 요소가 공급이다. 칭찬 한 마디의 가치는 그 칭찬의 공급량으로 결정된다.

- 당신은 다른 사람을 후하게 칭찬하는 편인가, 아니면 사람이나 일에 대한 기준이 높고 까다로운 사람인가? 만약 어떤 사람이 다른 사람들에게는 아주 까다롭지만 당신에게는 쉽게 칭찬을 쏟아낸다면 이 칭찬은 더 무게가 있어 보인다.
- 당신은 동일한 칭찬을 많은 사람에게 자주 하는 편인가? 어떤 사람이 당신에게 선물을 줬을 때 "이 선물은 제가 받은 선물 중에 가장 의미 있는 거예요!"라고 말한다면 그는 아주 기쁠 것이다. 하지만 만약 다른 사람이 다른 선물을 줬을 때도 당신이 같은 말을 한다면 이 칭찬의 효과는 곧 크게 감소할 것이다. 따라서 당신이 같은 말로 많은 사람을 칭찬할 거라면 최대한 그들에게 이 부분을 들키지 말아야 한다.
- 칭찬하는 사람이 권위와 명예가 있는 사람이라면 그의 칭찬에도 무게가 실리게 된다. 예술에 문외한이 당신의 작품을 아무리 칭찬한다고 해도 그 분야의 권위자가 낸 감상에는 미치지 못한다.

5. 눈에 보이는 것을 즉흥적으로 칭찬하지 마라

어떤 매니저가 미드 '프렌즈'를 보면서 "레이첼의 얼굴과 모니카의 몸매를 합치면 스타를 탄생시킬 수 있어."라고 가정해보자. 매니저는 두 사람을 칭찬한 것 같지만 듣는 사람의 입장에서는 서로의 부족한 부분을 비판하는 것 같다고 생각할 수도 있다.

상대방을 칭찬할 때는 제3자도 인정하고 좋아하는 상대방의 진짜 장점을 칭찬해야 한다. 사람들은 가끔 위선적으로 행동하기 때문이다. 만약 당신이 즉흥적으로 상대의 고상함을 칭찬했는데 사실 그 사람이 이 상황에서만 고상한 척을 한 것이라면 그 칭찬이 그에게 얼마나 웃기겠는가.

결과적으로 정확하게 칭찬하는 법을 배워야 감정적인 교류와 깊은 관계를 얻을 수 있다. 그러지 않으면 정반대의 상황이 발생할 수도 있다.

당신을 위해서 성의 있게 사과하라

세상에서 가장 명예를 약화시키고 파괴하는 행위는
자신의 잘못을 알면서도 인정하지 않는 것이다.
하버드대학 위기관리전문가 라모 비킨

정확한 사과만이 잘못을 효과적으로 바로잡는다. 당신은 잘못하고 나서 사과하는 것이 아주 쉬운 일이라고 오해할 수 있다. "미안합니다."라는 한 마디면 충분하다고 생각하기 때문이다. 사실 "미안합니다."라는 말이 우리의 실생활에서 가장 빈번하게 사용되는 사과의 방식이긴 하지만, 이 말은 다른 사람의 이름을 까먹거나 실수로 발을 밟는 정도의 작은 일들에나 쓸 수 있는 말이다.

우리가 훨씬 더 복잡한 상황을 맞닥뜨렸을 때 어떤 사과가 우리를 곤경에서 벗어나게 해줄까? 어떻게 하면 상대방도 우리의 사과를 진심으로 받아들이고 계속해서 잘 지내고 싶어 할까? 적당하고 적절하면서 성의 있는 사과는 개인의 명예를 회복하고 인간관계를 발전시키는 데 도움이 된다. 하지만 사과의 방식이 부적절하면 아주 엄중한 결과를 초래하기도 한다.

어떤 회사의 주주총회에서 비교적 경력이 짧은 부회장이 관리팀 수석 사장의 새로운 관리 정책에 반대 의견을 제시했다. 부회장에게는 자신의 반대가 충분히 일리 있다고 믿는 이유가 있었다. 하지만 사장은 그 의견에 큰 불만을 느꼈다. 그래서 팀의 모든 사람들 앞에서 부회장을 공격하기 시작했다. 그의 말엔 차가운 비웃음과 날선 풍자가 가득했다. 사장은 회사가 경영난을 겪는 와중에 부회장이 직원들의 마음을 혼란하게 만들고 있다고 비판했다.

그때 관리팀의 다른 직원이 부회장의 의견은 정확하며 오히려 사장이 부회장에게 무례한 말을 한 것을 사과해야 한다고 말했다. 그러자 사장은 도리어 이렇게 말했다. "부회장님의 기분을 안 좋게 해드렸다면 유감스러운 일이지만 저는 제가 옳다고 생각합니다. 한 회사의 고위 관리자로서 부회장님은 압박을 받아들이는 법을 배워야 합니다." 결국 이 일 때문에 회사의 주주들은 두 파로 나뉘어서 기존에 존재하던 회사의 문제를 악화시키고 말았다.

잘못을 저지르고 난처함을 느끼면서도 자신의 체면을 잃게 될까 봐 잘못을 인정하지 않는 경우가 있다. 하지만 사과는 당신이 나약하다고 증명하는 게 아니다. 반대로 명예를 회복하는 특효약으로 쓰인다.

라모 비킨은 하버드대학의 위기관리전문가로서 월마트를 포함한 미국의 유명회사에서 위기관리담당자를 역임한 바 있다. 그는 수많은 사과와 성명을 발표하는 과정을 통해 사과의 중요성을 말했다.

• 사과는 관계를 보완할 수 있다. 어떤 사람의 잘못으로 서로의 관계

에 분열이 일어났다면 사과로써 이를 보완할 수 있다.

- 사과는 잘못한 사람의 잃은 위신을 다시 세워줄 수 있다. 보통 어떤 사람이 잘못하면 그의 인성을 의심하고 우려를 표하게 된다. 이때 잘못한 사람이 효과적인 사과를 함으로써 자신의 잘못을 분명하게 인지했으며 다시는 똑같은 잘못을 반복할 가능성이 없다는 사실을 믿도록 만들 수 있다.

적절한 사과는 자신이 잘못을 저질렀다는 것을 인정하고, 상응하는 책임을 지는 것이다. 라모 비킨은 사과를 효과적으로 하기 위해 다음과 같은 세 가지 원칙을 제시했다.

1. 책임을 져라

사과를 자기변명을 위한 또 다른 수법으로 사용해서는 안 된다. 다른 사람에게 용서를 받기 위해 거짓으로 사용해서는 더욱 안 된다. 우리가 진심으로 자신의 책임을 느끼고 잘못을 인정해야만 진심으로 사과할 수 있는 것이다.

사실 당신의 잘못은 어쩌면 정말 당신이 잘못해서 저지르게 된 일이 아닐 수도 있다. 그럼에도 불구하고 사과해야 하는 이유는 다른 사람에게 해를 끼쳤기 때문이다. 예를 들어 당신이 지각을 했을 때 "죄송합니다. 당신의 시간을 존중하지 못한 점 사과드립니다."라고 말하는 것은 "차가 막힌다고 말씀드리는 것을 잊어버렸습니다."라고 말하는 것보다 훨씬 효과적이다.

(1) 핑계대지 마라

당신이 잘못을 저질렀다면 그에 맞는 책임을 져야 한다. "당신의 꽃병을 깨뜨려서 정말 죄송해요. 제가 배상할게요." 사실 상대방의 꽃병이 깨진 이유는 어쩌면 그 꽃병이 테이블 가장자리에 놓여 있었기 때문일 수도 있다. 당신의 유일한 잘못은 그 옆을 지나간 것이다. 이렇듯 때로는 어떤 오해나 객관적인 요소가 뒤엉켜 있을 수도 있다. 하지만 그 순간에 해명하는 것은 바람직하지 않다.

당신이 반드시 해명을 해야겠다면 자신이 잘못한 부분을 인정하면서 그에 상응하는 책임을 진 뒤에 하는 게 좋다. "하지만 …부분은 그게 맞는지 저도 분명히 해둘 필요가 있다고 생각해요."라고 말이다.

(2) 자신의 잘못에 집중하라

사과할 때는 문제의 초점이 상대방에게 옮겨가지 않도록 차단해야 한다. 예를 들어 "미안해요. 당신은 저와 함께 있는 것이 그다지 즐거워 보이지 않네요.", "죄송해요. 당신이 이 일을 이렇게 신경 쓸지 몰랐어요."와 같은 말들은 책임을 회피하고 원인을 상대방에게 돌리는 것처럼 보인다. 사과할 때는 반드시 자신이 한 잘못과 과실에 집중해야 한다.

2. 결과를 먼저 생각하고 사과하라

자신의 잘못이 대단한 불만을 야기하지 않았다고 생각하더라도 잘못을 미연에 방지하는 것은 중요한 일이다.

(1) 감정에 대한 조기 경보

감정을 미리 완화하는 것으로 당신이 상대방을 이해하고 있음을 알게 해준다.

"저는 당신에게 불만이 없어요."

"저는 당신이 지금 몹시 화가 났다는 것을 알고 있어요."

"저는 당신이 저에게 매우 실망했다는 것을 알고 있어요."

(2) 기타 조기 경보

"이것은 우리의 예산이 몇 천 원이나 줄어들 것이라는 뜻이에요."

"저는 이 데이터가 당신에게 얼마나 중요한지 알고 있어요. 이것 때문에 이미 엉망이 된 것 같군요."

"제 생각엔 당신이 그녀에게 그렇게 말하면 그녀가 몹시 화를 낼 것 같아요."

"당신이 나를 기다리고 있다는 것을 알고 있어요."

3. 잘못했다면 보완하는 것도 당신 몫이다

어떤 잘못은 보완하는 것이 크게 어렵지 않다. 그렇다고 할지라도 당신은 사과할 때 자신이 방금 저지른 잘못에 중점을 두어야 한다. 어떤 일은 아주 엄중한 결과를 초래하기도 하기 때문에 당신은 최선을 다해 보상해야 한다.

(1) 당신이 할 수 있는 일에서부터 시작하라

"저는 이미 체납금을 냈고 자발 상환을 시작했습니다."

"저는 이미 보상 계획을 세웠고 다시는 같은 잘못을 저지르지 않겠다고 보장합니다."

"제가 미리 생각해둔 몇 가지 보상책들이 여기 있습니다."

"그녀에게 전화해 제가 오해한 부분을 설명하고 다시 계획을 세울 것입니다."

(2) 상대방에게 당신이 무엇으로 더 보상할 수 있을지 물어봐라

"당신이 저를 다시 믿게 하려면 또 어떤 일을 하면 될까요?"

"이 일을 해결하는 더 좋은 방법이 있을까요?"

"제가 다시는 같은 잘못을 저지르지 않을 수 있는 방법을 함께 고민해주시겠어요?"

잘못을 보상할 때 "이 일을 해결하기 위해서 내가 또 무엇을 하길 원하나요?"와 같은 말은 당신의 진심을 증명할 수 없다. 사과하고 나서 자신이 다시는 같은 잘못을 저지르지 않겠다고 보장하는 것이 때로는 효과적인 보상책이 될 수 있다.

이 세 가지 사과의 원칙은 어떤 사건이나 협의, 교류, 설명식 변명을 하는 상황에서도 큰 도움이 된다.

"당신이 이어질 업무를 별로 좋아하지 않으리라는 것은 알지만, 당신을 화나게 하려는 것이 아니라 제게 아주 중요한 일이기 때문에 이 업무를 해야 해요. 그러니까 우리 서로 타협하는 것이 어떨까요?"

"일이 이렇게 엉망이 돼서 정말 죄송합니다. 이 일을 할 때는 정말 당신에게 해가 될 줄 몰랐습니다. 하지만 이제 알았으니 다음부터는 이런 상황이 생기지 않도록 최선을 다하겠습니다."

"죄송합니다. 이 일 때문에 당신의 업무량이 너무 많이 늘어났네요. 하지만 당신이 제게 업무적으로 원하는 것이 무엇인지 정말 모르겠어요. 다시는 본의 아니게 당신에게 해를 끼치지 않도록 이 일에 대해서 우리가 대화를 나눠보면 어떨까요?"

책임을 지고 최선을 다해 보상하면 상대방도 당신의 미안한 마음을 느낀다. 물론 어떤 사람들과는 교류하기가 어렵다. 그 어떤 진심 어린 사과도 그들의 마음을 흔들지 못한다. 이외에도 절대 용서할 수 없는 일인 경우(당신이 사과하지 않는다는 것이 아니라 당신이 어떻게 보상을 해도 절대 되돌릴 수 없는 일을 말한다.)도 있다. 때로는 당신이 내키지 않는 사과를 해야 할 때도 있다. 그때는 "정말 죄송합니다."라고 진심을 담아 사과하는 것이다. 진심이 상대에게 전달될 때 사과의 위력이 나타난다.

약점을 공격하는 것은 가장 바보 같은 짓이다

다른 사람을 공격하는 것은 자신의 강함을 드러내는 것처럼 보이지만 사실상 연약한 사람만이 이런 방법을 사용한다. 다른 사람을 공격할수록 자신의 부족함이 더 선명하게 드러난다.

하버드대학 사회학자 헤리 베비스

일을 도모하는 데 있어 함께하는 사람들과 화목해야 한다고 말한다. 그리고 상대방이 마음에 들지 않더라도 정면충돌은 피해야 한다. 싸움은 소통과 교류의 최악의 방법이라고 여기기 때문이다. 많은 사람이 일상생활 속에서 싸우는 것을 싫어하고 직장에서 자신이 과도하게 억압을 받는 상황에 이르러도 감히 싸울 생각도 하지 않는다. 이런 서로에 대한 불만의 정서는 어두운 곳에서 점차 자라나 잠복하는 병이 된다.

쾅하고 책상에 주먹을 내리치는 소리가 들렸다. 모두의 시선이 이곳으로 집중되었다.

알고 보니 제이슨과 에드워드가 계획서상의 데이터 문제로 서로 싸우기 시작했다. 그때가 제이슨이 반격하는 타이밍인 것 같았다. 그는 한 걸음에 에드워드의 코앞으로 다가서더니 책상을 주먹으로 무섭게 내리

쳤다. "쓸데없는 소리 좀 그만해. 계획서에 통계수치가 저렇게 명백하게 나와 있는데 이 표본에 따라 평가하지 않으면 회사 전체에 얼마나 큰 후환이 될지 알기나 해?"

"헛소리하지 마! 머리가 안 돌아가? 네가 도출한 평가 매개 변수가 그렇게 낮은데 그게 현실에 부합한다고 생각해?"

"어떻게 이렇게 기억력이 나쁘냐? 저번에 사장님이 변수를 낮추라고 지시하셔서 그런 거잖아! 어쩐지 사장님조차도 네가 사리분별 못 하고 인정머리 없다고 말씀하시더라!"

사람들은 모두 까무러치게 놀랐다. 에드워드는 원래도 남의 말을 잘 듣지 않는데 지난번 사장에게서 "현실을 고려하지 않는다."라는 말을 들은 후로 농담으로라도 자신에게 "인정머리가 없다."라는 말을 하지 못하게 했다. 그런데 제이슨이 대놓고 말해버린 것이다.

결국 에드워드는 얼굴이 빨개지며 말했다. "다시 말해봐!" 다른 동료들이 그 두 사람을 떼어놓지 않았다면 틀림없이 사무실에서 한바탕 전쟁이 일어났을 것이다.

어떤 구체적인 문제에서 각자의 의견을 고수하고 논쟁을 벌이는 상황이라면 제이슨과 에드워드처럼 싸우는 것은 도가 지나치다. 이런 싸움은 당사자 간의 적대감을 높이고 서로를 원수로 만들 뿐 문제에 대한 소통과 해결에는 전혀 도움이 안 된다.

사실 제이슨은 "저번에 사장님이 변수를 낮추라고 지시했다."라는 부분에서 충분히 멈출 수 있었다. 강경한 태도는 상대방이 이를 중시하고 고려하게 만들고, 침묵이나 타협은 소통에 실패하거나 협조가 지연되는 상황을 방지할 수 있다. 하지만 뒤에 "인정머리가 없다."라는 지적은 약점에 대한 공격일 뿐이다.

헤리 베비스는 여러 지역 사람들의 행위를 연구하고 나서 싸움은 개인의 심리적 요구를 만족시키는 표현이라는 사실을 발견했다. 정상적인 인간관계에서는 마음에서 무엇을 원하느냐에 따라 능동적으로 상대에게 요구하게 된다. 하지만 적절한 표현 방법을 모르는 사람은 말싸움이라는 방식으로 다른 사람의 주목을 받으려고 한다.

다른 사람의 약점을 공격하는 것은 곧 자신의 마음의 약점을 드러내는 것과 같다. 자신이 관심 갖는 것을 얻지 못하니 다른 사람을 해함으로써 자신의 용감함을 드러내는 것이다. 그렇지 않고 제대로 된 말싸움을 하려면 효과적인 교류에 기초를 두고 진행되어야 한다.

1. 상대방의 생각을 정확하게 이해하고 자신의 생각을 명확하게 표현해라

상대방이 "넌 정말 멍청한 거 같아."라고 공격할 때, 반격하기에 급급해 "그럼 너는? 너는 뭐 얼마나 똑똑하다고?"라고 하면 안 된다. 이것은 갈등을 악화시킬 뿐이다. 여기서 올바른 대처법은 치미는 화를 조절해서 마음을 가라앉히고 "왜 그렇게 생각해? 내가 어떤 일을 해서 네가 그런 생각을 하게 된 거야?"라고 묻는 것이다. 이것이 바로 상대방의 생각을 정확하게 이해할 수 있는 방법이다.

만약 상대방이 제시한 증거가 불합리하면 그 이유를 이야기해야 한다. 서로의 생각을 명확하게 표현하고 나면 말싸움도 어떤 초점을 찾을 수 있다. 그렇지 않으면 서로를 공격하는 것에만 빠져 교류의 기회를 전쟁으로 바꿔버리게 된다. 물론 이 전장에 승리자는 없다. 미련하게 공격만 하는 짐승들만 존재할 뿐이다.

2. 서로의 요구를 정확하게 이해하라

많은 사람이 말다툼 끝에도 상대방이 무엇을 원하는지 알지 못한다. 이 경우 직접적인 방법으로 원하는 문제를 해결하는 것이 좋다. “내가 어떻게 하면 네가 만족할 수 있을까?” 혹은 당신이 무엇을 원하고 상대방이 어떻게 해야 당신이 만족할 수 있는지 알려주는 것이다. 예를 들어 상대방이 “당신은 항상 우리한테 일을 미룰 줄밖에 몰라요!”라고 말하면 “제가 어떻게 하면 당신들과 함께 일하고 있다고 느끼시겠어요?” 라고 되묻는 방법이다. 이런 문제는 확실하게 해두는 것이 바람직하다. 많은 사람이 말다툼을 하는 이유는 어떤 문제에 대한 정의나 요구가 다르기 때문이다. 서로의 요구를 명확하게 알면 서로의 불만을 줄이고 논쟁을 줄일 수 있다.

이 두 가지 중요한 원칙을 지키는 것 외에도 말다툼 중에 상대방의 약점을 언급하게 되는 다음 몇 가지 상황을 피해야 한다.

(1) 그다지 바뀔 가능성이 없는 일에 대해 이야기하지 마라

상대방의 키, 몸무게, 수입 등을 말한다. 당신이 비판받는 입장이라면 더욱 냉정하게 반응해야 한다. “당연히 그 점은 내가 더 잘 알아요. 하지만 이런 지적이 우리가 문제를 해결하는 데는 아무런 도움도 되지 않는다는 것도 잘 알죠. 그러니 제가 바꿀 수 있는 일에 대해 이야기하는 것이 어떨까요?"

(2) 지난 일을 들먹이지 마라

논쟁 중에 줄곧 다 지난 일을 들추는 방식은 서로의 관계를 한층 더 파괴한다. 옛날 일을 거론해야 한다면 초점을 현재에 맞춰야 한다. "그럼 그 후에 우리가 유사한 문제를 맞닥뜨린다면 어떻게 해야 할까요?"

다른 사람이 옛일을 들먹이면 "나도 그 일이 당신을 불쾌하게 했다는 것을 알아요. 앞으로 같은 일이 생기면 어떻게 해야 하는지 알려준다면 그렇게 해볼게요."라고 대꾸해라. 논쟁의 중점을 단순히 과거의 불만을 토로하는 데서 문제를 해결하는 것으로 옮길 수 있다.

(3) 감정기복이 있을 때는 논쟁을 벌이지 마라

감정기복이 심한 상황에서는 서로가 이성도 지혜도 없는 상태에서 말다툼만 하다가 결국에는 상처만 헤집는 전쟁을 벌이고 만다. 이런 말다툼은 단점만 있을 뿐 아무런 장점도 없다. 현명한 사람은 감정기복이 심할 때는 논쟁을 피했다가 마음이 평온할 때 다시 대화를 시작한다.

*** 말다툼을 하지 말아야 하는 상황**

① 운전할 때

② 졸릴 때

③ 극도로 긴장했을 때

④ 술을 마시고 나서

⑤ 몸이 안 좋거나 피로할 때

이 상황에서 말다툼을 하는 것은 일말의 유익함도 없다. 만약 상대방이 자꾸만 싸움을 걸면 "지금 당신은 감정이 너무 격해진 상태예요. 지금 대화해봤자 좋은 결과가 나오기 힘드니 내일 다시 얘기하시죠!"라고 말해라. 당신이 이런 입장을 유지한다면 말다툼이 일어날 가능성은 흔적도 없이 사라진다.

당신이 어떤 사람과 친밀한 관계를 맺고 싶거나 건설적인 대화만이라도 나누고 싶다고 해도 말다툼은 언제나 일어날 수 있다. 건설적인 말다툼은 서로가 서로를 이해할 수 있게 해주기 때문에 두 사람의 감정은 보다 더 친밀해진다. 그러므로 방향만 정확하다면 다툼은 서로의 관계에 도움이 된다.

민감한 일일수록 간단하게 대응하라

사람들은 까치는 좋아하지만 까마귀는 좋아하지 않는다.
까마귀가 나쁜 소식을 몰고 온다고 믿기 때문이다.
하버드대학 소통전문가 드레슬리 존

여러 가지 이유로 상대방이 듣고 싶어 하지 않는 소식을 전달해야 할 때가 있다. 이때 우리는 아주 간단하고 직접적인 방식으로 목표를 달성해야 한다. 더 중요한 것은 우리가 반드시 상대방에게 이 소식을 가장 빠르게 전달해야 한다는 것이다.

워렌은 한 전자회사의 지점 책임자였다. 그는 성격도 친절하고 부하 직원들에게 사랑받는 상사였다. 어느 날 본사에서 6개월 안에 자신이 맡고 있는 지점을 폐쇄할 수도 있다는 사실을 알게 되었다. 회사에서는 이 결정을 철회하기 위해서는 모든 직원들이 더 열심히 일해야 한다는 조건을 제시했다.

이에 따라 워렌은 전 직원에게 더 열심히 일해 줄 것을 호소했고, 직원들은 추가근무수당을 포기하는 것도 모자라 주말에도 추가근무와 연

보상 문제에 대해 직원들과 이야기를 나눴다. 그의 일 처리 방식은 정말이지 아주 매끄러웠다.

나쁜 소식을 전하는 일에서 가장 큰 어려움은 상대방에게 불안감을 준다는 것이다. 그렇다면 이 불안함을 최소화하는 방법은 무엇일까? 존은 나쁜 소식이 몰고 오는 충격을 완전히 없앨 수는 없지만 그 충격을 최소화하고 상대방으로부터 자신도 존중받을 수 있는 방법이 몇 가지 있다고 말했다.

1. 바로 결단하고 최대한 빨리 말해라

많은 사람은 자신이 상대방에게 나쁜 소식을 전해야 한다는 사실을 알면서도 이런저런 이유를 들어 미루곤 한다. 하지만 이는 일을 더욱 복잡하고 어렵게 만들며 상대방의 감정을 더욱 엉망으로 만들 뿐이다.

존은 나쁜 소식의 전달 속도는 우주 왕복선보다도 빨라야 한다고 말했다. 공식적인 통보가 날아오기 전에는 소문만 무성한 상태이기 때문에 회사를 대표하든 개인을 대표하든 당신이 최대한 빠르게 행동해야 한다는 것이다. 가장 먼저 어떤 일이 일어났는지 명확하게 알려야 하고, 그와 동시에 이 일이 끼칠 여러 가지 영향들을 정확하게 설명해야 한다.

어떤 사람들은 문자 메시지나 이메일을 이용해 대면하는 난처함을 피하려는 경향이 있다. 이렇게 하면 당신은 냉정하고 비겁해보일 수밖에 없다. 적당한 시간에 개인적으로 상대방과 만나 명확하게 말하는 것이 가장 좋다. 만약 이 일이 다수의 사람들과 관련된 것이라면 사람들 앞에서 직접 이야기해야 한다.

이런 이야기를 나누기에 좋은 시간대는 오전이다. 상대방에게도 이 소식을 소화시키고 이에 대한 의문을 제기할 수 있는 충분한 시간을 줄 수 있기 때문이다. 반대로 퇴근 직전에야 꺼낸다면 당신에게는 나약한 이미지가 형성될 것이다.

2. 나쁜 소식에 대해 최대한 솔직하게 말해라

당신이 말해줄 수 있는 모든 소식을 상대방에게 전달해야 한다. 곧 발생될 변화에 대해 명확하게 알지 못하더라도 이 역시 상대방에게 솔직하게 말해야 한다. 일이 발생된 지 어느 정도 되었지만 별다른 변화가 없어도 마찬가지다. 그래야 상대방이 그 소식에 대해 몰라서 겪는 불만이나 불안을 느끼지 않을 수 있다.

나쁜 소식을 애매모호하게 말하고 상대방이 예측하게 해서는 안 된다. 상대방을 오리무중에 빠뜨려놓으면 문제는 초점을 잃어버리게 된다. 또한 농담처럼 말하는 것도 절대 안 된다. 나쁜 소식은 심각한 일이기 때문에 당신은 상대방을 존중할 줄 알아야 한다.

3. 입장을 바꿔 전달하라

누군가에게 나쁜 소식을 전한다는 것은 매우 곤란한 일이다. 그래서 상대방이 이 소식을 받아들일 수 있게 만들면서 화풀이가 나에게 오지 않게 하는 것은 중요하다.

많은 사람이 다른 사람의 불행을 발견하면 부풀려 말하는 실수를 범한다. 이런 실수는 자기도 모르게 저지르게 되는데 소식을 접하는 쪽에서는 자신들의 불행을 고소해한다고 생각할 수 있으며 불만이 생길 수 있다.

현명한 사람은 다른 사람에게 나쁜 소식을 전달해야 할 때나 그의 바람을 져버려야 할 때, 그가 수치스러운 느낌을 받지 않도록 최선의 노력을 다한다. 상대방과의 대화에 평소보다 더 공손한 태도로 임하여 상대방이 자신의 진심을 느껴 좌절감이 줄어들도록 하는 것이다.

4. 온전하게 듣고 반응해라

나쁜 소식을 전할 때는 상대방이 "어떤 질문을 할 것인가, 어떻게 답변을 해야 적절한가?"를 먼저 생각해봐야 한다. 어떤 문제가 여러 가지 부분에 저촉된다면 최대한 간소화해서 반응해야 한다. 분노에 찬 질문을 받았다면 최대한 중립적인 언어로 답변해야 하는 것이다. 나쁜 소식을 흔쾌히 수용하는 사람은 없다. 전달자의 입장에서 자신의 감정을 최대한 컨트롤하여 더욱 예의 바르게 반응해야 한다.

- **1단계** 이 일이 당신에게 일어났다면 어떤 영향을 끼칠지 상상해보고, 상대방의 입장에서 생각해본다.
- **2단계** 당신이 소식을 전달하는 대상이 현재 어떤 상태이며 그에게 어떤 영향을 끼칠 것인가를 생각해본다.
- **3단계** 상대방과 대화하는 방법과 그를 위로하는 방법을 생각해본다.

• **4단계** 최대한 상대방을 도와줄 수 있는 방법과 전달 과정에서의 약속을 확실히 지킬 수 있는 방법을 생각해본다.

당신이 동료에게 초과근무수당 없이 일을 더 하라고 설득하는 일이든, 감정적으로 받아들이기 힘든 소식을 전하는 일이든, 당신은 먼저 이 불쾌한 소식을 어떻게 전해야 상대방의 충격이 덜해질까 숙고해야 한다. 나쁜 소식이지만 어떻게 전하느냐에 따라 당신에게 반감을 가지기보다 오히려 신뢰가 두터워지는 계기로 만들 수 있다.

감사도 지나치게 많이 하면 역효과가 난다

자주 "감사합니다."라고 말하면, 상대방도 이에 무뎌진다.
자주 "미안합니다."라고 말하면 이는 자신의 잘못에 대한 변명이 된다.
하버드대학 예학전문가 샐리 슈와브

우리는 예부터 감사할 줄 아는 태도를 지니는 것이 예의라고 강조해 왔다. 이 영향으로 우리는 입만 열면 "감사합니다."라고 말한다. 하지만 "감사합니다."라는 말을 너무 많이 하는 것이 자신의 말하기 능력에 마이너스 요소가 된다는 것을 알지 못한다. 이는 오히려 자신의 존재감이 사라지게 만드는 것이다.

하버드대학 출신의 예학전문가 샐리 슈와브는 예부터 예의지국이라고 불리는 중국에 흥미를 느꼈다. 수많은 중국 사람들과 관계를 맺으면서 그녀는 중국 사람들이 예의적인 측면에서 아주 뛰어나다는 사실을 알게 되었다. 하지만 때로는 무리 속으로 녹아들지 못한다는 것도 알게 되었다.

"저는 몇 명의 중국 유학생들을 저희 집으로 초대해 식사를 대접한 장근무까지 불사했다. 그들은 자신들이 노력하면 본사가 이 지점에 대해 다시 생각해줄 것이라고 믿었지만, 안타깝게도 6개월이 지나고 본사는 예정대로 이 지점을 폐쇄하기로 결정했다.

워렌은 이 결정에 몹시 화가 나면서도 매우 난처한 상황에 빠졌다. 그렇게 성실하게 일해 준 직원들에게 어떻게 이 소식을 전해야 할까? 그들의 노력이 인정받지 못했고 곧 직장을 잃게 될 것이라는 사실을 말이다. 이 문제를 해결하기 위해 그는 자신의 절친인 하버드대학 소통전문가 드레슬리 존에게 도움을 청할 수밖에 없었다.

존은 워렌에게 그와 직원들의 관계를 열심히 분석해볼 것을 제안했고, 워렌 역시도 해고당하는 사람 중 하나이기 때문에 그 입장에서 적절하게 소식을 전달한다면 아마 직원들도 그렇게까지 반감을 느끼지 않을 것이라고 말했다.

잠시 고민한 뒤 워렌은 전체 회의를 열어 자신의 생각에 대해 이야기했다. 그는 회사를 대변하는 차원이 아닌 한 사람의 조직원으로서 자신의 느낌을 이야기했다. 그는 사람들에게 마음속에서부터 우러나온 이야기를 하기 시작했다. 그는 모든 노력이 실패로 돌아간 느낌을 아주 잘 알고 있었기 때문이다. "저도 정말 겁이 납니다. 저 역시도 직장을 잃었기 때문입니다."

이 이야기를 들은 직원들은 분노에 휩싸이기보단 오히려 워렌의 이야기에 뜨거운 박수를 보냈다. 워렌은 그들의 감정을 컨트롤하고 분노를 가라앉히는 데 성공했다. 또한 아주 적절한 방법으로 심리적 압박에서 해방될 수 있었다. 박수 소리가 멈추고 워렌은 평온한 톤으로 추후의 적이 있습니다. 그들은 플로리다 주에 온 지 얼마 되지 않은 학생들이었죠. 그래서 미국 사람들과 중국 사람들의 생활 습관이 어떤 차이가 있는지 잘 몰랐습니다. 그들이 집에 왔을 때, 저와 제 딸이 그들에게 과일을 내주었는데 다들 자기가 먹기보다는 서로 양보하기에 급급했습니다. 게다가 어떤 여학생들은 제가 과일 접시를 그 앞으로 밀어주었는데도 먹지 않았습니다. 그들은 제가 무엇을 하든 항상 '감사합니다.'라고 말했습니다. 사실 그것은 집주인인 제가 당연히 해야 할 일이었는데 말이죠. 그들은 다른 사람의 집에서 밥을 먹는 것은 마치 아주 무례한 일이고 '감사합니다.'라고 말하지 않는 것은 절대 용서받을 수 없는 큰 잘못을 저지르는 것이라고 생각했던 것입니다."

"이런 양보는 다른 부분에서도 나타났습니다. 그들은 너무 많이 사양하는 바람에 학교에서 무시를 당하는 지경에 이르렀습니다. 미국에도 동일한 예법이 있지만, 불필요한 감사에는 의아함을 느끼기 때문이죠. 시간이 지날수록 이 중국 유학생들과 교류하고 싶어 하는 학생들은 점점 줄어들었고 그들도 자신들만의 울타리를 형성했기 때문에 그들은 미국 본토 문화에 녹아들 수 없었습니다."

진정으로 말을 잘하는 사람은 좋은 말만 하지 않는다. 상대방의 아주 사소한 배려에도 "감사합니다."라고 말하면, 상대는 어리둥절해하고 당신이 나약하고 만만하다고 생각한다. 시간이 지날수록 당신은 벽지나 카펫 수준의 존재감을 가지게 될지도 모른다. 사람들은 마음에서 우러나온 진실한 감사를 좋아한다. 감사하는 마음을 정확하게 전달할 수 있다면 온 세상에 선의가 크게 증가할 것이다.

1. 표현 방식을 너무 오버하면 안 된다

사소한 일인데도 반복적으로 감사하다고 말하면 감사의 진실성과 영향력이 감소한다. "당신을 사랑합니다."라고 수시로 말하는 것과 같다. 자주 말하지 않고 약간의 긴장감이 있는 상태에서 간절하지만 과도하지 않고 순수하게 표현하는 것이 훨씬 효과적이다.

2. 정확한 보디랭귀지를 활용하라

적절한 보디랭귀지를 곁들이는 것은 감사의 뜻을 완벽하게 전달하는 데 도움을 준다. 보디랭귀지에 감사의 의미를 담는 방식은 여러 가지다.

- 감사하다고 말하면서 그의 눈을 보고 상대에게 관심이 있다는 사실을 표현한다.
- 감사의 뜻을 전할 사람을 정면으로 마주보고 팔을 벌린 상태를 유지하면서 적절한 손 제스처를 추가한다. 이때 팔짱을 껴서는 안 된다. 팔짱을 끼면 어쩔 수 없이 감사하다는 말을 하는 것처럼 비쳐져 감사하다는 말 자체에 상대방은 불쾌감을 느낄 수 있다.
- 적당한 신체 접촉을 활용한다. 이 방법은 친구나 가족에게 사용하는 것으로, 어떤 친밀한 관계에서는 "감사합니다."라고 말하는 것이 오히려 어색함을 유발할 수 있기 때문에 상대방의 팔이나 어깨를 두드린다거나 안아주는 행동을 통해 진심을 표현할 수 있다.

3. 가장 적절한 방식을 찾아 표현하라

서로 다른 사람과 서로 다른 도움에 대해서는 감사하는 방식도 달라야 한다.

(1) 글을 통해 감사를 표현하라

어떤 사람이 선물을 주었다거나 자신의 집으로 초대했다면 짧은 감사 편지나 문자 메시지를 보낼 수 있다. 무난하고 상투적인 방식으로 문자 메시지나 이메일을 보내는 경향이 많은 요즘, 이 방법은 서로가 갖는 심적 부담을 줄일 수 있고 글로 감사를 표현한다는 것 자체가 상대방의 도움이나 지지를 의미 있게 생각한다는 것임을 나타낼 수 있다.

(2) 포괄적인 감사보다 한 가지 일에 집중해서 감사하라

수시로 "감사합니다."라고 말하는 것은 감사의 강도를 떨어뜨릴 뿐만 아니라 불필요한 감정적인 빚을 짊어지게 만든다. 너무 자주 "감사합니다."라고 말하면 다른 사람은 당신이 따뜻하지만 컨트롤하기 쉬운 사람이라고 생각한다. 그러나 말하는 방식을 바꾸면 감사하는 마음을 전달하면서도 부정적인 결과를 초래하지 않는다. 예를 들어 "이번 업무를 위해 도움 주신 모든 것에 감사드려요.", "당신이 이렇게 한 건 정말 잘한 일이에요.", "아이가 학교에 다니는 일에 있어 제가 큰마음의 빚을 졌네요.", "이번 일에서 당신이 제게 정말 큰 도움이 되었어요."라고 말하면 효과적이다. 감사를 세분화하고 특정한 일에 국한시켜보자. 감사의 형태가 구체적으로 변한다.

(3) 특별한 방식으로 당신의 감사함을 표현해라

명확하지 않은 감사는 진심이 아니라 예의를 중시하는 사회적 전통에 따르기 위해 의식적으로 한 것이라고 오해받는다. 상대방에게 감사의 세부적인 사항에 대해 말해준다면 상대방은 자신의 행동이나 선물을 통해 당신이 유익함을 얻었고 감사가 당신의 마음에서 우러나온 것이라는 것을 알게 된다.

어떤 사람이 당신에게 휴대폰을 선물했다고 생각해보자. 이때 우리는 감사하다는 말을 하는 것 외에도 이렇게 설명할 수 있다. “이 휴대폰에는 무선 기능이 있어요. 저는 전부터 이런 휴대폰을 사고 싶었답니다. 이제 집에서 컴퓨터 없이도 인터넷을 할 수 있어요!” 이렇게 말하면 당신에게 휴대폰을 선물한 사람은 자신의 선물이 당신의 삶에 어떤 변화를 가져왔는지 금방 알 수 있다.

(4) 적절한 선물을 주어라

때로는 상대방에게 상징성이 있는 선물을 하는 것이 감사를 표하기에 아주 적절한 방법이다. 부담스러운 선물보다 상대방이 좋아하는 작은 선물을 해주는 것이 좋다. 너무 비쌀 필요도 없다. 거기에 감사하다는 메모를 남기면 상대방에게 당신의 마음이 전해질 것이다.

적절한 감사 방식은 다른 사람이 당신을 위해 소비한 감정을 존중하고 직시한다는 것을 표현할 수 있고, 좋은 감정 교류를 이어갈 수 있다. 서로 간의 감정 교류를 통해 생산되는 작용은 단순하게 “감사합니다.”라고 말하는 것보다 훨씬 효과적이다.

언어폭력에 지혜롭게 대처하라

삶은 토론대회가 아니다. 삶의 목적은 옳고 그름을 가리는 것이 아닌 더 잘 사는 것이다.
하버드대학 소통전문가 버너스 루비

말하기 능력이 소통의 창문이 될지 벽이 될지는 우리가 어떤 언어로 어떤 말하기 방식을 선택하느냐에 달렸다. 언어 속의 질책, 부정, 풍자, 설교나 임의로 말을 끊는 것, 함부로 평가하는 것, 피드백하지 않는 것들은 우리에게 감정적으로나 정신적으로 상처를 준다. 그리고 이 상처는 육체적인 상처보다 훨씬 고통스럽다.

리어스는 하버드대학을 졸업하고 금융기관에 취업했다. 그곳에는 넬이라는 경력 직원이 있었다. 그는 이미 20여 년 동안 그 회사에서 일해 온 사람이었다. 사장도 그를 매우 신뢰했기 때문에 회사에 올리는 품의서나 우편물들은 먼저 그를 거치게 되어 있었다. 그런 그를 사무실 사람들은 매우 두려워했다. 더구나 그는 젊은 직원에게 매우 불친절하기까지 했다.

사무실에 들어가면 그는 기선제압을 하듯이 말했다. “내가 바쁜 게 안 보이나? 귀찮게 하지 마!”

어떤 신입사원이 잘 써놓은 서류를 올리면 “글씨가 우리 집 개가 쓴 것만도 못하군. 이런 글씨를 어떻게 고객한테 보라고 해!”라고 말했다. 그럼 그 직원은 화가 나서 사무실을 나선 후 눈물을 떨구기도 했다.

그가 아주 험한 말을 쓰는 것은 아니었지만 누구나 그의 말을 듣고 나면 몹시 기분이 나빠졌다. 어떤 동료는 화를 참지 못하고 그와 논쟁하기도 했다. 이런 일을 사장에게 보고하면 겉으로는 “양쪽이 모두 잘못했다.”라는 입장을 취하지만 누가 봐도 넬에게 편향되어 있다는 것을 알 수 있었다.

하지만 리어스가 회사에 들어오고 나서 재미있는 상황이 생겨났다. 유일하게 리어스는 그에게 공격받지 않았다. 동료들이 그에게 ‘한 수 가르침’을 요청했을 때 그는 웃으며 말했다. 그도 처음에는 참을 수 없을 정도로 공격을 당했지만, 세게 대하면 자신만 더 상처받는다는 것을 잘 알고 있었기 때문에 다른 방식으로 대했다고 한다. 예를 들어 “지금 바쁘신가요? 제가 몇 시에 이 일에 대해서 말씀드리면 될까요?”, “지금 말투가 별로 좋지 않으신 것 같은데 이 일은 조금 있다가 다시 이야기하시죠!”, “저도 초등학교를 나왔으니 다음번에는 글씨를 좀 더 잘 써볼게요. 지금 중요한 건 이 서류가 규격에 맞는가 하는 거예요.”라고 했다는 것이다.

리어스의 방법은 특별하지 않았다. 그저 상대방의 방식으로 말했을 뿐이다. 그래서 상대방이 자신의 불친절함을 느낄 수 있도록 했다. 이처럼 자신이 사용하는 단어를 듣고 나면 상대는 언어폭력이 사람에게 상처를 준다는 것을 깨닫게 된다. 또, 절대 반박할 수 없는 것은 자기 자신이 사용한 단어이기 때문에 그가 쓴 단어를 그에게 돌려주면 효과적으로 언어폭력의 재발을 막을 수 있다.

하버드대학의 버너스 루비 교수는 세상에 두 가지 종류의 언어폭력이 있다고 말했다.

- 폭력으로 수식된 언어를 사용한다. 나쁜 말을 하지 않고 평온한 말투를 사용하지만 듣는 사람은 천 개의 비수가 꽂히는 느낌이 든다.
- 입을 여는 것 자체가 폭력을 사용하는 것이다. 상대방은 이미 모든 결론을 내렸고, 말하는 것은 그저 당신을 모욕하기 위해서다. 당신이 그 말에 어떤 대답을 하는 것은 그저 스스로 모욕을 찾아 듣는 꼴이다.

언어폭력을 행사하는 사람은 자신의 문제적 상황을 스스로 깨닫지 못한다. 자신의 말하기 방식이 폭력적이라거나 공격성의 띠고 있다는 것을 의식하지 못하거나 심지어 인정하지도 않는다. 하지만 유쾌하지 않았던 교류가 끝나고 나서 서로 간의 대화를 돌이켜보면, 자신의 언어가 다른 사람과 자신에게 고통을 주었다는 사실을 알 수 있다. 그래서 리어스는 자신의 말을 돌려주는 꽤 훌륭한 방법을 사용했다. 하지만 이런 방법을 활용할 때는 상대방이 폭력을 행사하고 있다는 것을 몰라야 한다는 전제가 필요하다. 그렇다면 상대가 언어폭력을 행사한다는 사실을 알고 있을 때는 어떻게 해야 할까?

다른 사람이 우리에게 악담을 내뱉을 때 우리가 가장 먼저 하는 행동은 자신을 보호하는 것이다. "당신은 어떻게 나에게 그렇게 말할 수 있죠?", "저는 당신이 그렇게 말하는 것이 싫어요!", "저한테 소리치지 마세요!" 이런 말에는 모두 같은 특징이 있다. 이 불쾌한 일을 철저하게 자신의 문제로 만든다는 것이다.

왜 다른 사람이 자신의 감정을 컨트롤하게 하는가? 당신이 화가 난다는 것은 자신의 현재 상태를 컨트롤할 수 있는 권리를 순순히 다른 사람에게 넘겨준다는 뜻이다. 자신을 컨트롤 할 수 있는 능력이 있어야 다른 부분의 능력을 키우는 것도 가능하다. 따라서 당신은 '자신을 컨트롤하는 것'에서부터 시작해야 한다.

1. 자기 보호에 대한 충동을 억제해라

상대방이 언어폭력을 저지르고 있다면 중점을 상대방에게 옮겨야 한다. "당신은 오늘 기분이 별로 좋지 않은가 보네요. 무슨 일이 있나요?"라고 말한다. "내 잘못도 아닌데 나한테 뭐라고 하지 마!"라고 말하는 것이 아니라 "이 일 때문에 네가 화가 많이 났구나."라고 말하는 것이다.

이런 대화 방식의 중점은 상대방의 일을 받아들이지 않는 데 있다. 그가 언어폭력을 행사한 것은 그의 생활에 문제가 발생했기 때문이지 당신 때문이 아니다. 일단 당신이 '나'라는 단어를 사용하면, 두 사람 간의 심리는 급격하게 변한다. 그 일이 당신과 그 사람 사이에 있게 되는 것이다. 하지만 '너'라는 단어를 사용하면 언어폭력이 발생된 이유를 그에게 남겨둘 수 있다. 문제는 그 혼자만의 것이 된다. 그는 어쩔 수 없이 자신의 행동에 대해 당신에게 설명을 해야만 한다.

또한 당신은 어떤 방식으로든 자기 보호를 하지 않았기 때문에 언어폭력으로 상처받지 않을 수 있다. 당신이 상대의 문제를 받아들이지 않으면 그것은 당신의 문제가 아니다.

2. 자기 힘을 과시하는 사람에게 덤비지 마라

언어폭력이 교류관계에서 빈번하게 일어난다면 당신은 상대방으로 하여금 그의 행동이 참을 수 없을 정도로 나쁘다는 사실을 알게 해야 한다. 먼저 상대방이 자신의 행동을 인식하게 한 후 당신은 이를 용납할 수 없다는 것을 알게 하는 것이다.

상대방이 당신에게 언어폭력을 가하는 것은 자신에게 어떤 권리가 있다는 사실을 느끼기 때문이다. 당신이 자기 신변의 안전이 걱정된다면 그에게 "권위도 있고, 권리도 있다."라는 사실에 동의해주고 그의 화를 해소시켜주는 것이 좋다. "음, 당신이 옳아요. 제가 틀렸어요."라고 그에게 말해주는 것이다. 이 말로 그의 욕설을 멈추게 할 수 있기 때문이다. 그 후 당신은 그곳을 떠날 것인지 아니면 기다렸다가 그가 진정되고 나서 다시 대화할 것인지 선택하면 된다.

이런 소통 방식은 이해받고 중요시되길 원하는 사람의 요구에 부응하는 것이기 때문에 아주 효과적이다. 언어폭력을 언어폭력으로 반격하지 않는다면 소통은 더욱 순조로워진다.

당신이 하고 싶은 말을 잘 검토하라.
별다른 생각없이 한 말이라도, 눈사태 모양으로 부피를 더하고,
마침내는 인생의 행복을 파괴해버리는 일이 있을지도 모르기 때문이다.

슈덴베르크

PART 7_의견 분열 대처 요령

의견이 나뉠 때는 공통점을 찾아라

Harvard's 100-Year
Traditional Speech Class

✦ ✦ ✦

소통의 과정에서 의견이 대립하는 상황을 피할 수는 없다. 그때마다 늘 웃어넘기거나 논쟁 자체를 회피하는 것은 불가능하다. 특히 일하는 중에 의견이 나뉘면 당장 해결해야 한다. 의견이 나뉠 때 상대방이 공통점을 찾을 수 있도록 이끌어 의견 분열을 해결할 수 있도록 그 기초를 다지는 것이 하버드대학 말하기 수업의 중요한 포인트다.

이익만 따지는 것은 분열을 일으키는 폭탄이다

사람과 사람 사이의 관계의 본질은 이익이다.
공동의 이익이 클수록 관계가 붕괴될 가능성이 적다.
하버드대학 협상전문가 키아누 네리몬드

우리는 개성을 충분히 드러낼 수 있는 시대에 살고 있다. 개인이 보고 들은 것에 대해 자신만의 관점과 의견을 가진다. 또한 인터넷의 등장은 사람들이 말할 수 있는 권리를 충분히 발휘할 수 있게 만들었다. 사교 장소에서는 대화에 적극적으로 참여하고, 협력하는 과정에서는 자신의 의견이 적극적으로 반영되길 원한다.

이런 분위기가 협력에 끼치는 좋은 영향은 관련된 사람들의 생각이 어떤 상태인지 손쉽게 이해할 수 있다는 것이다. 여러 방면의 의견을 들으며 시비를 잘 구별할 수 있게 되면서 더 현명한 결정을 내릴 수 있게 되었다. 일단 개인의 의견이 받아들여지게 되면 채택해준 상대방에 대한 감정도 긍정적으로 변한다. 하지만 각각의 의견들이 늘 최종적으로 하나가 되는 것은 아니다.

영국의 버진 그룹이 항공업계에 뛰어들 것이라고 말했을 때, 모든 사람이 놀라 어리둥절해했다. 심지어 이사회 중 일부도 공개적으로 이 결정이 합리적인지에 대한 의구심을 제기했다. 항공업은 돈이 많이 들어가는 업종으로 공인된 분야인데 버진 그룹은 재력도 항공업에 대한 경험도 없었기 때문이다.

하지만 브랜슨은 자신만의 영업 전략으로 1984년 6월에 '버진 애틀랜틱 항공사'를 설립했다. 그리고 시범운영 단계에서 시간을 엄수하고 저렴한 가격으로 이용하는 항공이라는 이미지를 성공적으로 홍보했다. 사실 당시 그의 회사에는 비행기가 한 대뿐이었다.

버진 애틀랜틱 항공사가 더 발전하려면 훌륭한 비행 팀이 꼭 필요했다. 브랜슨은 미국의 보잉사, 유럽의 에어버스사와 협상을 진행했다. 그는 '그들과 나에게 같은 공동의 이익이 있다.'라는 생각을 가지고 상대방이 자신과 대화를 거부하지는 않을지 조금도 걱정하지 않았다.

이후 브랜슨은 사람들에게 말했다. "우리는 영국 항공사가 영국에서 거대한 시장을 주도하고 있는데, 그의 라이벌인 미국의 보잉사와 유럽의 에어버스사는 적절한 파트너를 찾아 영국 항공사에 대항할 수 있기를 기대하고 있었습니다. 그래서 우리가 바로 이 기회를 잡은 것입니다."

버진 그룹이 처음 보잉 747을 구매했을 때부터 보잉사는 마케팅 매니저를 영국으로 파견하여 장장 9개월을 머무르게 하였다. 그들은 버진 그룹의 야심을 알았고, 자신도 영국 항공사에 맞설 자본을 찾고 있었기 때문이었다. 버진 그룹이 잘 성장하면 미국의 보잉 그룹이 영국에서 발전하는 데 큰 폭의 진전이 있을 것이 틀림없었다.

비록 버진 그룹의 최초 자본은 아주 제한적이었지만, 보잉 그룹은 대금을 지불하기 전에 비행기를 먼저 지원해 운영할 수 있도록 하는 보다 너그러운 판매 방식을 통해 꾸준히 버진 그룹을 지원하였다. 그래서 오늘날 버진 애틀랜틱 항공사의 성공은 보잉사에도 큰 이익을 가져다주었다. 수십여 대에 이르는 대형 제트 비행기를 모두 보잉사로부터 구입했기 때문이다.

버진 그룹과 비행기 제조사 간의 장기적인 목표는 서로의 윈윈 트레이드를 성공시켰다. 협상에서 그들이 고려했던 것은 눈앞의 이익이 아닌 장기적인 공동의 이익이었다. 보잉 그룹은 본토 밖에서 라이벌에 대항할 수 있게 되었고, 버진 그룹은 자신에게 필요한 성장 자본을 얻었다. 이와 같은 공동의 이익은 서로가 고정관념을 버리고 더 나은 협상에 도달할 수 있는 합의점을 찾았기 때문에 가능했다.

하버드대학 협상전문가 키아누 네리몬드는 대화에서, 특히 이익에 관련된 대화에서 가장 잘못된 관점은 파이의 크기가 정해져 있다고 생각하는 것이라고 했다. 즉, 상대방이 많이 얻으면 내가 적게 얻는다는 것이다. 이런 생각은 두 사람의 관계를 형성하는 데 아무런 도움을 주지 못한다. 공동의 이익에 입각하여 어떤 사항을 결정하는 것은 쌍방 모두가 대화의 즐거움을 맛볼 수 있게 해준다.

당신이 잡담을 나누다가 의견이 나눠지면 타협하는 것이 좋은 방법이다. 서로 한 발씩 양보하면 모두에게 좋은 일이다. 쌍방이 서로 양보하지 않을 때도 적당히 타협하는 것이 좋다. 개인적인 수다, 소통에서 무조건 '옳고 그름'으로 교류를 결정할 것이 아니기 때문이다. 감정을 어떻게 발전시키는가가 중요하기 때문에 누구의 의견이 맞고 틀린지는 중요한 사항이 아니다. 하지만 공식적인 소통의 자리나 협력 중에 의견의 분열이 생겼다면 초반에 예방책을 실시해 그 분열이 서로의 관계를 파괴하지 않도록 만들어야 한다.

1. 사전에 규칙을 정해라

어떤 문제를 토론하기 전에 절대 분열이 일어나지 않을 것이라는 생각을 품어서는 안 된다. 특히 서로의 이익과 관련된 일에 대해 소통하는 것이라면 절대 의견이 일치할 수 없는 문제를 어떻게 처리할 것인가 정직하게 토론해야 한다.

그리고 토론 주제와 관련된 가상의 상황에 상응하는 해결 방안을 생각해둬야 한다. 어떤 압박도 없는 상태에서 어려움을 만났을 때 어떻게 대면할 것인지 명확하게 밝혀야 하고 이를 문서화해 쌍방의 동의를 얻어야 한다.

2. 중요한 결정을 누가 할 것인지 정하라

공식적인 대화에서는 참여의 규칙을 세워야 한다. 중요한 결정을 할 때, 분열된 쌍방이 도저히 의견을 일치시키지 못한다면 이 일의 추이에 대해 가장 관심 있는 사람에게 결정적 작용을 할 수 있도록 부탁해야 한다. 예를 들어 함께 회사를 설립한 두 사람이 어떻게 투자해야 하는지에 대해 의견 분열이 생겼다면 줄곧 회사 경영을 관리해온 사람의 결정이 최종적인 결정이 되는 것이다. 분열되었던 사항이 최종적으로 결정되면 모두 이를 반드시 지지해야 한다.

3. 공동의 이익을 명확하게 하고 찾아야 한다

규칙을 정하고 나면 다음 두 가지를 기억해야 한다.

• 공동의 이익은 눈에 보이지 않는다

공동의 이익은 보이는 것 아래에 숨겨져 있다. 당장 이루어지는 것도, 눈에 보이는 것도 아니다. 그래서 스스로에게 이렇게 되물어야 한다.

① 관계를 유지하는 것에 대해 공동의 이익이 존재하는가.

② 우리에게 더 효과적인 협력과 공동의 이익을 추구할 기회가 있는가.

③ 만약 대화가 결렬되면 어떤 손실을 떠안아야 하는가.

④ 쌍방이 따를 수 있는 공동의 원칙이 있는가.

⑤ 참고할 만한 공평한 규칙이 있는가.

• 공동의 이익을 목표로 삼아라

손 놓고 기다리면 공동의 이익은 영원히 얻지 못한다. 공동의 이익을 구체화, 미래화하면 분열을 해결하는 진도가 빨라진다. 그러므로 당신은 명확하게 공동의 이익이 존재한다는 사실을 짚어내야 하고 이를 말로써 밝혀야 한다.

"의견 분열을 해결하기 위해서 우리는 반드시 이 목표를 따라가야 합니다."

공동의 이익을 강조하면 대화가 순조롭고 활발해진다. 공동의 이익으로 유쾌한 정서가 대화에서 일으킬 작용은 기대 이상이다.

4. 세 가지 큰 공통점을 찾아라

대화하는 쌍방이 공동의 목표와 요구, 관심을 명확히 하면 대화는 교착 상태를 깨고 분열을 해소하는 방향으로 발전할 수 있다.

- **공동의 목표** 수익, 안전 보장, 쌍방의 관련 인원들의 긍정적인 변화
- **공동의 요구** 쌍방의 발전이 한 단계 진전하는 데 유익하거나 분열을 해결하고 나서 서로의 관계가 긍정적인 진전이 있는 것
- **공동의 관심** 쌍방이 관심을 가지고 집중하는 일, 공동의 경쟁자, 공동의 취향 등

당신과 상대방의 공통점을 찾을 수 있다면 어떤 상황에서도 의견의 일치를 볼 수 있다.

5. 시간을 들여 스스로를 냉정하게 만들어라

현대인들은 과감함을 좋아하고 우유부단함을 싫어한다. 하지만 당신이 중요한 결정을 할 때 누군가 이 결정을 반대한다면, 일정 시간을 들여 다시 생각해봐야 한다. 어떤 압박 아래서 반응이 과도해지는 것은 결정의 전형적인 증상이다. 우리와 다른 사람의 적대적인 입장을 확인하고 그에 상응하는 결정 과정을 세워야 압박을 해소하는 데 도움이 된다.

6. 쌍방이 신뢰하는 사람을 찾아라

중요한 내용에 관련된 대화에서 의견의 분열이 일어났고 서로 양보하지 않는 상황이라면, 쌍방이 신뢰하는 사람을 찾아 결정을 내리게 하라. 기술 측면에 권위가 있는 사람이거나 상사 혹은 선배일 수 있다. 이

렇게 하면 분열이 깔끔하게 해결된다. 물론 거부당한 쪽은 강요당했다는 생각이 들 수 있다. 하지만 분열로 모든 신뢰가 파괴되는 것보다는 훨씬 나은 선택이다.

7. 분열이 생기고 난 뒤의 태도

당신이 분열 중에 패배한 쪽이라면 한 가지 사실을 이해해야 한다. 협력하는 과정에서의 의견을 받아들여야 하고 이를 단호하게 실행해야 한다는 것이다. 여기에서 실행한다는 것은 소극적으로 행동하는 것이 아니며, 상대방이 웃음거리가 되는 것을 기다렸다가 고소해하는 심리적 준비를 하라는 뜻은 더욱 아니다.

당신이 옳았다고 하더라도 파트너가 문제에 대해 인식하는 것에는 시간이 필요하다. 당신이 상대방의 의견에 따라 진행하고 있는데, 상대방이 끊임없이 자신의 의견을 수정하면 이를 통해 그는 당신이 옳았다는 것을 알게 될 것이다. 상대방의 의견이 부분적으로 옳다면 당신은 실행 과정에서 당신이 이해한 것에 따라 상대방의 실수를 보완하거나 손실을 최소화할 수 있다. 실행 과정에서 당신의 원래 생각이 잘못되었음을 알았다면 성장할 수 있는 기회를 얻었음에 감사해야 한다. 앞으로 동일한 실수를 할 확률이 크게 감소했기 때문이다.

꼭 짚고 넘어가야 할 것은, 분열이 생기고 나면 도저히 의견이 일치되지 않더라도 이어지는 관계에서 계속 평등한 관계를 유지해야 한다는 것이다. 모든 관계에서 분열이 생길 수 있음에도 분열로 인해 상대방을 비하하고 존중하지 않는다면 그들의 관계는 유명무실해진다.

성공적인 대화를 위해 이야기 시작에 신중하라

완벽한 대화는 그 대화의 기조를 결정한다.
당신이 처음에 무슨 말을 했는지에 따라 그 대화가 어디에 멈출 것인지 결정된다.
하버드대학 소통전문가 마츠 하요슬

대화가 어렵고 분열이 많아도 상대방과 소통할 수 있는 기회를 포기해서는 안 된다. 소통만이 합당한 존중과 이익을 얻을 수 있는 방식이기 때문이다. 하지만 대화의 시작은 어렵다. 그래서 우리는 보다 나은 서론을 제공할 수 있어야 한다.

빅토리아는 남편과의 결혼 생활이 진흙탕에 빠진 지 3년이 넘었다. 그동안 그들이 노력을 해보지 않은 것은 아니었지만 날이 갈수록 관계는 힘들어졌다. 지금 그들은 모두 이혼이 더 나은 선택일 것이라고 생각하고 있었다. 하지만 빅토리아에게는 불만스러운 부분이 하나 있다. 남편이 재산 분배에 대한 이야기를 미루는 것이다. 그는 어쨌든 서로 사랑했던 때가 있었는데 이런 이야기를 나눈다는 것이 매우 껄끄럽다고 생각했던 것이다. 빅토리아는 이제 이 문제에 있어서는 자신이 총대를 메야겠다고 생각했다. "지금 우리는 둘 다 이혼하는 게 우리에게 더 좋은 일이고 우리를 행복하게 만드는 길이라고 생각하잖아. 그래서 나는 한편으로는 유감스럽지만, 또 한편으로는 편안하기도 해. 당신도 나와 같은 생각일 거라고 믿어. 그동안 우리의 결혼 생활이 얼마나 엉망이었든 간에 어쨌든 그것도 이미 다 지난 일이야. 이제 우리 더 이상 힘들어하지 말고 각자 새롭게 살아보자. 잘 알겠지만, 만약 재산 분배에 변호사가 개입되면 이혼 소송비만 늘어날 거고 얼마 되지도 않는 가여운 공동 재산은 더 적어질 거야. 어쩌면 그 비용을 감당하기 위해서 빚을 져야 할지도 몰라. 그래서 내 생각엔 우리 스스로 어떻게 재산을 분배할지 결정하는 것이 좋은 것 같아."

남편이 재산 분배에 관한 대화에서 쌍방이 모두 이익을 얻을 수 있다는 것을 이해할 수 있도록, 빅토리아는 그들의 대화를 위한 적극적인 무대를 세팅한 것이다.

좋은 시작은 절반의 성공이나 다름없다. 수년간 집중적으로 인간관계를 연구해 온 마츠 하요슬은 의견의 분열이 있는 대화에서는 시작의 행동과 말이 핵심이라고 했다. 이는 각자의 태도, 포부, 의도 및 다른 사람에 대한 감정 등과 같은 정보를 전달할 수 있기 때문이다. 이를 통해 상대방이 어떤 태도를 취하기 전에 먼저 자신이 적극적인 태도를 내보일 수 있다.

대화의 과정에서 보면 서론이 충분히 훌륭한지 여부가 대화 전체의 성공에 직접적인 관련이 있다. 분열에 대해 아직 고집을 부리는 상태이지만, 어떤 명확한 방향을 제시하는 서론을 통해 이 대화가 분열을 확대하기 위해서가 아닌 분열을 해소하기 위한 대화임을 인식하게 된다.

화목한 분위기와 공동의 이익을 기반으로 두는 것은 협상을 순조롭게 진행시킬 수 있는 기초가 된다. 분열을 해결할 수 있는지의 여부는 서론이 제공되는 찰나의 순간에 결정된다. 예를 들어 빅토리아가 아내로서 가정을 위해 희생했다고 남편을 압박한다면 이어지는 재산 분배에 대한 대화는 체면이고 뭐고 없는 전쟁이 될 것이다.

성공적인 서론은 자신이 이 관계를 얼마나 중요하게 생각하는지 진심으로 표현하고, 현재 쌍방에게 존재하는 문제를 성심성의껏 해결하려고 한다는 것을 전달해야 한다. 이는 상대방을 감동시켜 기꺼이 협조하도록 만들어야 한다. 마츠 하요슬은 이야기 서론을 설계하기 전에 몇 가지 사항을 고려하라고 했다.

1. 두 사람의 공동이익을 찾아라

협상이 결렬되는 이유는 보통 이익 때문이다. 이익은 협상하는 쌍방이 마주 앉아 대화하는 이유이자 동기이고, 가장 관심이 집중되는 부분이기도 하다. 그렇기 때문에 당신은 상대방에게 이 문제가 해결되면 어떤 좋은 점이 있는지 알려줘야 한다. 좋은 점이라고 해서 누구나 쉽게 발견할 수 있는 게 아니다. 당신은 이 점에 대해 아주 잘 알고 있을지 몰라도 상대방은 모를 수 있다.

이것이 바로 빅토리아가 대화에서 활용한 기술이다. 조금만 수정하면 여러 상황에서 이 기술을 자유자재로 활용할 수 있다. 예를 들어 당신이 물건을 산 가게에서 반품을 거절한다면 당신은 직접 가게의 매니저에게 "몇 년 전부터 쭉 저는 이 가게의 단골이었어요. 제가 이 가게에 물건을 사러 많이 오기도 하지만 사실 제 가족이나 친구에게도 이곳을 많이 추천했어요. 매번 이곳에 대해 칭찬할 때면 우수한 사후 관리에 가장 중점을 두어 말했죠. 만족스러운 고객 서비스가 이곳의 가장 명확한 대표 이미지라고 생각했기 때문이에요. 그러니 오늘의 이 작은 불쾌함도 반드시 해결해주실 거라고 믿어요."라고 말할 수 있다. 비록 당신이 이전에 왔을 때 한 번도 이 매니저를 본 적은 없지만 당신이 언급한 말은 그를 가게의 사업과 명성에 집중하는 직원으로 만들었다. 반드시 그는 이 가게의 명예를 지키기 위해 적극적으로 노력할 것이다.

2. 가식적으로 관계를 유지하지 마라

우리는 냉정한, 격식을 갖추는, 우호적인 등의 모호한 표현으로 인간관계를 표현하는 경향이 있다. 하지만 어떤 관계가 정말 좋은 관계인지에 대한 명확한 개념은 없다.

분열을 해소하는 과정에서 상대방의 행동에 동의해야 좋은 관계가 유지된다고 오인하는 경우가 있다. 하지만 이는 절대 해서는 안 될 행동이다. 또한 상대방의 행동에 강한 불만을 느낀다는 것을 표현하기 위해 "그가 이런 행동을 하다니, 다시는 그를 상대하지 않겠어!"라며 자리를 박차고 나가 상대방과의 관계를 끊어버리는 것도 옳지 않다. 상대방과의 관계가 일회성으로 끝날 것이 아니라면, 쌍방 모두 적극적이고 효과적으로 분열에 대해 고민할 뿐만 아니라 이 분열에 대해 이야기하는 방식을 심각하게 고려해봐야 한다. 더 진실하고 적극적이고 믿을 수 있는 방법을 찾아 상대방이 쉽게 받아들일 수 있도록 만들어야 한다.

3. 상황에 따라 자신의 지지자에 대해 이야기하라

특수한 상황에서 당신에게 지지자가 있다는 사실을 밝히는 것도 좋은 방법이다. 애니가 승진을 하고 나자 함께 일하던 동료가 부하직원이 되었다. 그녀는 자신을 인정하지 않는 이야기를 들을 때마다 사용한 방법이 있다.

먼저 그 직원에게 자신의 위치를 알려주고 그들이 취해야 할 입장을 짚어주었다. 대화를 할 때, 애니는 이런 서론으로 시작했다. "사장님이 여러분에게 왜 저를 부서의 매니저에 임명했는지 말씀하셨습니다. 사장님의 지지가 저에게는 아주 중요하고 여러분도 그의 리더십과 결정을 지지할 것이라고 생각합니다. 이제 저는 여러분과 어떻게 해야 더 잘 협력하고 함께 일할 수 있는지 이야기를 나눠보려고 합니다."

처음에 애니가 사장이 자신의 강력한 지지자라는 것을 밝힘으로써 상대방의 부정적인 반응을 큰 폭으로 제거할 수 있었다. 하지만 이 방법이 늘 통하는 것은 아니다. 애니의 방법이 잘 통했던 것은 이곳이 직장이기 때문이고 사장은 권위가 있고 분열을 해소할 수 있는 적절한 동맹자이기 때문이다. 반대로 빅토리아가 이런 전략을 사용하여 남편에게 자신이 친구와 자매 혹은 이 일과 직접적으로 관계가 없는 다른 어떤 사람과 상의했다는 것을 알려주고, 그래서 자신은 얼마의 재산을 가질 권리가 있다고 얘기한다면 둘의 대화는 실패로 끝날 것이다.

공공의 적을 찾아내면 하나로 뭉칠 수 있다

적의 적이 친구라는 사실은 영원히 변하지 않는다.
하버드대학 심리학 박사 바니 홀슨

말하기 능력을 향상시키고자 하는 이유는 말하기 능력이 인간관계를 강화시키고 서로 간의 감정을 발전시키는 통로가 되기 때문이다. 감정적 교류를 위해 사람들은 서로의 생각을 경청하게 되는데, 이렇게 상대방을 중시하면 그는 긍정적인 피드백을 보내게 된다.

하버드대학 법학대학원에서 《하버드대학 법학 평론》의 편집자인 비비안 리와 다른 몇몇 편집자들 사이에 어떤 문제에 대해 심각한 분열이 일어났다. 이후 서로 간의 교류를 위해 사용하던 이메일 내용이 갈수록 짧아지고 말투도 딱딱해졌다. 이어진 대면 교류에서도 긴장된 관계의 일면이 드러나기 시작했다.

비비안은 이번 주제와 관련해서는 편집자들을 모아 대면 교류를 진행하기로 결정했다. 그녀는 이 상황이 촉발된 문제의 이유로 이메일을 지적했다. 그녀는 냉정한 애플리케이션 때문에 글에 정이 사라졌다고 심각하게 말했다.

비비안의 말에 모든 사람이 깊이 동감한다는 듯 한숨을 내쉬었다. 사람들은 한참 동안 현대 과학기술이 인간미를 얼마나 감소시켰는지에 대한 원망을 늘어놨다. 이렇게 열정적이고 친밀한 분위기 속에서 주제에 대해 토론하기 시작했더니, 그동안의 문제가 금세 해결되어버렸다. 모든 사람들이 기꺼이 적절하게 양보했고, 분열도 잘 해소되었다.

비비안이 대면 교류를 한 이유는 그녀가 읽은 소설 때문이었다. 미래 세계의 두 초강대국에 아주 작은 일로 인해 전쟁이 발발했다. 두 나라가 핵무기를 사용하기 위한 준비에 돌입했을 때 금성인이 지구를 공격했다는 소식을 듣게 된다. 이때 두 나라는 서로를 향한 전쟁의 의사를 접고 외계로부터 온 공동의 적에 맞서기로 한다.

이 이야기는 간단하지만 교묘한 심리학 전술이 사용됐다. 사람은 공동의 심리와 친밀하다. 공동의 심리는 유행과 모방으로 다른 사람이 하는 것을 보면 자신도 하고 싶어지는 것을 말한다. 하지만 쌍방의 이익이 충돌하는 경우 이런 공동의 심리가 작용하지 못한다. 이 심리가 다시 작용하게 하려면 공동의 적을 끌어들여야 한다. 쌍방의 이익에 손해를 끼치는 부정적인 내용에 집중하게 만들어 쌍방 협력의 정서가 발전하도록 하는 것이다.

공동의 적을 찾아내면 대립의 정서를 쉽게 포기할 수 있고, 분열된 마음들도 하나로 모을 수 있다. 단도직입적인 방법으로는 문제를 잘 처리할 수 없을 때 사용하는 간접적인 방법으로 분열된 사람들의 체면을 지킬 수 있는 아주 좋은 방법이다.

1. 적의 적은 친구다

"음수에 음수를 곱하면 양수다."는 수학의 기본 연산법칙이다. 이 이론은 인간관계의 교류에도 동일하게 부합한다. 더 쉽게 말해 "친구의 친구는 친구이고, 적의 적 역시 친구이다."와 같다. 인간관계 속의 교류에서는 이를 '평행이론'이라고 부른다.

평행이론은 하버드대학 심리학 박사 바니 홀슨의 연구로 증명되었다. 200명의 참가자 중에 대다수 사람은 친한 친구와 친해진 이유를 "그(그녀)와 처음 만났을 때 우리가 모두 ○○을 좋아하고, ○○을 싫어한다는 것을 알게 되었기 때문이다."라고 했다. 이 조사에서 좋아하거나 싫어하는 대상은 사람, 사건, 사물 혹은 어떤 관점이었다.

좋아하는 것들에 대해 대화하는 것도 감정을 발전시킬 수 있지만, 사람들은 공통적으로 싫어하는 것이 많을수록 친밀한 관계가 형성될 가능성이 크다는 것을 연구를 통해 알 수 있었다. 망설임 없이 어떤 사람에 대해 안 좋은 이야기를 할 수 있느냐는 것은 본성의 교류 중 감정이 의존하는 것이자 우정을 테스트할 수 있는 유일한 기준이다.

2. 공동의 적이 꼭 어떤 사람일 필요는 없다.

공동의 적을 원망하면서 상대방과의 거리를 좁히고자 할 때 그 대상이 고정적인 어떤 사람일 필요는 없다. 때로는 어떤 사물, 어떤 대상, 심지어는 어떤 사건이어도 전혀 상관이 없다. 예를 들어 두 사람 모두 날씨에 불만이 있다거나 어플에 불만이 있을 수도 있다. 물론 이것들은 두 사람의 현재 화제와 관련이 있어야 한다.

건강하고 친밀한 관계에는 최소한 하나 이상의 공동의 적이 존재한다. 이 공동의 적은 같은 전선에 서서 제3자를 함께 반대할 수 있게 만든다. 이때 제3자가 적이 되는 것이다. 적은 한 사람, 하나의 단체, 혹은 하나의 생각일 수도 있다. 앞의 원리에 따라 협력하여 함께 어떤 사람이나 사건에 대해 반대하는 사람들은 심리적으로 더욱 친밀해진다.

*** 비즈니스 관계에서의 합리적인 공동의 적**

① 이윤의 손실

② 시간의 손실

③ 인재의 유실

④ 기회를 놓침

*** 개인의 생활에서의 합리적인 공동의 적**

① 가진 재능을 펼칠 기회가 없음

② 외로움

③ 건강이 좋지 못함

④ 날씨

⑤ 교통의 지연

3. 두 사람의 공동의 적은 반드시 합리적이어야 한다.

모든 사람이 원망하고 지금의 갈등을 전이시킬 공동의 적을 찾고 있다면 다음 두 가지 문제를 고려해야 한다.

- 이 공동의 적은 정상적으로 원망할 수 있는 대상인가?
- 이 공동의 적은 당신에게 후환이 될 수 있는가?

사장이 당신과 동료의 공동의 적이 될 수 있다. 사장의 행동이나 말에 대해서는 그렇다. 하지만 당신의 원망이 사장에게 잘 보이기 위해 동료가 사장에게 바칠 조공이 되지는 않을지 경계해야 한다. 이런 위험한 원망을 피하는 것이 의견 분열의 문제로 확대되는 것을 막는 핵심이다.

'공동의 적'의 존재는 우리가 분열을 겪게 될 때 끌어들일 소재이고 인간관계 속에서 깊은 유대감을 형성하게 해준다. 다른 사람과의 감정이 발전하려면 두 사람이 같이 좋아하는 것에 대한 대화를 나눠야 한다는 것이다. 하지만 공동의 흥밋거리에 대해 이야기하는 것보다 두 사람이 공동으로 부정적으로 생각하는 것에 대해 이야기하는 것이 더 효과적이다.

긍정적인 부분에서 통하면 대화가 즐겁다

감정은 전염된다. 긍정적인 정서는 당신과 다른 사람의 소통에서 더 많은 즐거움을 얻게 해준다.
하지만 부정적인 정서는 두 사람의 소통이 점점 이성에서 멀어지게 만든다.
하버드대학 긍정심리학 교수 크리스토크 타키스

대화 중에 의견의 분열로 좋지 않은 정서나 원망, 불만, 심지어는 분노가 당신에게 생겨날 수 있다. 이 감정은 전염되는데 긍정적인 정서보다는 부정적인 정서가 더 강력한 전염성을 지닌다.

하버드대학 긍정심리학 교수 크리스토크 타키스와 그의 연구팀은 즐거운 감정이 다른 사람에게 전염될 가능성은 2%이지만 부정적인 감정이 상대방에게 전염될 가능성은 최대 5.6%라고 했다. 이는 대화 과정에서 자신의 감정을 조절하지 못하면 이어지는 대화를 컨트롤하지 못한다는 것을 의미한다.

이로써 긍정적인 정서를 발굴해 활용하고 이끌어낼 수 있는 법을 배우는 것이, 분열을 해소하는 아주 중요한 점이라는 것을 알 수 있다.

어떤 여성 의원이 미국 국회에서 자신의 관점을 발표하고 있었다. 유감스럽게도 반대파는 그녀의 의견에 대해 무척 심하게 반대했다. 상대방의 기세등등한 말투는 그녀를 불쾌하게 만들었다. 반대파의 한 사람이 자신의 반대 의견을 말하고 나서 힘을 주어 자리에 앉다가 그의 의자 다리가 부러져 버렸다. 그 바람에 그 반대 의원도 바닥에 주저앉고 말았다.

분위기가 매우 어색해졌고 상대방도 매우 어색해했다. 이때 여성 의원이 갑자기 큰 소리로 말했다. "여러분, 여러분! 이제 제가 한 말이 모든 반대 의견을 압도했다는 것을 아시겠죠?" 그녀의 말이 끝나자마자 한바탕 웃음이 터져 나왔다. 그리고 큰 박수가 이어졌다. 상대방이 그 뒤에도 반대 의견을 제시했지만 인신공격이 뒤섞이지 않은 정상적인 의견 발표가 이어졌다.

훌륭한 말하기 능력이 있는 사람이 인정받는 이유는 말을 잘하는 능력이 있기 때문이 아니라, 말로써 긍정적인 감정을 만들어 사람들을 대화 속으로 끌어들이기 때문이다. 대화의 분위기가 긴장되어 있을 때, 그들은 끊임없이 자신과 사람들이 완성한 임무나 달성한 성과에 대해 이야기하거나 공동의 즐거운 기억을 끌어들인다. 대치나 분열의 까다로운 상황에서도 말을 잘하는 사람은 상대방에게 현재의 문제를 해결하기 위해 서로가 얼마나 많은 시간과 노력을 투자했는지 암시해줌으로써 상대방이 계속 협상하든지 포기할 수 있게 만든다.

1. 긍정적인 태도를 유지하고 성공을 상상하라

당신은 대화를 할 때 언제나 긍정적인 태도를 유지해야 한다. 당신이 문제를 해결할 능력이 있다고 스스로 믿어야 현존하는 분열을 진정으로 해소할 수 있다. 만약 자신감이 약해지고 있다는 것을 발견했다면 상대방을 기쁘게 할 수 있는 일을 끊임없이 떠올려야 한다. 여기서 성공하는 상상 속으로 상대방을 끌어들이는 것은 하나의 전형적인 방법이다.

예를 들어 당신이 분양 사무실 여직원과 방값에 대해 상의하고 있다고 생각해보자. 서로 양보하지 않으려는 상황에서 당신은 그녀에게 암시를 줘야 한다. "이 방은 아주 예뻐서 이곳에서 아이를 키우고 가족들과 생활하는 모습을 이미 꿈꾸고 있다."라고 말해보라. 이런 긍정적인 상상을 통해 상대방은 자신에게 적대감이 없다는 것을 알게 된다. 당신은 그저 집을 갖고 싶다는 표현을 하지만 이렇게 긍정적 정서를 강화하면 긴장했던 상대방의 마음을 풀어지게 만든다.

2. 위험한 신호를 피해라

말을 잘하는 사람은 '위험 신호'라 부르는 단어나 어구 사용을 최대한 자제해서 상황을 긍정적인 방향으로 발전시킨다. 가장 자주 나타나는 '위험 신호'는 "하지만…."이다. 사람들이 이 단어를 들으면 대부분 '하지만'의 앞의 말에 대해 의구심을 품기 시작한다.

"나는 너를 사랑해. 하지만 우리는 반드시 변해야 해." 이 말의 의도는 부정적이다. '하지만'이 "나는 너를 사랑해."라는 감정을 파괴했고 전체 문장의 중심이 “나는 너를 사랑하지 않을 수도 있어.”라는 부정적인 뒷말로 기운 것이다. 사실 많은 상황에서 우리는 ‘그리고’라는 단어를 대신해 ‘하지만’이라는 단어를 사용한다.

“나는 너를 사랑해. 그리고 우리의 사랑을 더 단단하게 만들기 위해서는 변화가 필요해.”라고 말해보자. 이렇게 되면 당신은 자신의 뜻을 전달할 수 있을 뿐만 아니라 ‘하지만’이라는 단어를 썼을 때처럼 상대방이 변하지 않으면 나는 당신을 사랑하지 않을 것이라는 위협을 주지 않게 된다.

[표 7-1] 상대방이 말할 때 당신은 정말 듣고 있습니까?

위험 신호	안전 신호
그래, 하지만…	그래, 그리고…
우리에게는 어떤 문제가 있어…	우리는 어떤 도전을 해야 해…
하지만…	그리고…
나는 이 일에 문제가 있다고 생각해…	나는 …이 조금 걱정돼.
나는 …하지 않으면, 그것에 동의하지 않아.	만약 …라면 나는 …에 동의할 거야.

3. 당신의 의견을 강제로 주입시키지 마라

잘못된 교육 때문에 대화에서 ‘나’를 거론하는 것을 피하게 되었다. 자신의 의견을 드러내면 지나치게 강한 사람으로 보일 것이라 염려한다. 그런 그들이 자신의 의견을 내세우기를 조심하며 말하다 보니 질문이 아닌 것을 질문하는 것처럼 하는 상황이 발생했다.

"당신은 생일 파티를 여는 돈을 아껴서 여행을 가는 것이 더 좋다고 생각하지 않나요?"

"당신은 TV를 보기 전에 공부를 끝내야 한다고 생각하지 않나요?"

"당신은 이 차의 가격이 조금 높다고 생각하지 않나요?"

이 예시를 보면 말하는 사람이 자신의 의견을 질문형 문장 속에 스며들게 만들었다. 그래서 토론할 화제가 아닌 것이 토론할 의제로 바뀌어 버렸다. 하지만 '나'의 문장을 사용하면 이는 간단하게 직접적인 문장으로 바뀐다.

"저는 우리가 생일 파티를 여는 돈으로 여행을 가는 것이 좋다고 생각해요."

"저는 당신이 TV를 보기 전에 공부를 다 끝냈으면 좋겠어요."

"저는 아무리 많아도 이 차에 10만 원만 쓰겠어요."

이렇게 말하면 대화를 종료시키지 않으면서도 상대방이 당신의 생각과 느낌, 입장을 이해할 수 있게 만든다. 그리고 당신이 현재의 대립에서 양보하지 않을 것이라는 것을 의식하게 된다. 단순한 어떤 정보를 얻고자 할 때는 의문형 문장을 사용해야 한다. 하지만 자신의 관점을 전달하고자 할 때는 의문형 문장의 사용을 피하는 것이 좋다. 또한 당신이 많은 사람을 대표해서 발언하는 것이 아니라면 '우리'가 아닌 '나'를 사용해야 한다.

4. 상대방의 생각을 알아내라

생각을 전달해야 할 때 가장 효과적인 방법은 상대방에게 솔직하게 말하는 것이다. 만약 상대방이 당신의 요구를 거절한다면 당신은 상대방의 생각을 알아내는 법을 배워야 한다.

"너도 알겠지만 너희와 같은 브랜드의 옷값이 너희보다 50달러나 낮아. 만약에 값을 낮추고 싶으면…."

"퇴근 시간 이후에 야근을 해서 이 일을 마무리하면 주말에 추가 근무를 피할 수 있지 않을까?"

이렇게 당신은 상대방의 의중을 물으면서 새로운 해결 방법을 제시할 수 있을 뿐만 아니라 긍정적인 입장을 전달해 쌍방이 계속 논의할 수 있는 가능성까지 열어둘 수 있다.

문제를 조정하면서 긍정적인 질문을 통해 문제를 상대방에게 넘기고 상대방이 가졌던 의문에 해답을 제시하며 감정도 풀어지게 만들 수 있다. 당신만의 문제에서 쌍방이 공동의 노력을 기울여야만 해결할 수 있는 문제로 된 것이다. 이런 대화에서 상대방은 더 많은 존중을 받았다고 느끼고 더욱 당신과 협력하게 된다.

5. 부정적인 감정은 조절하라

당신이 매우 감정적인 사람이라면 분열 속에서도 냉정함을 유지하는 방법을 배워야 한다. 원래는 이성적인 사람이지만 대화 내용의 변화가 너무 감정적이라면 자신을 잠시 쉬게 해주거나 몸을 조금 움직일 수 있게 해줘야 한다. 예를 들어 10초간 숨을 참는다거나, 발끝을 곧게 펴거나 하면서 문제를 어떻게 해결해야 진정될 수 있는지 생각해보는 것이다. 도저히 안 되겠다 싶으면 "미안하지만 잠시 대화를 멈출 수 있을까요? 화장실에 가고 싶어서요."라고 말하면서 상대에게 대화 중지를 요청할 수 있다.

절대로 부정적인 감정이 계속 증가하는 상황에서 대화를 이어가지 마라. 그때는 이미 대화의 목표는 실현될 수 없는 상태이다. 대화의 중점도 "당신이 왜 감정을 컨트롤하지 못하는가."로 옮겨질 것이다.

여기서 짚고 넘어가야 할 점은, 대화의 대상이 강경하고, 무례하고, 솔직하지 않은 사람이라는 것을 알고 대화를 시작했다면 당신의 기대를 낮춰야 한다는 것이다. 기대가 없으면 실망도 없는 법이다. 사전에 각오를 하고 있으면 상대방이 당신을 화나게 해도 감정적으로 대응할 확률은 크게 감소한다.

어떤 대화에 참여하든지 이 대화가 조금 어려울 것이라고 예상해두는 편이 좋다. 아름다운 기대를 품으면 어떤 굴곡을 만났을 때 대부분 좌절감을 느끼고 분노하게 된다. 하지만 험한 굴곡을 맞이할 생각을 가지고 있었으나 그보다는 훨씬 나은 상황을 맞닥뜨리면 이 대화에서 더 많은 기쁨을 누리게 된다.

정보를 흘리고
상대를 관찰하라

도덕심은 우리에게 다른 사람을 시험하지 말라고 하지만, 현실은 우리에게 다른 사람을 떠봐야
전진하거나 물러서야 할 포인트를 알 수 있다고 말한다.
하버드대학 소통전문가 콘라트 아데나워

자신이 무엇을 원하는지, 그것들을 어떻게 표현해야 하는지 정확하게 알고 있지만 상대방의 반응에 대해 확신이 없을 때는 유용하면서도 잘 알려지지 않은 대화기술을 사용해야 한다. 바로 떠보기 기술이다.

떠보기라는 것은 소소한 정보나 신호를 보내 상대방의 반응을 관찰하는 것이다. 이런 전략은 정계나 비즈니스에서 광범위하게 사용되고 있으며, 이를 통해 분열을 해결하는 방법이나 의견을 제시하기 전 상대의 의중을 체크할 수 있다.

하버드대학 소통전문가 콘라트 아데나워는 소통 과정에서 상대방이 받아들일 수 있는 한계를 찾아내려는 것은 현명한 판단이라고 했다. 이는 어떤 화제가 두 사람의 말다툼에 도화선이 될 것인지를 명확하게 알려주기 때문이다.

비비에와 그의 아내는 두 아이의 양육 문제로 의견 충돌이 일어났다. 비비에는 어릴 때부터 엄격한 집안에서 자랐기 때문에 자신의 아이들의 생활환경이 지나치게 편안하다고 생각했다. 하지만 그의 아내는 동의하지 않았다. 그녀는 아이들을 방목해야 어린 시절에 더 많은 즐거움을 누릴 수 있다고 생각했고, 교육은 아이들이 조금 더 크면 생각해봐야 한다고 했다.

이런 의견 분열 때문에 비비에는 가정의 교도관이 될 수밖에 없었다. 그는 회사뿐만 아니라 아이들의 교육까지 챙겨야 하자 상당한 피로감을 느꼈다. 그래서 그는 자기 의견에 따라 달라고 아내와 대화를 여러 번 시도했지만 항상 실패로 끝나고 말았다. 매번 10분을 넘기지 못하고 논쟁으로 변질되었기 때문이다.

이 문제에 대한 비비에와 아내의 입장이 너무 강경했기 때문에 상황은 점점 꼬여만 갔다. 지인의 자문을 구한 비비에는 떠보기 방식으로 아내와 아이가 하루에 컴퓨터 게임을 얼마나 해도 되는지 알아보기로 했다. 그러고 나서 문제를 어떻게 해결할 것인지 의논해야겠다고 생각했다.

비비에가 아무 간섭도 하지 않은 채 며칠이 지났다. 그동안 아이들은 오랜 시간 동안 컴퓨터 게임을 했고, 마침내 아내도 화를 낼 지경에 이르렀다. 그때 비비에는 아내를 떠보기 시작했다. "내 생각에는 지금이 아이들의 컴퓨터 게임 문제에 대해 의논할 때라고 생각하는데 어때?" 이 질문을 통해 비비에는 아내도 서서히 아이들의 게임 시간을 설정해야 한다는 생각이 있음을 알게 되었다. 마침내 두 사람은 이 문제에 대해 의견을 통일할 수 있게 되었다.

비비에가 현명하게 대처한 것은 "아이들이 컴퓨터 게임하는 시간을 제한해야 한다."라는 자신의 입장으로 주장한 것이 아니라 건의로 바꾼 것이다. 하버드대학 소통전문가 콘라트 아데나워는 떠보기를 통해 비비에에게 두 가지 선택지가 생겼다고 말했다.

- 만약 아내가 긍정적인 반응을 보이면, 그녀도 제한을 두어야 한다고 생각하는 것이기 때문에 한 단계 나아가 이 문제를 해결할 수 있다.
- 만약 아내가 부정적인 반응을 보이더라도 그들이 이 때문에 논쟁을 펼치지는 않을 것이다. 왜냐하면 비비에는 의제를 꺼냈을 뿐이지 입장을 표명한 것이 아니기 때문이다.

이런 떠보기 기술의 교묘함은 아내가 거절하더라도 자신이 선회할 수 있는 여지를 남겨둘 수 있다는 점이다. 그리고 다음번에는 다른 방식으로 떠볼 수 있다.

이것이 떠보기의 장점이다. 당신은 제안이나 제의 사이에서 유리한 입장을 만들 수 있다. 이런 전략으로 상대방이 부정적인 반대 정보를 꺼내면 제의한 사람은 이를 바로 취소할 수 있다. 물론 떠보기를 아무 때나 사용할 수는 없다. 만약 떠보기 경험이 전혀 없다면 다음과 같이 기본을 익혀보자.

1. 떠보기의 기본 문장 구조를 이해하라

다음 문장 간의 차이점을 생각해보자.

(1) "나한테 생각이 있어요."

이 말은 두 사람의 생각을 긴밀하게 연결시킨다. 듣는 사람으로 하여금 상대방이 자신을 설득하려는 것이 아니라 좋은 생각을 공유하고 싶다는 제안으로 받아들이는 것이다.

(2) "…라는 방법이 있어요."

이런 말하기는 말하는 사람이 어떤 방법을 제시할 뿐 이 방법을 지지한다는 것을 나타내지는 않는다. 다시 말해, 말하는 사람이 건의를 하는 것일 뿐 어떤 입장을 주장하는 것은 아니다. 그러므로 상대방이 이 제의에 동의하지 않는다고 해서 제의한 사람에게 동의하지 않는다는 뜻도 아니다.

*** 우리가 실천해볼 수 있는 떠보기 식 말하기**

① …라는 방법이 있어요.

② 만약 우리가 …를 시도해보면 어떨까요?

③ 만약 우리가 …하면 어떨까요?

④ 이와 비슷한 상황에서 어떤 사람은 이렇게 했다고 들었어요.

⑤ ㅇㅇ은 이런 상황에서 …라는 생각이 들었대요.

2. 말투와 보디랭귀지도 신경 써야 한다

어떤 뉘앙스를 띠게 되는 보디랭귀지나 말투에서 당신의 입장이 드러난다. 떠보기 방식의 말하기를 할 때는 말투와 보디랭귀지를 중립 상태로 유지해야 한다.

- 일어서서 있을 경우에는 두 손을 앞으로 포개어 놓는다.
- 앉아 있는 경우에는 무릎 위에 두 손을 교차해놓고 두 다리도 자연스럽게 교차시킨다.
- 두 팔을 벌리고 머리와 몸을 곧게 세운다.
- 두 손을 무릎 위에 올리고 손가락은 깍지를 끼지 않는다.

3. 집에서 대화하듯 자연스럽게 접근하라

분열된 문제가 가까스로 하나의 협의에 도달했는데 다시 이의를 제기하면 사람들은 당신을 카멜레온 같다고 생각할지 모른다. 하지만 당신이 지나치게 많이 타협했다고 생각하거나 더 토론해야 할 필요성이 있다고 생각한다면 말하기 방식을 바꿔 가정의 양식을 활용할 필요가 있다.

가정 양식의 목적은 분열 중에서 자신에게 불리한 점이 변화할 수 있는 기회를 주는 것이다. 예를 들어 어떤 가게에서 물건 값을 흥정할 때 "제가 이런 포장이 필요하지 않으면 더 싸게 살 수 있나요?"라고 시도해볼 수 있다. 또한 어떤 임무를 분배하는 과정에서 "내가 텍스트 부분을 전부 맡으면 네가 이미지 부분을 더 빨리 완성할 수 있지 않을까?"라고 동료와 상의할 수도 있다.

이 양식을 활용하면 당신의 질문에 대한 대답을 얻을 수 있다. 그뿐만 아니라 아직 분열이 남아있는 상태라면 모두가 이익을 얻을 수 있는 부분이 어느 포인트에 있는지, 어디까지 양보할 수 있는지도 알게 된다.

물론 두 사람이 완벽한 일치를 이루어냈다면 이런 해결 방식이 필요하지 않다. 동료가 이미 협력할 항목에 대한 준비에 착수했는데 당신이 새로운 건의를 하는 것은 쓸데없는 일을 벌이는 사람이라는 이미지만 심어줄 뿐이다.

4. 상의할 여지가 없을 때는 떠보지 마라

상대방이 생각이나 항목의 방향을 확고하게 결정했다면 떠보는 말하기를 하면 안 된다. 상대의 심리적 부담만 가중시킬 뿐이고, 상대방은 자신의 의견을 심각하게 고려하지 않는다고 생각해 관계만 불편해진다. 또한 목표를 실현하는 데 걸림돌이라고 인식한 상대방은 당신에게 어떠한 피드백도 주지 않게 된다.

그렇지만 떠보기가 실패로 끝났더라도 너무 슬퍼하지 마라. 어차피 그냥 한 번 떠본 것이기 때문에 크게 낙담할 필요가 없다.

하나를 둘로 나누면 갈등이 줄어든다

많은 말하기 관련 서적에서는 호감을 얻으려면 자신을 포기해야 한다고 말한다.
하지만 당신이 건강한 인간관계를 원한다면 자신의 이익을 지키는 법을 배워야 한다.
하버드대학 협상전문가 세라 볼프강

타고난 성품이 평화로운 사람들은 대화 중에 분열과 대립이 일어날까 봐 걱정한다. 자신이 기술적으로 상황을 어떻게 처리해야 할지 모르기 때문에 그들은 이런 상황을 회피하려고만 한다. 어떤 사람은 평화로운 소통 상태를 위해 무조건 자신의 주장을 철회하기도 한다.

과연 인간관계의 평화를 위해 자신의 요구를 포기할 필요가 있을까?

당연히 그렇지 않다! 정상적이고 건강한 관계에서는 상대방을 위해 자신의 어떤 주장도 희생할 필요가 없다. 두 가지의 주장이 공존하는 쪽을 선택해 일치하는 부분은 취하고, 그렇지 않은 부분은 보류하는 태도로 소통을 진행하거나 하나를 둘로 나누는 방법으로 해결할 수 있다.

클레어 남편은 산중턱의 오두막에서 아내와 함께 주말을 보낼 생각으로 아내와 상의 없이 계약하고 모든 준비를 끝냈다. 그런데 그가 아내의 스케줄을 고려하지 않은 게 문제였다. 마침 클레어의 동료들도 그녀가 큰 프로젝트를 완성한 것을 기념하여 큰 파티를 열기로 했다. 클레어는 자신이 그 파티의 주인공이기 때문에 일찍부터 이 파티에 참여할 것을 약속한 상태였다.

그녀는 남편이 오두막에서 함께 휴가를 보낼 계획이라는 것을 알고 매우 난처해졌다. '이걸 남편에게 어떻게 말해야 할까? 그날 오두막에 갈 수 없을 텐데?' 난감해하던 클레어는 하나를 둘로 나누는 방법을 사용해 남편에게 말했다. "자기야, 당신이 나를 위해서 이런 계획을 세우다니 정말 너무 감동적이야. 근데 그런 줄도 모르고 주말에는 내가 이미 스케줄을 잡아놨어. 친구들이 나를 위해서 큰 파티를 준비했는데 사람들도 많이 올 거래. 이렇게 하면 어떨까? 가능하다면 하루 미뤄서 오두막에 가는 거야."

남편도 진심으로 원하는 방식은 아니었지만 그 부탁을 들어줄 수밖에 없었다. 그렇게 클레어는 자신의 약속을 지켰다. 그녀는 파티에 참석한 뒤, 다음날 남편과 오두막에서 낭만적인 휴가를 보냈다.

상대방이 심혈을 기울여 어떤 일을 했다는 것을 알면 진심으로 상대방을 실망시키고 싶지 않다. 이런 경우 하나를 둘로 나누는 대화 방식을 활용하면 문제를 해결할 수 있다. 이 방식은 당신이 계획에 참여할 수 없다거나 그 의견에 동의할 수 없다는 것을 알려준다. 동시에 상대방이 당신의 거절을 불쾌하게 여기지 않고 그들의 노력을 인정한 것으로 믿게 만든다.

이는 하버드대학 협상전문가 세라 볼프강이 자주 사용하는 기술이기도 하다. 어떤 일정을 정하거나 일에서 분열이 일어날 때 그는 대화 중에 자신이 하고 싶은 것과 자신이 당장은 할 수 없는 것을 동시에 말하는 방법을 사용한다.

1. 다시 곱씹어 볼만한 대답을 참고하라

의견의 대립이 생겼을 때 어떻게 대처해야 하는가.

- "저를 위해 준비하신 계획에 정말 감동받았고 깊은 감사를 드립니다. 하지만 월급 인상과 더불어 승진도 할 수 있었으면 정말 좋겠습니다."
- "저는 당신이 이미 최선을 다해서 저를 위해 문제를 해결했다는 것을 알고 있습니다. 저도 제가 너무 고집스러워 보이지 않았으면 좋겠습니다. 하지만 포인트를 적립해주시는 것보다는 전액 환불이 가장 적절한 방법이라고 생각합니다."

2. DESC 모델을 시도해봐라

DESC는 [표 7-2]처럼 당신이 최대한으로 분열을 인식하고 해결하는 데 도움을 준다.

- 당신의 주의력을 지금 발생한 일에 집중하게 만든다.
- 사람의 성격적 특성 변화가 아닌 행동의 변화를 강조한다.
- 어떤 방해 요소나 다른 사람의 반대 의견에 교묘하게 대응하는 데 도움을 준다.
- 분열이 있는 대화에서 합리적인 해결책을 찾을 수 있게 도와준다.

[표 7-2] DESC 핵심 요소

요소	내용	실전 예시
D = 진술 (Describe)	당신이 대화를 시작하는 이유	저는 우리가 ㅇㅇ회사와의 계약을 처리할 때 생긴 일에 대해 이야기하고 싶어요.
E = 설명과 떠보기 (Explain and Elicit)	당신의 생각을 설명하고, 상대방의 생각을 떠본다.	제가 계약의 세부사항을 언급했을 때, 제가 왜 이렇게 했는지 아직 설명하지 않았는데, 제가 사용한 어떤 단어가 부적절하다고 지적하셨어요. 저는 당신이 제가 중요한 문서를 처리할 때 신중하지 못하다고 생각하시는 것은 아닐까 하는 생각이 들었어요. 이에 대해서 어떻게 생각하시는지 알고 싶어요.
S = 요약과 설명 (Summarize and Specify)	당신이 들은 것을 요약하고, 앞으로 바라는 결과를 명확하게 설명하라.	제가 잘못 이해한 것이 아니라면 당신은 저를 도와주고 있다고 생각하시는 거죠? 좋습니다. 이제 알았어요. 하지만 이런 공개적인 장소에서는 일단 끼어들지 말고 제가 스스로 더 생각한 뒤 해결책을 찾도록 만드는 것이 제게 더 유익한 방법이라고 생각해요.
C = 결과 (Consequences)	결과에 대해 총정리하라. 이는 당시의 상황에 따라 긍정적일 수도 부정적일 수도 있다.	이렇게 해야 우리가 서로의 역할을 존중하는 데 도움이 되고 우리의 감정도 이런 일에 영향받지 않을 것이라고 생각해요.

3. 제한을 걸어라

대립이나 분열을 맞닥뜨렸을 때 '제한법'을 통해 그 분열이 확대되는 것을 막을 수 있다. 상대방과 어떤 화제에 대해 얼마의 시간 동안 혹은 매일 특정한 시간에, 특정한 장소에서만 대화하기로 협의하는 것이다. 예를 들어 한 부부가 매주 토요일 오전에 커피를 마실 때만 돈에 관련된 대화를 꺼낼 수 있다고 협의한다면, 한쪽이 다른 시간에 이 화제를 꺼냈을 때 다른 한쪽이 이 화제를 약속된 시간으로 미룰 수 있는 권리가 생긴다.

4. 미리 상황을 상상하는 훈련을 하라

경솔하게 복잡한 대화나 협의에 준비 없이 뛰어들면 당신은 불리한 상황에 놓이기 십상이다. 사전에 자신이 할 말을 준비하고 당신이 바라는 대화의 발전 방향을 그려본다면 당신은 더욱 자유롭고 이치와 근거를 갖추어 말할 수 있다. 이는 당신의 이익을 보호하는 데 도움을 준다. 대화 중에 자신의 요구를 보호할 수 있고 중요한 대화를 할 용기가 있다는 것을 알려줄 수 있으며 어떠한 상황에서도 부끄럽거나 어색해지지 않을 수 있다.

분열에 대해 하나를 둘로 나누는 방법을 사용할 때는 진실에 기초를 두고 말의 원활함을 더해야 한다. 다른 사람의 감정을 상하게 하고 싶지 않다고 해서 상대방의 계획에 이끌려가서도 안 된다. 자신의 요구나 기대를 강조하는 것 자체는 정상적이기 때문에 죄책감을 느낄 필요도 없다.

*** 하나를 둘로 나누는 대화 방식에서 주의할 점**

① 당신은 상대방과 상대방이 쏟은 노력을 존중해야 한다.

② 당신은 자신이 걱정하고 고려하는 일에 대해 명확하게 말해야 한다.

③ 당신은 효과적인 소통을 위한 무대를 만들 필요가 있다.

침묵은 초강력 무기다

침묵은 놀랄 만한 힘을 발휘한다. 누군가가 정해진 것을 순순히 따르게 만들 수 있기 때문이다.
하지만 어떻게 이런 영향을 끼칠 수 있는지는 여전히 미스터리다.
하버드대학 사회심리학자 브랜던 오언

미국의 예술가 앤디 워홀은 친구에게 이렇게 말했다. "내가 입을 다무는 법을 배우고 나서 오히려 더 많은 명망과 영향력을 얻었다네."

침묵은 금이다. 뛰어난 말하기 능력을 가진 사람은 대체로 아무 말이나 하지 않는다. 그들은 자신의 말하기 능력이 더 중요한 곳에서 쓰여야 한다는 것을 알고 있기 때문이다.

많은 사람이 말하기 능력에 대해 오해하고 있는 게 있다. 하지만 끊임없이 말하는 것만이 영향력을 발휘하지는 않는다. 언제 침묵해야 하는지 아는 것은 생각지 못한 승리에 도달하는 효과를 가져다준다.

한 유명 기계 제조회사에서 관리자급 회의가 열리고 있었다. 회의의 주제는 직원훈련에 관한 것이었다. 회의가 시작될 때 부사장 로스가 자신의 의견을 밝혔다.

"우리 회사 내의 직원 양성기관은 특별한 작용을 발휘하지 못했습니다. 현재 신입사원의 입사 전 교육은 하고 있지만, 입사하고 나서의 재직 연수에 관련된 교육은 없는 것이나 마찬가지입니다. 지금은 직원들이 업무에 대해 시스템적인 심도 있는 연수를 원해도 가르칠 사람이 없는 상태입니다. 그래서 저는 직원들이 연수받을 수 있는 훈련기관을 세우는 것이 당장의 급선무라고 생각합니다. 여러분은 이 의견에 동의하시는지 모르겠네요."

사장은 이에 대해 "부사장님께서 말씀하신 문제는 확실히 존재합니다. 하지만 직원훈련 전문기관을 만들기엔 이미 회사에 OJTOn the Job Training가 있습니다. 저는 이 프로그램이 긍정적인 효과를 내고 있다고 알고 있습니다. 그래서 이 점은 걱정하실 필요가…."

"사장님께서 말씀하신 대로 저희 회사에는 이미 OJT가 있습니다. 하지만 실질적인 작용을 하고 있나요? 사실상 직원들은 그 프로그램을 통해 어떤 가치 있는 지도를 받을 수가 없습니다. 그저 오래된 직원들에게 철 지난 내용들을 배울 뿐이죠. 이런 교육이 어떻게 직원들의 업무 수준을 향상시킬 수 있겠습니까? OJT의 효과는 불분명합니다. 그래서 저는…."

"부사장님, 꼭 제 말에 반대하셔야겠어요? 좋습니다. 그럼 잠시 이 화제에 대한 대화를 멈추겠습니다. 회의가 끝난 후 다시 사람을 보내 조사를 하라고 하죠."

한 달 뒤, 관리자급 회의에서는 또 다시 직원훈련에 관한 화제를 다루게 되었다. 이번에는 사장이 먼저 말을 꺼냈다.

"먼저, 저는 로스 부사장께 죄송하다는 말씀을 드리고 싶습니다. 저번 회의 때 제가 오해를 한 것 같습니다. 부사장께서 말씀하신 문제가 확실히 존재하고 있었습니다. 샘플 조사를 통해 회사 내 OJT에 실제로 문제가 있다는 것을 알게 되었습니다. 그래서 오늘 우리의 회의는 어떻게 현재의 직원훈련 방법을 바꿀지에 대해 토의해보려고 합니다. 여러분께서 많은 의견을 제시해주시기 바랍니다."

사장이 말을 마치자마자 사람들은 너도 나도 의견을 내기 시작했다. 놀라운 것은 이번에는 로스 부사장이 시종일관 아무 말도 하지 않았다는 점이다. 그는 무리 속에 조용히 앉아 회의가 끝날 때까지 아무 의견도 내지 않았다.

회의가 끝나고 사장은 로스 부사장을 불러 물었다. "오늘 무슨 일이 있나요? 왜 한 마디도 하지 않는 거죠? 이 의견은 저번에 부사장께서 제시한 거잖아요."

"그렇죠. 하지만 저번 회의에서 제가 할 말은 이미 모두 다 했습니다. 사실 그때는 이 문제에 대한 사장님의 관심을 끌기 위해 그랬습니다. 지금은 이미 이 문제에 관심을 가지셨으니 제가 더 보탤 말이 없습니다. 다른 사람들이 어떻게 생각하는지 들어보시는 게 더 좋을 것 같습니다."

"그런가요? 좋습니다." 사장은 웃으며 말했다. "이전에 제가 부사장님의 의견에 반대했을 때 어떤 변명도 하지 않았습니다. 또한 오늘 사람들이 낸 의견은 별 내용이 없었고 실제로 가동하는 의미도 없었죠. 근데 오히려 부사장님의 침묵이 문제의 심각성을 느끼게 하네요. 이렇게 하시죠! 이 일은 지금부터 부사장께서 맡아 처리하세요. 오늘부터 우리 회사의 직원훈련 업무 책임자는 당신입니다. 파이팅 하세요!"

침묵의 중요한 의미는 상대방의 주목을 끌 수 있다는 점이다. 상대방이 호기심이 생기고 당신이 원하는 생각을 자세히 듣고 이해해서 설득의 목표에 다다르게 된다.

수년간 사회심리학을 연구해온 브랜던은 실제 생활에서 침묵이 아주 강력한 설득력을 가지고 있다는 것을 증명했다. 하지만 침묵을 설득의 방법으로 활용할 때 주의점은 꼭 들어맞는 상황에서 사용해야 한다는 것이다.

1. 상대방의 의도를 잘 알지 못할 때는 말하지 마라

많은 사람이 자신의 말하기 능력을 뽐내려면 말을 많이 해야 한다고 생각한다. 어떤 사람들은 심지어 말이 폭포수 같아야 대화의 주도권을 잡을 수 있다고 한다. 하지만 상황을 잘 모르거나 상대방이 왜 그 말을 하는지 이유가 확실하지 않다면 침묵이 좋은 피드백이다.

이때의 침묵은 "모든 화는 입에서 나온다."라는 말의 공포에서 벗어날 수 있게 만들어줄 뿐만 아니라 상대방으로 하여금 당신의 보수적인 태도를 인지하게 만든다. 그는 자신이 제대로 말하지 않았거나 상황이 명확하지 않기 때문에 당신이 침묵한다는 것을 알게 된다. 이 경우, 이 일에 대해 상대방이 다시 제대로 설명하거나 현명하게 다른 화제를 골라 당신과 대화하려 할 것이다.

2. 말하지 않아도 알 수 있는 경우 침묵을 유지하라

때로는 상대방의 행동이 못마땅하고 불만스럽지만 묵인하는 경우가 있다. 이 역시도 침묵을 유지하는 방식이다. 한 학생이 수업 시간마다 칠판에 글씨를 쓰고 있는 선생의 모습을 우스꽝스럽게 그렸다. 이 사실을 안 선생님은 화를 내지 않고 지긋이 웃어주었다. 이후 그 학생은 수업 시간에 딴짓을 하지 않았다.

선생님이 학생의 행동을 보자마자 큰 소리로 질책했다면 어떤 결과를 낳았을까? 칼같이 저지하는 행동으로 반항심만 거세게 불러일으켰을지 모른다. 오히려 선생님의 침묵이 상대방의 행동을 강력하게 저지했음을 알 수 있다.

3. 특별한 화제에 대해 대화할 때 침묵을 유지하라

모든 화제가 참여할 만한 가치가 있는 것은 아니다. 대화의 화제에 따라 당신은 침묵 유지를 선택할 수 있다.

(1) 다른 사람이 당신에 대해 이야기할 때

특정한 환경에서 침묵은 이론제시보다 훨씬 더 강한 설득력이 있다. 특히 다른 사람이 당신에 대해 이야기할 때 그렇다. 우리는 대부분 다른 사람이 자신에 대해 이야기하면, 불리한 상황인 경우 말을 끊어버리거나 심지어 논쟁을 벌인다. 이는 가장 현명하지 못한 방법이다. 대신 침묵을 선택해보라. 당신을 반대하는 사람을 설득할 수도 있고 더 성공적인 방향으로 발전시킬 수도 있다. 침묵의 힘은 무궁무진하다.

(2) 사람들이 스캔들에 대해서 이야기할 때

사람들은 남의 스캔들에 대해 이야기하는 것을 좋아한다. 인간의 본성 중 어두운 단면이 작용하는 것이다. 스캔들은 사람들을 흥분되게 하고, 스캔들의 주인공과 비교해 당신이 삶이 우월해지는 것 같은 느낌을 받는다. 하지만 당신이 들은 스캔들이 당신의 친구와 관련이 있다면 입을 다물어버리는 것이 좋다.

이때 스캔들을 잘 들어보면 당신은 친구를 더 잘 이해할 수 있을지도 모른다. "그렇다니까, 그 사람은 정말 부끄러운 줄도 모르더라!"라고 말하기보다는 침묵을 유지하라. 절대로 당신이 아는 사람을 폄하하면서 얻게 되는 소소한 행복을 추구하면 안 된다. 그렇지 않으면 더 큰 불행을 만나게 될 것이다.

(3) 다른 사람이 비밀에 대해서 이야기할 때

자신이 특수한 상황에 놓여 있고 어떤 권리가 있거나 유용한 정보를 알고 있는 사람이 당신에게 이것저것 털어놓기 시작한다면 귀를 쫑긋 세우고 들어라! 그리고 이를 소화시켜 나중에 필요할 때를 대비해라. 필요한 것은 그저 감격의 웃음으로 반응하는 것이다. 후일에 침묵이 왜 금인지를 제대로 알게 될 것이다.

4. 아직 때가 되지 않았다면 침묵을 유지하라

서로 다른 상황과 환경에서는 같은 단어를 사용하더라도 수용할 때 차이를 나타낸다. 이해와 느낌이 다르기에 받아들이는 정도에 차이가 있다. 이는 특수한 상황에서의 제약 때문일 수도 있다. 어떤 말은 특정한 환경에서는 말하는 것이 유익을 가져오지만 어떤 말은 부적합할 수도 있다. 즉 같은 말이라도 '여기서 말하는 것'과 '저기서 말하는 것'의 효과가 다를 수 있다는 것이다. 그래서 무슨 말을 하고 어떻게 말할지는 환경에 따라 고려해야 한다. 환경이 적합하지 않으면, 때가 아직 이르지 않은 것으로 침묵을 유지해야 한다.

(1) 애정 생활에 대한 질문을 받았을 때

"요즘에 어떤 사람을 만나고 있나요?", "어젯밤에 어땠나요?"와 같이 당신의 애정 생활을 정탐하는 질문을 건네면 당신은 약간의 신비감을 유지하는 것이 좋다.

자신의 연애사에서 승리를 거둔 부분을 자랑하는 것은 당신에게 큰 만족감을 가져다준다. 하지만 사람들은 자신과의 약속을 엄수하는 사람을 더 좋아하고 존중한다. 그러므로 실제 건의가 필요할 때만 자신의 애정 생활에 대해 이야기하라. 그 대상은 당신이 절대적으로 신뢰하는 사람이어야 한다.

(2) 다른 사람이 명백하게 잘못된 말을 하고 난 후

다른 사람의 잘못에 대해 거리낌 없이 말하는 것은 미덕이 아니다. 특히 공개적인 장소에서는 안 된다. 다른 사람의 어리석음을 증명하는 것이 반드시 당신의 지혜로움을 증명하는 것은 아니다. 오히려 당신의 가혹함만 증명할 뿐이다. 어떤 사람이 당신에게 어리석은 공격을 가하고 있고 다른 사람들도 주목하게 되었다고 해도 당신은 반격할 필요가 없다. 이 경우에 침묵을 유지한 채 웃어 보이면 당신이 더 강력해보이고 상대방은 어리석어 보인다.

(3) 당신이 전문가인 경우

진정한 전문가는 지식을 일부러 드러내지 않지만 교묘하게 토론에 삽입한다. 이를 들은 사람들은 "이 분야의 전문가시군요."라고 당신을 추켜세울 것이다. 이럴 때 당신은 이때다 하고 온갖 지식을 쏟아내서는 안 된다. 절대로 이를 스스로 증명할 필요가 없다. 가장 좋은 방법은 고맙다는 한 마디와 함께 이 일에 대해 이해한 바를 간결하고 겸손하게 정리해주면서 주위의 격려를 기대하고 있음을 드러내야 한다.

(4) 갈등이 심화될 때

살다 보면 어려움을 만나게 된다. 어떤 사람들은 기분이 좋지 않으면 자신을 실망하게 만든 일에 대해 이야기를 꺼내야 직성이 풀리는 사람이 있다. 이때 당신은 특별한 반응을 해줄 필요가 없다. 오히려 침묵을 유지하며 상대방의 감정이 가라앉고 나서 적절한 때에 간단하게 그 일의 이유나 아예 다른 화제로 돌려 당신의 생활에 대해 말하는 것이 더 아름다울 수 있다.

우리는 침묵과 심혈을 기울인 말이 거대한 표현력을 가지고 있다는 사실을 알아야 한다. 이는 음악 속의 음표와 쉼표가 동일하게 중요한 것과 같다. 어떤 때에는 침묵이 더 아름다운 화합과 더 강력한 대화 효과를 불러일으킨다. 당신이 더 적절하게 침묵을 활용할 수 있다면 무성이 유성을 이기는 효과를 얻게 된다.

공들일 대화는 따로 있다

포기한다는 것은 매몰 비용을 부담한다는 것이다. 하지만 많은 사람이 포기하지 않는 것은 그들이 비용을 매몰하고 싶지 않기 때문이다.
하버드대학 심리학자 로렌스 콜버그

당신의 대화 상대가 반드시 이성적이고 실속 있으며 간절하다는 보장이 없다. 당신이 만나는 사람이 각양각색이기 때문인데 때로는 지극히 어려운 대화 상대를 만나게 된다. 그들은 당신을 원망하는 것이 아니라 까다로운 성격을 드러낼 뿐이다. 이런 유형의 상대를 만났을 때 당신은 어떻게 해야 할까?

로렌이 현재의 회사에서 일한 지 5년이 지났다. 그녀는 이 일에 상당히 많은 시간을 투자했고 우수한 성과를 거뒀다. 매년 연말 실적조사 때면 사장은 그녀를 내년에는 꼭 승진시키겠다고 약속했지만, 이 약속은 번번이 내년으로 미뤄졌다.

로렌이 직접 승진을 요청하면 사장은 이런저런 핑계를 대곤 했다. 때가 아니라거나 현재 해당부서의 경제적 압박이 너무 크다는 이유 등이었다.

로렌은 '이번에는 꼭 승진하고 말 거야!'라고 다짐했다. 그런데 사장이 이번에 내놓은 이유는 너무나도 황당했다. "남자가 대다수를 차지하는 우리 회사에서 남자가 관리직을 맡는 것이 더 적절하다고 생각하지 않나요?"

이 말을 듣고 난 로렌은 사장이 '남성권위주의자'의 대표적인 인물이라는 것을 알게 되었다. 그녀는 '현지 노조에 도움을 구해볼까.'라는 생각이 들었지만, 이런 상황에서는 이곳을 떠나는 것이 자신에게 더 나은 선택이라는 판단이 섰다. 로렌은 과감하게 사표를 던지고 새로운 직장을 찾았다.

지금 로렌이 아쉬워하는 단 한 가지는 사장의 말만 믿고 기다리는 데 너무 많은 시간을 낭비했다는 것이다.

성공적인 대화를 나누는 사람은 자신의 요구가 절대 충족될 수 없다고 느껴지면 아무런 미련 없이 포기한다. 아름다운 희망만 품고 사는 게 좋은 전략이 아니라는 것을 알고 있기 때문이다.

하지만 비즈니스 관계에서는 의미 있는 관계를 포기하기 힘들다. 하버드대학 심리학자 로렌스 콜버그는 대화나 관계에 쏟은 노력과 시간이 많을수록 포기가 힘들다고 말했다.

이것이 심리학에서 말하는 매몰 비용의 딜레마다. 우리는 최초에 투입한 자본(시간, 돈 혹은 노력)을 회수하기 위해 최종 결과가 어떻게 될지 모르는 상황(투자한 많은 것들을 되찾지 못할 수도 있는 상황)에서도 인간관계에 끊임없이 추가 자본을 투입한다.

가장 전형적인 예는 바로 버스를 기다리는 것이다. 정류장에서 많은 시간을 기다렸는데도 버스가 오지 않을 때, 생각을 바꿔 걸어가거나 택시를 타면 더 빨리 목적지에 도착할 수 있고 손해를 줄일 수 있다는 것을 알고 있다. 그런데 너무 오래 기다렸기 때문에 어쩔 수 없이 계속 버스를 기다린다.

버스를 기다리는 것은 하나의 일상 속 상황이고, 대부분의 경우는 기다리면 결국에는 피드백을 받을 수 있다. 기다리면 결국 버스가 오는 것이다. 하지만 관계나 대화가 분열로 인해 계속 악화되는 경우 더욱 주의를 기울여서 보아야 한다. 어떤 대화는 더 많은 시간과 노력을 들일 가치가 있지만, 어떤 것은 아무런 가치가 없기 때문이다.

1. 시간과 노력을 투자할 대화인지 살펴라

당신이 복잡하고 의견이 분열된 대화를 나누고 있다는 것을 알았다면, 먼저 한 발 물러나라. '나는 과연 이렇게 복잡한 대화를 나눌 필요가 있는가?' 보통의 경우 상대방의 까다로운 성격은 시간에 따라 없어지거나 감소하지 않는다. 오늘의 그가 매우 다루기 어려운 사람이라면, 내일도 그렇고 내년에도 여전히 그럴 것이다. 그러므로 당신은 이 대화에 시간과 노력을 들일 가치가 있는 것인지 결정해야 한다.

먼저 상대방과의 관계를 유지할 필요가 있는지 생각해보자. 만약 그 사람이 당신의 회사에 커다란 수익을 안겨줄 수 있는 사람이거나, 당신의 장인이라면 아무리 까다로운 사람이라도 웃으며 그를 받아들여야 한다.

2. 그들과 잘 지낼 수 있는 방법을 찾아라

상대가 까다롭다고 느껴지는 이유는 그들이 남들과 어울려 살아가는데 있어 일반적인 사람들과 다른 특징이 있기 때문이다. 이 특징들은 매사에 시시콜콜 따지고 지나치게 잔소리가 많은 것 등 보통의 사람들이 싫어하는 것들이다. 하지만 대화를 잘 이끄는 사람은 이런 대상으로 하여금 자신이 우대와 존중을 받는다는 느낌이 들게 한다. 설령 본심은 그렇지 않더라도 완벽하게 위장하는 것이다.

상대방이 감성보다 이성이 앞서는 사람인가? 그렇다면 당신은 데이터나 표식을 가지고 설명해야 한다. 상대방이 일상 얘기를 하는 것을 좋아하는가? 그렇다면 당신은 더 친절한 태도를 취해야 한다. 당신의 대화 상대가 목표로 가는 유일한 연결 통로라는 것을 명심해야 한다. 그들이 항상 당신 편에 서도록 만들어야 한다.

그렇게 되면 상대방이 나서서 당신의 목표에 다다를 수 있도록 길을 터주게 된다. 방법은 여러 가지이고 상대방의 비위를 맞추는 것은 그중 하나일 뿐이다. 당신은 그들의 의견을 구하거나 그들의 관점을 칭찬하는 등의 방식으로 서로 간의 거리를 좁힐 수 있다.

3. 분열을 끝내기 위해 최선을 다하라

분열이 생긴 대화를 끝내는 것은 어려운 일이다. 서로의 관계를 포기하는 것처럼 보일 수 있기 때문이다. 여러 가지 대화 방식을 사용했지만 대화가 여전히 어렵다면 믿을 만한 제3자를 찾아 도움을 청할 수 있다. 자신보다 나이가 많은 사람에게 결혼 문제에 대한 자문을 구하거나 믿을 만한 동료나 상사에게 자문을 구하는 것이다.

명심해야 할 것은 재난 수준으로 엉망이 된 관계가 아니라면 그 관계에 아름다운 순간은 있었을 것이다. 분열로 인해 화가 나고 무력감을 느낄 때 그 아름다웠던 시간을 회상해본다면 지금 들이는 노력이 가치가 있는지 결정하는 데 많은 도움이 된다.

당신과 상대방이 나눈 아름다운 시간, 그 속에서 배운 것들, 그리고 자신이 저지른 잘못을 되돌아보며 이를 기록해보는 것도 좋다.

4. 한 마디로 거절하는 것도 방법이다

상대방이 불합리한 요구를 한다거나 당신의 솔직함을 이용한다면 "싫어요."라고 말하라. 성격이 까다로운 사람은 원하는 것을 얻기 위해 당신에게 도전한다. 자신이 가진 우월감을 이용해 분열에만 집중하게 만든다. 이런 사람과 얽히지 말아야 한다. 당신이 그와 얽히지 않을 수 없고 상대방은 이를 교묘하게 이용한다면 상대방이 꾀를 쓰거나 장난을 치고 있는 것이다. 이런 경우에는 대화를 계속할 필요가 없다.

'이에는 이'로 대응한다면 어리석은 방식을 택하는 것이다. 두 사람 사이에 협상은 존재하지 않고 그저 '개싸움'과 같은 저급한 겨루기만 남게 된다. 당신이 상대방의 의도를 알았다면 나중을 걱정하지 말고 한 마디로 거절해야 한다.

PART 8_말하는 논리력 키우기

말에 논리가 있어야 지지를 받는다

Harvard's 100-Year
Traditional Speech Class

✦ ✦ ✦

우리는 대화 중에도 “이 일에 대해서 내가 제대로 말한 게 맞나?”, "방금 그가 많은 시간을 들여 나에게 무슨 얘기를 한 거지?”라고 스스로 반문한다.

하버드대학에서는 학생들이 자신의 의견을 전달하는 과정에서 말의 논리력을 기르는 데 중점을 두고 가르친다. 논리가 있어야 어떤 관점이나 사실을 말할 때 더 많은 지지를 얻을 수 있기 때문이다.

논리에 맞아야 상대를 설득할 수 있다

우리 중 많은 사람은 그들의 말에 기본적인 논리는 부족하고
거창한 이치만 드러내서 말을 못 한다는 오해를 받는다.
하버드대학 언어학 박사 노암 촘스키

말을 잘하는 사람들에게는 특징이 있다. 논리가 명확하고 자신이 무엇을 말하고 싶은지, 어떤 방식으로 말해야 하는지, 상대방의 질문에 어떻게 대답해야 하는지 정확하게 알고 있다. 그리고 자신이 원래 정한 주제에서 벗어나지도 않는다.

물론 당신도 이렇게 논리적이고 빈틈없는 말하기 방식을 구사하고 싶을 것이다. 하지만 그에 앞서 논리가 무엇인지 정확하게 알아야 한다.

논리는 과도하게 이성적으로 정의되는 경향이 있다. 사고의 규율성이나 규칙성을 나타내기 위해 사용되는 경우가 많은데, 대화에서는 논리가 너무 강하게 드러나면 반감을 사기도 한다. "저 사람이랑 대화하는 게 제일 싫어요. 무슨 거창한 이치가 저렇게 많은지 당신도 절대 그와 대화를 나눌 수 없을 거예요."

그렇지만 말에 논리가 없고 거창한 이치에 대해서만 운운해도 곤란

하다. 중요한 일을 어떻게 전달해 이해시켜야 하는지 알지 못하고, 이런저런 궁리를 하고 말을 만들면 상대방은 설득되지 않는다. 무엇을 왜 말하려는지 명확한 논리가 서지 않았기 때문이다.

위슬웨이는 하버드대학 기업경영 박사다. 하버드대학에서 가르치는 말하기 능력의 핵심을 마스터한 그는 어느 기업가로부터 회사 직원들의 적극성 교육을 의뢰받게 되었다.

위슬웨이가 물었다. "제가 직원들에게 어떤 것을 가르쳐주길 원하시나요?"

"직원들의 적극성을 발전시키는 것들이지요. 예를 들면 직원들이 회사에 감사할 줄 알고 그들의 이익보다는 회사의 이익을 우선하는 것들이죠. 지금의 직원들은 적극성이 낮아요. 관리자들도 일의 양이 너무 많아지니 직원들을 관리하기 힘들다고 합니다."

"그들이 어느 정도까지 적극적이길 바라시나요?"

"일이 있으면 나서서 하고, 추가 근무도 나서서 했으면 좋겠어요. 자꾸만 월급에 대해서 불평불만만 하지 말고 회사에 감사할 줄 알았으면 좋겠어요."

"죄송하지만, 당신을 만족시키기는 어려울 것 같네요. 당신은 가게에서 물건을 사도 그에 대해 감사하는 마음을 가지나요?"

"그게 무슨 말도 안 되는 소리예요. 제가 왜 감사해야 하죠? 제가 돈 내고 사는 거잖아요!"

"같은 이치죠. 당신의 직원들은 노동력을 주고 돈을 받는 겁니다. 왜 당신에게 감사해야 하죠? 왜 당신의 이익이 그들의 이익보다 앞서야 하죠?"

월급은 회사에서 일방적으로 직원들에게 하사하는 것이 아니라 쌍방이 서로 이익과 혜택을 주고받는 것이다. 직원들이 회사에 감사하게 만들고 적극적으로 일하게 만든다는 생각 자체는 그 어떤 논리도 없다. 게다가 그의 말은 내용이 뒤죽박죽이고 상식적이지도 않다. 이런 오너를 직원들이 어떻게 믿고 따르겠는가?

이 기업가의 문제는 사실 많은 관리자의 문제이기도 하다. 그들은 논리에 부합하지 않는 요구를 하고, 논리에 부합하지 않는 이치를 들이민다. 노암 촘스키는 하버드대학에서 언어학 박사 학위를 받고 '형식 언어'를 재정의했다. 그는 "많은 사람이 자신의 입에서 나온 비논리적인 말속의 작은 실마리만으로도 그 말을 파괴시킬 수 있다는 것을 잘 알지 못한다."라고 말했다. 겉보기에는 논리적인 말이지만 조금 생각하면 말이 되지 않는다는 것이다.

촘스키는 거창한 이치가 많고, 단순한 이론가도 논리가 있지만 긍정적인 말의 이미지를 형성하는 데는 아무런 장점도 없다고 했다. 그러면서 논리가 있는지 판단하는 다음과 같은 '논리의 세 가지 기준'을 제시했다.

- 당신이 하는 말은 공정하고 합리적인가.
- 당신이 하는 말은 간결하고 이해하기 쉬운가. 자신의 생각은 간단명료하고 이해하기 쉽게 상대방에게 전달 가능한가.

• 당신이 하는 말은 전체적인 내용(자신이 전달하려는 주제)에 부합하는가.

부하직원들에게 "잔업을 통해서라도 빨리 일을 마무리하라."라고 회사의 요구에 따라주길 요청하면서도 "저도 이렇게 하면 매우 힘들다는 것을 알고 있고, 저도 정말 불만이 많습니다."라고 원망하면 열에 여덟, 아홉은 당신의 요청을 들어주지 않을 것이다. 당신이 스스로도 설득하지 못했는데 어떻게 다른 사람이 잔업을 받아들이겠는가.

그렇다면 자신의 의견을 어떻게 논리화하여 전달할 것인가. 당신이 자신의 말을 더 논리적으로 만들고 싶다면 '논리의 세 가지 기준'을 참고하여 자신이 의견을 표현하는 과정에서 다음 세 가지를 시도해볼 수 있다.

1. 명확한 의견을 전달하라

일상 대화 속에서는 자신의 의견을 아무렇게나 표현해도 무방하지만, 공식적인 자리나 무언가를 신중하게 설명하고, 의견이나 방안을 제시하고, 보고하고, 연설하는 경우에는 반드시 자신의 의견을 먼저 나열한 후 더욱 적절한 방법으로 전달해야 한다.

"제 의견은 이렇습니다. …."

"저는 이렇게 생각합니다. …."

"저는 이렇게 해야 더 좋다고 생각합니다. …."

당신이 어떤 방식을 선택했든지 한 가지는 확실히 해야 한다. 당신의 주장을 한 마디로 정리할 수 있어야 한다.

'한 마디로 귀결시키는 표현'의 가장 훌륭한 예시는 뉴스 제목이다. 신문을 펼치거나 포털 사이트에 접속했을 때, 제목만 보고도 이 뉴스가 전달하고자 하는 중심 내용이 무엇인지 알 수 있다.

성공적인 대화에서 의견의 유일성은 논리의 전형적인 모델이다. 당신은 상대방에게 한 번에 너무 많은 의견을 받아들이도록 해서는 안 된다. 하나의 주제를 명확하게 말한 뒤 다음 이야기를 꺼내야 한다.

2. 명확한 이유를 설명하라

다른 사람이 당신의 의견을 받아들이게 하려면 충분한 근거가 있어야 한다. 만약 당신이 '전달하기 위해 전달'할 뿐 왜 이렇게 말하는지 설명하지 않으면 다른 사람은 그 의견에 의구심을 품게 되고, 정확하고 명쾌한 대답을 해주지 않으면 이를 믿고 따르지 않는다.

예를 들어 "우리 직원들이 다른 곳으로 빠져나가고 업무 적극성이 낮은 문제에 대해 중요하게 생각할 필요가 있습니다."라고 말했다고 가정해보자. 이렇게 말을 했다면 당신은 왜 중요하게 생각해야 하는지를 명확하게 설명해야 한다. "올해 상반기에 총 3회에 걸쳐 채용박람회를 열었고, 총 25,000달러 지출했습니다. 처음 채용 인원은 25명이었으나 3개월의 수습기간 이후 15명이 다른 곳으로 빠져나갔고, 지금까지 반년 동안 채용된 신입사원은 고작 3명에 불과합니다. 그리고 더 중요한 것은 사내 기술직 직원들이 상대 회사로 대량 빠져나가고 있다는 것입니다."

자신의 주장이나 의견을 강조하고 나서 적당하게 근거를 제시하여 설득력과 논리성을 더해야 한다. 명확하고 정확한 수치와 같은 근거들은 아주 좋은 설득 도구가 된다.

물론 공식적으로 의견을 표현하는 것이 아니라 일상 속에서 생각을 전달하는 경우에도 자신의 경험들을 추가할 수 있다. “최근 두 달 동안 우리 부서에서만 5명이나 회사를 그만뒀어.”

3. 논리적 신호를 끌어들여라

논리적 신호를 끌어들이는 것은 같은 주제에서 그 작용이 일어난다. 이 문제에서 저 문제로 넘어갈 때 논리적 신호가 있으면 청중은 이를 갑작스럽다고 느끼지 않는다.

“어떻게 부하직원들의 동력을 더 잘 끌어올릴 것인지에 대한 구체적인 의견은 바로 이렇습니다. …우리는 현재의 인력 자본이 끊임없이 늘어나고 있다는 것에 주의해야 합니다. 하지만 이것만 믿고 있으면 직원들을 더 잘 격려할 수 없고 인원만 유실될 것입니다. 그래서 저는 여러분이 이에 대해 어떤 생각을 가지고 계신지 알고 싶습니다.”

‘하지만’이라는 단어는 화제를 ‘회사의 인력에 대한 나의 의견을 듣는 것’에서 ‘현재 인력 자원에 존재하는 문제로’ 전환했다. ‘그래서’라는 단어는 사람들의 의견을 듣고 싶고 이에 관련된 더 많은 의견을 얻고 싶어 한다는 것에 주목하게 만들었다. 이를 통해 논리적 신호를 끌어들이는 것이 화제의 전환뿐만 아니라 현재의 주제에 사람들을 참여시키는 역할을 한다는 것을 알 수 있다. 그럼 다음처럼 논리적 신호를 사용해보자!

(1) 요점 신호

• 앞의 내용을 간결하게 정리한다.

(총체적으로, 바꿔 말하면, 요컨대 한마디로, 요약하면 등)

(2) 이유 신호

• 앞의 의견에 대한 근거를 서술한다.

(제가 이렇게 말하는 것은 …때문입니다. 제가 이렇게 말하는 이유는 …때문에 등)

(3) 대비 신호

• "앞의 내용과의 대비에 주의하라."라고 청중에게 알려준다.

(이외에, 혹은, 다른 측면으로는, 주의해야 할 것은 등)

(4) 전환 신호

• "다음 내용은 앞의 내용과 다르다."라고 청중에게 알려준다.

(하지만, 그러나, 그렇다고 할지라도 등)

이런 논리적 말하기의 세 가지 요소를 사용하는 것은 단번에 능숙하게 되는 일이 아니다. 가장 간단한 방법은 자신이 말하는 방식과 비교하여 자신이 부족한 요소를 찾아 열심히 훈련하는 것이다. 일상생활에서 많이 연습해둘수록, 또 많이 활용할수록 말의 논리력이 더욱 강해진다.

편견은 아무런 도움이 되지 않는다

사리에 밝은 사람은 자신을 사회에 맞추고, 사리에 어두운 사람은 사회를 자신에 맞추려 노력한다.
그래서 모든 발전은 사리에 어두운 사람이 이루어낸다.
하버드대학 심리학자 제롬 브루너

우리의 생각이 세상에 통용되지는 않을 수도 있다. "외국에서 사는 게 훨씬 멋질 거야. 분명해!" 이렇게 하나만이 옳다는 생각을 가진 사람은 무지한 사람인 경우가 많고 대개의 경우 자신의 무지를 깨닫지 못한다. 무지해서 쉽게 빠질 수 있는 오류는 '사고의 오류'이다. 우리는 자신의 경험에 따라 다른 사람의 생각과 느낌을 추측하려 한다. 하지만 결과는 실제와 완전히 다를 때가 있다.

존은 새로 사귄 여자 친구 루시와 함께 저녁을 먹으러 갔다. 존이 고른 식당은 아주 훌륭했다. 분위기도 낭만적이고, 음식도 맛있고, 두 사람도 끊임없이 이야기를 나누며 모든 게 완벽했다. 존이 고개를 숙여 시계를 보기 전까지는 그랬다.

루시는 애틋하게 물었다. "이따가 어디 가야 돼?"

존은 고개를 들고 약간 멍한 기색을 보이며 말했다. “아니야. 어디 안 가. 그냥 몇 시인지 확인한 것뿐이야.”

“아, 혹시 내가 방해를…?”

“절대 아니야. 나는 그냥 몇 시인지 알고 싶었을 뿐이야.”

“일어나자. 나도 내일 할 일이 있어!”

존은 루시에게 부탁하듯이 말했다. “우리 아직 디저트도 못 먹었잖아! 여기 과일 아이스크림 정말 맛있어.”

하지만 루시는 단호하게 고개를 저었다. 이번엔 존이 화가 나서 웨이터를 불러 계산을 하고, 루시를 차로 집까지 데려다주었다. 루시가 차에서 내릴 때까지 두 사람은 말 한 마디 없이 더욱더 서먹서먹해져 있었다. 그리고 그들은 더 이상 서로와의 관계를 진전시키고 싶지 않게 되었다.

제롬 브루너는 하버드대학의 뛰어난 심리학자다. 소통 심리에 대한 그의 연구를 통해 ‘사고의 오류’를 범하는 것은 그 자체가 소통의 상태이기 때문이라고 했다. 각자의 성장환경과 생활환경이 다르기 때문에 삶속에서 경험하는 것들도 모두 조금씩 다르다. 때로는 사회지도층이 그들의 경험을 제공하여 우리가 험한 길로 가지 않도록 지도한다. 하지만 이런 경험들에도 긍정적인 부분과 부정적인 부분이 동시에 존재한다. “처음 들은 것만이 옳다.”라는 잘못된 인지에 빠뜨릴 수 있기 때문이다. 이로 말미암아 많은 사람이 어떤 상황에 대해 선입견을 가지는 사고의 오류에 쉽게 빠진다.

손해를 보고 나면 편견이 더 빠르게 생겨난다. 자신이 처한 고난에 대한 합리적인 핑계를 찾는 것은 사람이 자신을 위로하는 특징이다. 스스로를 위로하는 동시에 자신의 화를 풀 수 있는 적당한 출구가 필요하기 때문이다. 하지만 이런 편견을 가지고 있으면 당신은 '논리가 없는', 말이 안 통하는 사람이 되어 버린다. 편견이 당신의 눈과 귀를 모두 막아 보지도 듣지도 못하게 한다.

1. 알아야 피할 수 있다

우리는 경험을 토대로 다른 사람의 생각과 느낌을 추측한다. 하지만 이 방법은 잘못된 결과를 낳는다. 예를 들어 당신이 어렸을 때 뚱뚱하다는 놀림을 받았다면, 어른이 되고 나서 누군가 당신에게 글래머러스하고 매력적이라고 칭찬했을 때 당신의 머릿속에서는 자동으로 글래머러스하다는 것을 내가 뚱뚱하기 때문이라고 받아들이게 되는 것이다.

우리의 사고는 감정을 억제시키고 주변 사물에 대한 생각에 영향을 끼친다. 어떤 일이 발생하면 이에 대한 생각이 형성되고, 정서적 반응이 뒤이어 나타나게 된다. 하지만 이 반응은 우리도 모르는 사이에 편견을 만들어낸다. 세상을 인지하고 대화를 진행하는 것 자체가 끊임없이 사물을 분류하는 일이기 때문이다.

예를 들어 남쪽에서 온 비즈니스 변호사가 당신에게 사기를 쳤다면 당신은 무의식적으로 변호사나 남쪽 사람을 한 부류로 분류할 것이다. 똑같은 상처를 다시 받을까 봐 두려워하고 있기 때문이다. 이런 사고는 우리의 실생활과 업무의 각종 측면으로 확장한다. 그렇기 때문에 진정으로 “처음 들은 것만이 옳다.”라는 관념에서 피하고 싶다면 이전의 경험이 잘못되었을 수도 있다는 사실을 의식해야 한다. 그래야 사고의 오류를 막을 수 있다.

2. 자신이 모르는 것을 먼저 파악해라

HP의 첫 여성 CEO인 피오리나는 기업경영 관리에서 지식의 관리가 가지는 중요성을 알리고 동료들이 겸손한 정신으로 지식을 추구하기를 격려하기 위해 “저는 제가 무엇을 모르는지 알고 있습니다.”라는 말을 자주 했다.

이 명언은 우리가 일상적으로 하는 대화 과정에 적용해도 적합하다. 더 이상 선입견을 고수하지 말고 자신의 맹점을 발견하기 위해 애써야만 효과적으로 주관과 편견을 제거할 수 있고, 쌍방 모두가 객관적인 입장에서 서로의 의견과 이견을 교환할 수 있기 때문이다.

서로가 모든 방법을 동원하여 하고 싶은 말을 시원하게 다 말하면 자신이 아는 것과 모르는 것을 분명하게 구분할 수 있고 무지한 사람에서 벗어날 수 있다.

3. 자주 범하는 사고의 오류 제거하기

‘사고의 오류’는 대화를 분열이나 대립으로 이끈다. 사고 습관으로 인한 편견은 특정한 단계를 거쳐 극복할 수 있다.

(1) 전면적인 자료수집

사람들은 직감이 제공하는 통계적 내용을 신뢰한다. 하지만 정확한 자료를 수집하는 것이 어려운 일이 아닌데도 이를 실천하는 사람은 아주 적다. 자료를 수집하는 방법 중 하나는 시스템화된 방식으로 자신의 관점을 점검하는 것이다.

자료수집은 편견을 줄이는 첫 걸음이다. 잘못된 편견을 드러나게 해서 우리로 하여금 입장을 바꿔 이해할 수 있게 해준다. 어떤 일이 우리의 생각에 부합하지 않는다는 것을 알았을 때 다른 가능성은 없는지 생각해보고, 다시 자료를 수집해야 우리의 생각과 현실을 평등하게 두고 진실의 관점을 인식하게 된다.

(2) 환경에 대한 재인식

세상에 동일한 일이 다시 발생하는 경우는 없다. 이전의 경험을 모방하여 지금의 대화 속으로 끌어들이는 것은 편견만 가중시킬 뿐이다. 가장 좋은 방법은 현재의 환경 변화를 자세히 관찰한 후 이전의 경험을 교훈으로 삼아 현재의 일과 실제 상황을 정리, 고민한 후 말과 행동을 이어가는 것이다.

말에는 어떤 힘이 있고 그 힘은 진실에 근거한다. 진실은 감정적 묘사에 국한되지 않을 뿐만 아니라 객관적인 사물에 대한 묘사에도 나타나고, 특히 그 자체에 변화성이 있는 사물을 묘사할 때 쓰인다. 그러므로 우리는 말의 진실성을 확인하고 환경을 재인식할 필요가 있다. 이것은 진실한 말하기 원칙을 환원하는 것이다. 진실에 근거한 논리로 말하는 원칙을 주장하는 것은 언어 기술을 수정하는 것이 아니라 대화의 본질로 돌아가는 것이다.

말하기 기술은 독립적으로 존재하지 않는다. 만약 어떤 사람이나 사건에 대해 "처음 들은 것만이 옳다."라는 편견을 가지고 있으면 그 일을 망치기 십상이다. 색안경을 낀 채 다른 사람의 태도를 오해해서는 안 되고, 옳고 그른 것을 구별하지 않고 상대의 언행이 모두 고의라고 생각해서도 안 되며, 개인적 성향만으로 다른 사람을 좋고 나쁨으로 취사선택해서도 안 된다. 편견을 버리고 자주 범하는 사고의 오류를 멀리하는 법을 배우면 말하기 능력에 긍정적인 도움을 줄 것이다.

삼각 대본 말하기가 답이다

어떤 소송의 변론 중에 일곱 번째 의제에 그 핵심이 있다면, 나는 앞의 여섯 가지 의제에서 상대방이 모두 우위를 차지하게 하더라도 마지막 일곱 번째에서 승리를 얻을 것이다.
하버드대학 법학가 도드 포클래스

말을 간결하게 하는 사람이 말을 잘하는 사람이다. 그들은 적은 말에 많은 뜻을 전달한다. 어리석은 말하기는 복잡한 생각 속에서 나오는 복잡한 말이다. 이는 모든 것을 불분명하게 만들기 때문에 오해를 불러오고 소통의 어려움을 초래한다.

평소에 우리가 사용하는 말하기 대본은 '압축 3부 구성법'이라고 불린다.

구체적인 말하기 방식은 '말하기 시작(도입)-전개-결말'로 구성되어 있다. 이런 말하기 방식의 가장 큰 특징은 말하기를 평범하고 방대하게 만든다는 것이다.

도입 : 여러분 좋은 아침입니다. 저는 상품기획부의 존이라고 합니다. 바쁘신 와중에도 이번 회의에 참석해주셔서 감사합니다. 곧 상품기획

회의를 시작할 예정이오니 인사는 여기까지 하도록 하겠습니다.

전개 : 여러분도 잘 아시다시피 우리 회사의 주력 상품 시장이 급속도로 성장하는 바람에, 반대로 저희 매출은 이전보다 20%나 감소하고 말았습니다. 따라서 지금은 중장기적인 판매 계획과 수익 계획을 불가피하게 수정해야 합니다.

이에 따라 회사는 먼저 경비 지출을 줄이는 방법을 결정했습니다. 그리고 새롭게 출시될 예정인 두 가지의 신상품에 예산을 집중하기로 했습니다. 참석하신 모든 동료 여러분, 새롭게 출시되는 두 가지 신상품에 대해 어떤 생각이나 의견, 건의가 있으시다면 말씀해주시기 바랍니다. 함께 토론하도록 하겠습니다.

결말 : 회사에서는 3개월 후에 첫 번째 기획안 발표회를 열 계획입니다. 여러분의 많은 참여 부탁드립니다. 또한 소중한 의견 제시와 건의를 통한 여러분의 많은 조언 부탁드립니다.

많은 사람이 말하기에 대해 잘못 생각하고 있다. 말하는 사람이 명확하게 말할수록 듣는 사람이 더 선명하게 이해할 수 있다고 믿는 것이다. 하지만 사실은 이와 다르다. 정보의 양이 많을수록 이해하기 힘들다. 그리고 말하는 시간이 1~2분이 넘어가면 듣는 사람은 인내심을 잃고 더 이상 들으려고 하지 않는다.

존의 회의는 정확히 '압축 3부 구성법'을 사용했다. 회의를 여는 인사말은 평범하면서도 함부로 융통할 수 없는 것이었다. 실생활에서 이렇게 간결하게 말할 줄 아는 사람은 많지 않다. 자신 주변에서 한두 가지 도입부를 찾아 끊임없이 이야기해서 화제가 점점 많아지고 내용이 점점 길어지게 된다. 사실 인사가 필요한 경우에는 간단하고 예의 있게 한 두 마디만 건네면 충분하다. 듣는 사람 입장에서 짧은 말이 더 이해하기 쉽고 기억하기 좋다.

짧지만 힘 있는 대화 내용은 "계속 들어야 한다."라는 부담감에서 벗어나 이를 즐길 수 있고 여유롭게 받아들일 수 있도록 해준다. 대화 중에는 말의 살을 빼는 것을 항상 염두에 두어야 한다.

짧지만 힘 있는 말하기를 구사하려면 말의 핵심을 잡아내는 능력을 길러야 한다. 다시 말해 중점을 잡아내는 능력이 있어야 하는 것이다.

1. 무엇을 말하고 싶은지 정확하게 찾아라

말하기는 정교함이 핵심이다. 이것은 간결함을 유지하는 중요한 포인트이기도 하다. 어떤 사람이 하는 말을 들으며 말을 잘 못한다고 생각하는 것은 그가 쉴 새 없이 떠들기 때문이다. 대화의 상대를 짧은 시간 내에 이해시키고 설득하려면 반드시 말의 핵심을 찾아내 전달해야 한다. 영업이 성공하려면 판매를 결정하는 핵심을 찾아내야 하는 것이다.

- 고객의 근본적인 니즈가 어디에 있는가?
- 고객이 흥미를 가지는 부분은 무엇인가?
- 고객의 가장 연약한 부분은 무엇인가?

이 질문에 답을 알아내기 위해서 어떻게 질문해야 하는지 고민하고 상대방이 자연스럽게 말을 꺼내도록 유도해야 한다. 그 후에 상대방의 대답을 분석하여 핵심 니즈를 찾아내면 된다.

이런 니즈 찾기는 간결하고 힘 있는 말하기의 전제조건이기도 하다. 당신은 자신이 무엇을 하고 싶은지(판매하고 싶음) 알아야 하고, 상대방의 구매 포인트(협상하려고 함)를 알아야 하며, 상대방의 흥미(말하고 싶음)를 알아야 한다. 그러나 무엇보다 청중이 무엇을 듣고 싶어 하는지 관심을 가져야 한다.

2. 삼각 대본으로 압축 3부 구성법을 대신하라

삼각 대본은 하고 싶은 말, 주요 내용, 이유와 근거로 구성되어 있다. 다음 그림에서 나타나듯이 이 세 가지 요소가 삼각형의 꼭짓점을 구성하고 있으므로 '삼각 대본'이라고 한다.

[표 8-1] 삼각 대본

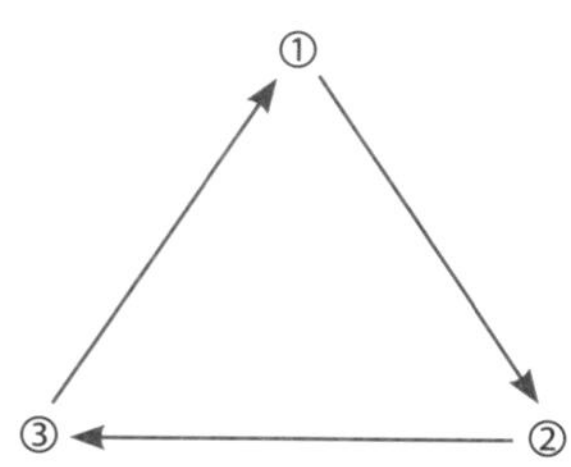

*** 삼각 대본의 내용 구성**

① 하고 싶은 말

② 주요 내용, 일반적으로 세 가지 구체적인 항목이나 조항

③ 이유와 근거, 한두 가지의 구체적인 실제 사례

이 순서로 말하고 나서 ①의 내용으로 결론을 짓거나 정리하면서 다시 한 번 강조할 수 있다.

삼각 대본의 말하기 방식은 그림 속 삼각형의 세 꼭짓점과 같다. 이 순서로 말했을 때 말이 매끄럽고 주제가 명확하게 드러나는 말하기 능력을 구사할 수 있다는 것이다. 하지만 삼각 대본의 순서를 거꾸로 하면 말하고자 하는 내용의 논리성이나 간결함이 대폭 감소한다.

③부터 시작한다는 것은 세부 사항이나 구체적인 일, 현상에서부터 시작하여 실제 사례나 현상에 대해 자세히 분석하고 자신이 말하고 싶은 것을 가장 마지막에 둔다. 이 순서의 문제는 듣는 사람이 끝까지 들을 인내심이 없으면 말하는 사람이 말하고자 하는 바가 무엇인지 알 수 없다는 것이다.

친구와 잡담을 나누는 것처럼 별다른 의미가 없는 이야기를 나누고 있을 때는 이런 역방향 삼각 대본을 사용해도 상관없다. 친구와 수수께끼 게임을 하거나 애인이 당신의 말뜻을 알아내게 할 때 이 방식을 쓴다고 해서 그들이 당신이 말이 많다거나 논리가 없다고 생각하지 않는다.

[표 8-2] 삼각 대본의 기본 내용과 응용

	기본 내용	응용 상황	
말하기 순서	기본 단계	보고, 회의	의견 제시, 제안
1	하고 싶은 말	결론	주장
2	주요내용	본인의 논점	본인의 논점
3	이유, 근거, 구체적인 사례		

하지만 의견 발표나 회의 중의 발언, 공식적인 대화 등 중요한 상황에서는 반드시 삼각 대본의 순서를 지켜 간결하고 논리적인 말하기를 구사해야 한다.

말하는 목적이 정확하다면 삼각 대본을 적용하자. 핵심을 짚어내는 능력이 갈수록 강해질 것이다. 이는 당신이 대화의 핵심 포인트에 힘을 쏟고 있다는 것을 의미한다.

이해하기 쉬운 말하기 순서는 따로 있다

자신의 사고의 맥락이 일관되고 명확하며 조리 있을 때 우리가 하는 말도 논리적으로 보인다.
하버드대학 소통전문가 홀리 윅스

논리적 말하기의 기본은 자신이 말하고 싶은 것, 자신의 주장을 상대방에게 명확하게 전달하는 것이다. 복잡한 내용일수록 명확하게 전달하는 것이 중요하다. 다시 말해 누구에게, 무엇을 말하는지 명확해야 한다. 명확하다는 것은 말하는 주제를 확실하게 안다는 것이다.

주제는 곧 주장이다. 논리적 말하기에서 주장은 한 문장으로 정확하게 표현할 수 있어야 한다. 서로 다른 환경에 따라 단어의 뜻에도 변화가 생기지만 어떤 변화가 있을지라도 논리적인 말하기에는 고정적이고 유일한 주제가 있다.

어느 날, 사춘기에 접어든 빌의 아들이 용돈을 달라고 말했다.

"아빠, 용돈 20달러만 주세요."

"저번 주에 50달러 주었잖니. 그 돈을 어디에 썼는지 물어봐도 될까?"

"그건 이렇게 된 거에요. 저번 주에 저희 반에 아주 슬픈 일이 생겼어요. 저희 반이 입양센터에서 입양해 온 강아지가 아파서 친구들과 함께 돈을 모아 강아지를 치료해줬어요. 하지만 이 일은 다 나서기 좋아하는 빅토리아 때문이에요. 굳이 강아지를 집으로 데려가더니 찬물로 목욕을 시켰는지 감기에 걸린 거예요."

"더 중요한 것은 이번 주에 아이스하키 경기가 있어요! 아빠 그거 아세요? 이번 경기에 제가 제일 좋아하는 학교 팀 스타가 참가한대요. 하지만 이번 경기는 입장료를 내야 볼 수 있다는 거예요. 왜 이렇게 대중적인 경기에 입장료를 받는지 이해할 수가 없어요. 설마 그들이 학교의 공용시설을 사용하고 있으니 돈을 낼 필요가 없어졌다는 건가요? 아 맞다. 제 친구가 학교 팀에 후보 선수로 들어간대요. 정말 멋지죠! 아빠 이제 제가 왜 20달러 달라고 하는지 아시겠죠?"

빌은 어깨를 으쓱하며 말했다. "미안하지만 아들, 네가 무슨 말을 하는지 알아듣지 못했단다. 정말 20달러가 필요하다면 어떻게 나를 설득해야 할지 먼저 생각해보렴."

아들의 문제점은 말의 순서를 정리하지 않았다는 것이다. 그는 왜 20달러가 필요한 것일까? 저번 주에 받은 50달러는 어디에 써버린 것일까? 그는 자신이 돈을 함부로 쓰지 않았다는 것을 아빠에게 적절히 알릴 방식을 찾지 못했다.

우리는 논리적 말하기가 알아듣기 쉬운 말하기 순서에 기초한다는 것을 알아야 한다. 무엇을 해설하거나 평가할 때는 현상, 과제 혹은 개인의 생각을 나열하는 것이 좋지만 무엇을 서술할 때는 더 논리적인 전달 방식을 사용해야 한다.

홀리 윅스는 하버드대학 출신의 유명한 소통전문가로 자신의 이름을 딴 컨설팅 회사를 세웠다. 그는 말하기 방식이 간단할수록 유익하다는 사실을 알게 되었다. 하지만 말하기 순서를 정하는 과정에서 어떻게 주제를 꺼내고 간단하게 이해시킬 수 있는지 배워야 한다고 했다.

1. 주제는 한마디로 전달하라

스물 몇 자로 충분히 전달할 수 있는 주제를 장황하게 이야기를 늘어놓으면 듣는 사람을 정말 짜증나게 한다. 우리는 주제를 한 마디로 전달하는 습관을 길러야 한다. 신문제목은 이 습관을 기르는 데 효과적이다. 신문 제목의 글자 수는 대부분 20~30자 내로 제한되어 있다. 뉴스 제목을 참고하여 대화의 주제를 써볼 수 있다. 주제를 한 마디로 요약했다면 말을 어떻게 할 것인지 머리로 생각하지 말고 종이에 써서 글로 표현해보자.

글자를 사용하면 부정확한 표현이 나오는 경우가 적고, 주제를 파고드는 능력을 훈련할 수 있다. 이를 통해 당신의 논리적 말하기 능력이 향상되면 언제 어디서든 당신의 관점을 명확하고 쉽게 전달할 수 있다.

2. 할 말로 뼈대를 짜고 내용을 덧붙여라

주제를 분명히 한 다음, 내용의 구성 순서를 정리해보자. 이 과정은 심화형 방식을 사용한다. 심화형 말하기 방식은 '뼈대 우선 구성법'이라고도 하는데, 전체부터 부분, 세부까지 조금씩 주제를 심화시키는 방법이다.

- 제목을 결정한다.
- 자신이 말하고 싶은 내용을 적는다.
- 주제를 결정한다.
- 말의 뼈대를 결정한다(대항목 중 적어도 3개 항목을 종합해야 한다).
- 대항목에 제목을 추가한다.
- 생각나는 대항목의 내용을 적는다(혹은 ②의 내용을 사용한다).
- 앞서 쓴 내용들을 가지고 대항목, 중항목, 소항목으로 분류한다(자세하게).
- 각각의 항목의 내용에 구체적인 실제 사례를 추가한다(문장과 문장 사이에는 시간적 간격이 있어야 한다).
- 주제와 큰 항목의 내용이 일치하도록 수정한다.
- 주제, 대항목, 중항목을 목록화하여, 전체적으로 중심 내용을 살펴본다.
- 개선이 필요한 곳이 있으면 앞의 순서에 따라 다시 구성한다.

*** 주제라는 나무의 '가지 나누기 방법'**

① 가지 : 주제, 없어서는 안 되며 화제의 시작이다.

② 큰 가지 : 대항목, 3개.

③ 중간 가지 : 중항목, 각 2~3개.

④ 작은 가지 : 소항목, 각 0~1개.

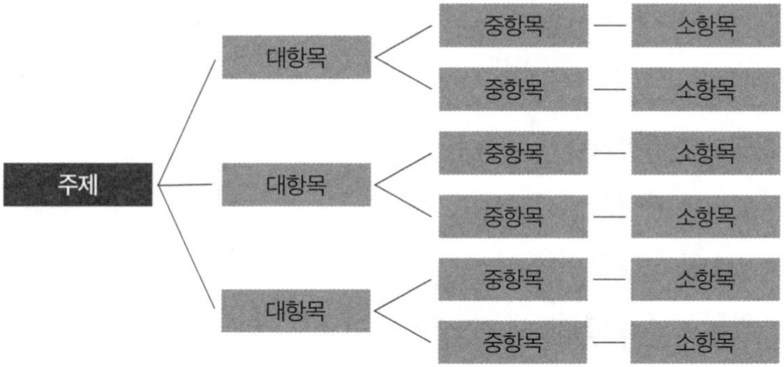

말하는 과정에서 '큰 가지'인 주제에 관련 없는 중간 가지나 작은 가지 또는 잎들은 언제든지 잘라내야 한다. 심화형 말하기 방식은 전체에서 부분으로 조금씩 필요한 것을 말하는 것이다. 이는 마치 세상을 관찰하면서 개인적인 생각을 갖는 것과 같다. 언제 관찰하더라도 내용의 주제가 흐트러지지 않는다. 이런 말하기 방식은 무논리가 발생하지 않도록 하는 데 아주 효과적이다. 그래서 무엇을 설명하거나 회의에서 발언하는 경우에도 쓸 수 있을 뿐만 아니라 논리적으로 자신의 관점을 설명할 때도 사용할 수 있다.

3. AREA 법칙을 사용하여 사고의 논리성을 강화하라

AREA 법칙은 주제를 중심으로 하는 논리적 말하기 방식이다.

- **Assertion(주장)** 가장 앞자리에 두고 약 20자를 사용하여 자신이 주장하고 싶은 것에 대해 명확하게 설명한다.
- **Reason(이유)** 상대방이 가진 의문점에 대해 설명한다.

- Evidence or Example(증거, 예시) 실제적이고 구체적인 예시를 들어 보충 설명한다.
- Assertion(주장) 다시 처음의 주장으로 돌아와서 앞서 말한 내용을 정리하면, 처음에 말했던 것처럼 다시 한 번 자신의 말을 강조한다.

4. 4부 구성법을 활용하라

4부 구성법은 '결론, 서론, 본론, 결론'의 말하기 방식이다. 긴 문장으로 된 이성적인 글을 읽는 것은 힘든 일이다. 글의 배경과 내용의 이치를 아직 이해하지 못했기 때문에 읽기 순서에 따라 서문 부분부터 본론, 결론에 이르기까지 차례로 읽을 수밖에 없다.

하지만 이런 글을 많이 읽고 나면 읽기 순서를 바꿔 읽어야 함을 알게 된다. 제목을 읽고 결론 부분으로 넘어가 이를 읽고 나서 다시 정상적인 순서대로 읽기를 진행하면 된다. 이렇게 하면 읽기의 고통과 부담을 덜 수 있고 결론을 가지고 내용을 보기 때문에 글에 대한 이해도도 크게 높아진다.

사실 말하기와 읽기는 방식은 다르지만 같은 효과를 낸다. 두 가지 모두 당신이 무슨 말을 하려는지 먼저 상대방에게 알려주고 그의 반응에 따라 자세한 설명을 덧붙일 것인지를 결정하기 때문이다. 이는 일종의 다른 사람을 고려하는 논리적 말하기 방식이다.

말을 잘하면
듣는 부담이 줄어든다

만약 우리가 듣기에 대한 욕심이 없다면 말하고 싶은 욕심도 크게 감소할 것이다.
이 측면에서 보면 가볍게 말할 줄 아는 것 자체가 자신의 말하기 능력과 다른 사람의 듣기에 대한 욕심을 강화한다는 것을 알 수 있다.
하버드대학 협상전문가 맥스 베이저만

논리력을 높이기 위해 말하고자 하는 내용과 순서를 총체적으로 파악하고 있어야 한다. 또한 이를 정리하여 하나의 입체적이고 완벽한 이미지로 만들어야 한다. 그래야만 말하기 주제나 방식, 내용이 모두 명확해진다.

하지만 듣는 사람은 우리가 정리해낸 말의 구성과 내용을 이해하지 못할 수도 있다. 그 이유야 다양하겠지만 의미가 전달되지 않기는 마찬가지다. 이런 상황에서 듣는 사람이 장시간 집중할 수 있도록 부담을 최대한 줄여줘야 한다.

어느 회사의 품질 점검의 달이 다가왔다. 사내의 두 조사관은 상사에게 품질에 대한 보고를 해야 했는데, 직원 A가 보고할 때 묘사한 내용은 이랬다.

"오늘부터 회사가 공식적으로 점검의 달에 돌입했습니다. 하지만 아시는 바와 같이 최근 우리 회사 제품의 소프트웨어 시스템에 문제가 발생해서 많은 제품들이 리콜되고 있습니다. 최근 2년간 제품의 품질 불량으로 인한 리콜 수가 계속 늘어나고 있습니다. 공장의 품질 관리에 문제가 있는 것은 아닌지 확인해주시기 바랍니다."

직원 A의 보고를 받은 상사에게는 "많은 제품들이 리콜되고 있다."라는 내용만 남았다. 이때만 해도 그는 일부 개념이 모호했으나 직원 B의 보고를 받고 나서는 명확하게 이 문제가 얼마나 심각한지 알게 되었다.

"사실 실제 상황은 아주 심각합니다. 최근 2년간 우리 회사의 제품이 품질의 문제로 인한 리콜 사례는 평균적으로 매달 3.5건씩 늘어났습니다. 재작년에 소프트웨어 문제로 인한 리콜 제품은 90건이었지만 작년에는 120건으로 나타났고 올해는 6월까지의 리콜 수만 이미 70건에 달합니다."

이때야 비로소 그 상사는 회사 제품의 품질 문제를 중요하게 생각해야 한다는 것을 깨닫게 되었다.

직원 A의 말은 명확하지가 않다. 그가 너무 많은 상상의 여지를 남겨두었기 때문이다. "많은 제품들이 리콜되고 있다."라고 한다면 대체 그 수가 얼마큼인지. "제품의 품질 불량의 수가 계속 늘어나고 있다."라면 얼만큼이 늘었는지 정확하게 서술해 상사가 문제의 심각성을 알게 할 수 있었으나 그는 이를 간과했다.

여러 번 강조하지만 우리는 말할 때 더 정확하게 말하는 방법을 듣는 사람의 입장에서 고려해야 한다. 하버드대학 협상전문가는 정확하게 말하는 능력은 먼저 상대방이 듣기에 힘들지 않은 말에 기초해야 한다고 했다. 만약 다른 사람과 이야기할 때 그 사람이 무슨 말을 하고 있는지 끊임없이 추측해야 한다면 그 대화는 실패한 것이다.

맥스는 듣기에 힘들지 않게 말하려면 '신비감을 위한 신비감'을 추구하는 말하기 방식을 줄여야 한다고 했다.

1. 대화의 신비감을 건네고 목적지를 향해 가라

중요한 일과 관련이 없더라도 우리는 상대방에게 전달할 말이 많다. 그래서 말하기 전에 분명한 목적을 가진 일부 정보를 전달하는 것이 필수적이다. 그렇지 않으면 듣는 사람이 처음부터 끝까지 들어야 무슨 말을 하는지 알 수 있기 때문이다.

사전에 입수된 정보에 신비감을 느끼고 대화에 참여하면 마치 흥미로운 여행을 하는 것처럼 의견을 나눌 수 있다. 하지만 지속적으로 신비감만을 유지한다면 듣는 사람도 지겨움을 느낀다. 대화 초반에 상대방이 신비로움을 느꼈다면 본격적으로 목적지를 향해 가야 한다. 그래야만 상대방은 대화의 의미를 전달받는다.

2. 큰 주제를 알려주고 듣는 부담을 줄여줘라

듣는 사람의 부담을 줄이는 것은 대략적인 내용을 전달하는 것에서부터 시작한다. 말하기 초반에 이 대화의 주제가 무엇인지 효과적으로 알리는 분류법이 있다. 대항목의 개수를 알려주고 대항목에 제목을 붙이는 방법이다.

- 먼저 자신이 머릿속으로 그린 전체적인 그림과 이미지를 듣는 사람이 의식할 수 있도록 표현하라.
- 대화 초반에 상대방에게 한 마디로 주제를 알려라.
- 분류법을 사용해 결론 도입 전에 먼저 내용 구성의 대항목을 듣는 사람에게 알려라.

3. 상황에 따라 정보 전달 방식을 다르게 선택하라

(1) 언어 표현 형식 두 가지

- 구체적인 표현 형식 : 어떤 상황에서든 사람들에게 인상을 남길 수 있다.
- 추상적인 표현 형식 : 사람들을 이해시킬 수는 있지만 인상을 남기기는 어렵다.

교류의 목적은 상대방이 이해하는 데 그치는 것이 아니라 그가 당신의 관점을 받아들이는 데 있다. 그래서 추상적인 표현 형식을 사용할 때 이를 구체적인 정보 전달로 전환할 수 있어야 한다.

구체적인 정보 전달 방식은 명확해야 하며 구체적인 데이터나 수치를 근거로 삼아야 한다. 구체적인 사례도 근거가 될 수 있다.

(2) 구체적인 데이터 제시

불명확한 말하기는 '대폭 감소한', '아주 많은', '큰 폭으로 증가한'과 같은 표현 방식을 사용한다. 구체적인 수치가 없고 감각에 의존한 표현이므로 사람들이 주된 내용을 이해하는 데 불리하다. 구체적인 데이터로 이를 대신해야 한다.

[표 8-3] 불명확한 표현 형식을 구체적인 숫자로 대신하라

추상적이고 감각에 의존한 언어	구체적인 데이터와 숫자로 대신한 언어
당기 업적이 큰 폭으로 떨어지는 추세를 보인다.	전기와 비교했을 때 당기 업적 하락폭은 10%에 달하고, 회사의 손해는 200만 달러에 달합니다.
최근 기업 쪽 환불이 갈수록 많아지고 있습니다.	최근 3개월 내, 매달 5~8개의 기업 환불이 발생했습니다.
노력을 통해 직원들의 성과 달성률이 목표에 도달했습니다.	노력을 통해 직원들의 성과 달성률이 93%에 도달했습니다.

(3) 구체적인 사실 증명

어떤 관점을 전달할 때 구체적인 사례로 증명하면 말의 구체성을 높이는 데 도움이 된다. 특히 듣는 사람이 상대방과 경험의 공통점을 발견하게 되면 자연스럽게 공감하고 그의 말을 인정하게 된다.

[표 8-4] 무엇이 구체적인 사례인가?

직접 경험한 사례	간접적으로 경험한 사례
자신이 직접 체험하거나 본 사례	다른 사람에게 들은 것
	TV, 라디오에서 들은 것
	뉴스, 인터넷에서 본 것

말하는 사람이 편하게 듣도록 고려해준다면 당신의 생각이 어떠하다는 것을 명확하게 알 수 있다. 더불어 상대방이 당신의 말에 동의하고 돕기도 더 편하다. 더 중요한 것은 당신과의 대화가 즐겁다는 것을 느끼게 된다는 것이다. 이런 긍정적인 인식이 생기고 나면 두 사람의 관계는 자연스럽게 더 가까워진다.

소통의 요소로
더 명확하게 말하기

대화는 변화하는 것이다. 우리는 항상 이 변화에 주의해야 한다.
그래야 변화 속에서 인정을 얻을 수 있다.
하버드대학 협상 및 소통전문가 라스프 호프만

다른 사람이 당신의 의견에 동의해주길 원한다면 먼저 당신의 말뜻을 제대로 이해하게 만들어야 한다. 그래야 상대방이 당신의 기대에 부합해준다. 말하기 능력을 높이는 목적은 상대방이 당신으로부터 정보를 얻고 나서 이를 이해하고, 피드백을 하거나 행동의 취하게 하는 데 있다. 당신의 기대에 부합하는 행동을 상대에게 원한다면 명확한 주제와 더불어 기대하고 있는 반응을 전달해야 할 것이다.

사장 : 엘튼, ○○회사의 최근 업적은 어때요?

엘튼 : 아주 괜찮아요. ○○회사의 최근 한 분기의 판매액이 350만 달러에 달하고 영업이익은 70만 달러라고 해요. 어제 주식 종가는 250달러였대요.

사장 : 그래서요?

엘튼 : 네? 네. 아직 특별 손실이 있는 것 같지만 세액을 제하고 나면 이윤이 30만 달러는 될 것 같아요.

사장 : 아, 그래서요?

엘튼 : 아! 그리고 그 회사의 배당수익은 30만 달러고, 판매 자본은….

사장 : 그래서 그 회사 업적이 어떠냐고요, 좋아요 안 좋아요?

엘튼 : 아! 네…. 큰 폭으로 반등한 것 같아요.

사장 : 상승폭이 있다니 좋네요. 알겠어요!

우리는 이런 대화를 자주 접한다. 엘튼은 사전에 많은 준비를 했고 내용도 매우 상세하지만 대화의 중점을 찾지 못하고 있다. 사장은 모든 것이 불분명해서 속이 터진다. "그래서 하고 싶은 말이 뭔가요?"

하버드대학 협상 및 소통전문가 라스프 호프만은 자신의 소통력을 다룬 논문에서 이렇게 말했다. 말하는 사람이 말은 많이 했지만 듣는 사람은 알아듣지 못하는 현상이 발생하는 것은 자료가 불충분해서가 아니라 대화에서 '주제'와 '기대'가 명확하지 않기 때문이다. '주제가 정확하지 않으면' 듣는 사람은 자연스럽게 말하는 사람이 도대체 무슨 말을 하고 싶은지 알 수 없고 '말하는 사람이 듣는 사람에게 어떤 반응을 기대하는지' 알아낼 방법이 없다. 이는 듣는 사람이 듣기를 마치고 나서도 자신이 이에 대해 왜 알아야 하는지도 모르게 만든다.

일은 다른 사람과의 소통이라고 호프만은 말했다. 복잡한 계획, 보고, 토론 등의 소통을 통해 정보를 교환하여 발전하거나 상대방이 이에 동의하게 하거나, 어떤 건의를 받거나, 다음 행동을 유발하는 것이다.

1. 정보 소통의 다섯 가지 요소를 명확히 하라

대화는 쌍방의 정보 교류다. 그래서 반드시 말하는 쪽과 듣는 쪽이 있어야 하며 두 사람이 주고받는 것은 소통의 주제이다. 예를 들어 새로운 시장 개발과 같은 비즈니스 문제나 어떻게 아이의 등교문제를 해결할 것인가와 같은 생활 문제가 있을 수 있다. 주제에 대한 설명은 '해답'이라고도 한다. 보고를 하는 상황에서의 해답은 보고서의 내용이 될 것이고 기획안에서는 제안하는 내용이 될 것이다. '주제에 대한 해답'은 소통 내용에 중요한 부분이다. 하지만 이것만으로는 긍정적이고 효과적인 비즈니스 소통을 완벽하게 구성할 수 없다. 호프만은 '기대하는 반응'을 함께 전달해서 정보를 얻은 상대가 어떤 행동을 취해주길 원한다는 것을 표현해야 진정한 대화의 목적을 실현할 수 있다고 말했다.

*** 정보 소통의 다섯 가지 요소**

① 말하는 사람(작가)

② 듣는 사람(독자)

③ 주제

④ 해답

⑤ 기대하는 반응

예를 들면 관리자가 보고서를 보고 나면 자신의 기대하는 바를 말해줘야 한다. "하루 빨리 보고한 대책을 실행하세요." 직원이 어떤 서비스에 대한 소개를 마치면 그에 상응하는 표현을 해줘야 한다. "새로운 서비스를 자세하게 시연해주실 수 있을까요?" 엄마는 아이의 원망을 듣고 나면 어떤 제안을 해줘야 한다. "이번 한 달 동안 매일 제시간에 숙제를 마치면 네가 사고 싶은 장난감을 사줄게." 이처럼 상세하고 정확하게 자신의 기대를 말해야만 더 나은 소통의 결과를 이끌어낼 수 있다. 또한 대화나 일도 계속 진행된다.

2. 앞뒤 상황과 배경을 소개하라

난해한 일을 설명하고자 할 때는 그 일의 배경부터 정확하게 설명해야 한다. 일의 전후 관계를 제대로 설명해야 듣는 사람이 어떻게 된 것인지 이해할 수 있고 다음 단계에서 어떻게 해야 하는지 알 수 있다.

어떤 문장을 듣자마자 그 상황을 떠올렸다면 당신이 단어들의 순서를 이해하고 단어들 사이의 문맥과 관련성을 이해하기 때문이다. 하지만 박쥐, 가다, 날다, 어떻게, 도착하다, 신호원, 절대, 열, 대단한, 암탉과 같은 식으로 열 몇 가지의 단어를 무작위로 늘어놓는다면 분명 기억하기 어렵다. 이렇게 배경을 설명하지 않고 구체적인 세부 사항만 소개하는 것은 퍼즐을 맞출 때 전체의 그림을 고려하지 않는 것과 같다. 아주 강력한 이해력을 지닌 사람이 아니고서야 큰 그림을 보기 힘들다.

3. 상대에게 당신의 신뢰를 알려라

기대를 강조하는 것의 위력은 사례로 증명된다.

- 아이들에게 이번 영어 시험을 반드시 망칠 것이라고 말했더니 정말 그렇게 되었다.

- 조립공을 두 팀으로 나누어 한 팀에게는 이번 일이 어렵고 복잡할 것이라고 말하고, 한 팀에게는 이번 일이 아주 간단하다고 말했다. 그 결과 첫 번째 팀의 업무 효율이 두 번째 팀보다 낮았다.
- 어떤 성인에게 복잡한 미로 게임을 풀게 한 후, 이 게임이 초등학교 수준의 난이도라고 말하니 더욱 빠르게 게임을 풀어냈다.

정보에 대한 이해와 후속 표현에서 우리가 설정한 기대와 다른 사람의 기대가 중요한 작용을 한다. 만약 상대방이 당신의 뜻을 이해하길 기대한다면, 설명하는 과정에서 그를 적극적으로 격려하면 된다. 이 일이 그렇게 이해하기 어려운 일은 아니라는 것을 알았으면 좋겠다고 말하는 것이다. 그러면 그는 능동적으로 정보를 이해하고 적극적으로 이를 흡수하기 위해 노력한다.

말하기 방식이 다르면 효과도 다르다

논리는 이치를 따지는 것은 아니다.
논리는 보다 적절한 방식으로 사실에 부합하는 일을 표현하는 것이다.
하버드대학 언어전문가 알레산드라

논리라는 단어를 말할 때 이치를 따지는, 자신의 주장을 고집하는, 궤변 등의 이미지를 떠올린다. 논리를 제대로 아는 사람도 말하는 방식이 잘못되어 "많은 이론으로 반박할 힘을 잃게 만든다."라는 느낌을 주곤 한다. 그렇지만 이런 느낌을 받는 것은 정상적이지 않고 논리 본연의 뜻에도 부합하지 않는다. 논리적으로 말한다는 것은 두 가지 속뜻을 가지고 있다.

- 이치에 맞는 말을 하는 것
- 일의 전체 내용을 충분히 정리한 후에 정확하게 말하는 것

다시 말해 논리의 서술에는 개인의 주장, 이유, 근거가 명확히 드러나고 내용 간의 순서와 배열도 고르고 질서가 있다. 그래서 논리적으로 말하는 것을 어렵게 생각할 필요가 없다. 어떤 일을 간결하고 완전

하게 전달하는 것뿐이다. 단, 주제에 따라 논리적으로 말하는 방법은 변화한다.

어떤 결혼식에서 카시스는 회사 부회장이라는 직급을 가진 사람으로서 회사 대표로 초대되어 연설을 하게 되었다.

모든 사람의 예상과는 다르게 카시스는 이 결혼식을 마치 어떤 관점을 발표하는 곳으로 생각하는 듯 이렇게 말했다. "신랑 힐은 젊고 유능한 후배입니다. 회사에서 그는 항상 열심히 일하죠. 이전에 저희가 ○○회사와 협력 업무를 진행할 때, 모든 직원의 압박이 매우 커서 4주 동안 아무도 휴가를 내는 사람이 없었습니다. 힐도 기꺼이 회사를 위해 헌신하는 모습을 보여주었습니다. …하략."

거침없이 30분을 이야기하고 나서야 카시스는 무대에서 내려왔다. 하지만 신랑 신부와 하객들은 이미 짜증이 난 상태였다.

사람들이 카시스의 말을 즐겁게 받아들일 수 없었던 것은 잘못된 방식으로 신랑의 우수함을 표현했기 때문이다. 결혼식에서 연설을 하는 경우에는 신랑에 대한 개인적인 생각과 신랑 신부에게 축복을 빌어주는 말을 하는 것이면 충분하다. 회사와 관련된 일은 지나치게 많이 끌어들이면 사람들은 이를 귀찮아하고 무익하다고 느낀다.

알레산드라가 하버드대학에서 언어학 교수로 십 년 넘게 재직하면서 내린 결론은 목적에 따라 서로 다른 말하기 방식을 선택할 줄 알아야 한다는 것이다. 만약 당신이 어떤 지식을 학생에게 전달하려면 설명하는 법을 알아야 하고, 무대 아래 앉은 오만한 사람들과 토론을 벌리려면 온갖 지식을 동원해 싸우려는 방식은 안 된다.

[표 8-5] 논리의 중요성

논리가 없으면	논리가 있으면
• 동문서답한다. • 말이 장황하고 혼란스럽다. • 표현이 분명하지 않다. • 개인의 이미지가 멍청하고, 말을 못 하는 이미지로 설정된다.	• 말이 더 간결하다. • 더 자신 있게 말한다. • 듣는 사람의 부담을 줄인다. • 임기응변 능력이 높아진다. • 공식적인 장소에서 말의 혼란을 줄인다. • 오해와 의견 분열을 줄인다. • 전문적이고 침착한 개인 이미지를 수립한다.

알레산드라가 "모든 논리는 교류를 위해 존재한다."라고 말한 것처럼 논리적으로 어떻게 표현해야 하는지 알지 못하는 것은 논리력의 도움을 받아 인정받는 효과를 누리지 못했기 때문이다.

1. 사람들이 기대하는 말하기 효과

말하기 방법을 익히거나 개선하는 방법은 자신이 대화를 진행하고 실전에 돌입할 수 있는 기회를 잡는 것이다. 뭐든지 단 번에 이루어지는 법은 없다. 시행착오 끝에 자신만의 말하기 방법이 터득되는 것이다. 언어 능력에 대한 사고는 필요상황에서 필요내용에 입각해야 한다.

(1) 훌륭한 말하기의 다섯 가지 기능

• 좋은 인간관계를 형성할 수 있다.

- 상대방의 입장에서 공감을 실현할 수 있다.
- 간단하고 알기 쉬운 방식으로 서로에 대한 이해를 전달할 수 있다.
- 어떤 건의에 대해 바로 깨닫고 받아들일 수 있다.
- 상대방이 같은 생각을 가질 수 있다.

이런 기능은 대화, 발표, 설명회, 주장에 대한 서술과 발언, 설득과 설명 등의 상황에서 복합적인 작용을 일으킨다. 서로 다른 상황에서 말하는 사람이 사용하는 기능의 용도도 각각 다르다.

(2) 다섯 가지 상황에 따른 말하기 기능

- **대화** 친밀한 방식으로 다른 사람의 공감을 불러일으킨다.
- **발표** 주장에 대한 발표 방식으로 다른 사람의 공감과 이해를 얻어낸다.
- **설명회** 내용을 설명하는 방식으로 다른 사람의 이해를 얻어내고 이를 받아들이게 한다.
- **주장과 발언** 자신의 주장을 발표해 다른 사람의 이해를 얻어내고 이를 받아들이게 한다.
- **설득과 설명** 내용을 설명하는 방식으로 다른 사람이 자신의 주장을 받아들이도록 설득한다.

상황 따라 듣는 사람이 듣고자 하는 중점도 다르다. 그래서 말하는 사람도 서로 다른 상황에 따라 말의 내용을 바꿔야 한다.

2. 의견을 발표하는 것과 내용을 설명하는 것은 다르다.

의견을 발표하는 것과 내용을 설명하는 것을 혼동해서는 안 된다.

물론 이 두 가지가 겹치는 부분이 있지만 기능과 표현 방식은 완전히 다르다.

(1) 의견을 발표할 때는 '내가 말하고 싶은 것'을 표현한다

자신의 의견이나 생각을 고수하는 것은 회의할 때나 어떤 이익이 관련되었을 때 나타나는 현상이다. 주장이나 의견을 발표할 때는 '간단하고 이해하기 쉽게 정보를 전달하는 기능'과 '바로 깨닫고 받아들이는 기능'이 반드시 포함되어 있어야 한다.

회의나 교섭 상황에서 한쪽은 계속 말하고 다른 한쪽은 전부 받아들이는 것이 아니라 쌍방 모두의 의견을 발표하고 서로 일치되거나 이견이 생기는 부분을 명확하게 밝히는 것이다. 쌍방의 의견이 명확해야만 해결책을 찾거나 이와 관련된 문제를 상의하고 해결할 수 있다.

(2) 내용을 설명할 때는 '내가 말해야 하는 것'을 표현한다

판매원이 고객에게 신상품을 소개하거나 선생님이 학생에게 어떤 지식을 전달할 때는 개인의 의견이 중요하지 않다. 중요한 것은 설명하려고 하는 것을 상대가 잘 알아듣고 이해하기 쉽게 말하는 것이다.

자신의 관점을 개입시키지 않고 제3자의 입장에서 객관적으로 서술하는 것이 좋다.

3. 선전도 일종의 완전한 설득이다.

설득은 듣는 사람으로 하여금 당신의 의견에 공감하도록 유도하는 것이다. 선전도 일종의 설득이지만 이는 상대방에게 생각할 여지를 주지 않는다. 이는 최대한 상대방이 당신의 생각이나 주장을 받아들이게 만드는 것이다.

성공한 선전가는 자신의 관점을 선전할 때 단지 의견 발표, 설득과 설명의 방식만 활용하지는 않는다.

- 논리적으로 관련이 없는 것을 관련이 있는 것처럼 보이게 한다. TV광고가 이런 방법을 자주 사용한다.
- 당신에게 "다른 사람도 이렇게 한다."라고 말한다.
- 듣는 사람에게 강렬한 부정적인 감정을 불러일으키는 말을 전략적으로 사용한다.
- 설명을 하더라도 자신의 관점에 유리한 극소량의 자료에 대해서만 말해서 듣는 사람에게 인상을 남긴다.

가장 전형적인 예시로 "A는 환경오염을 일으키는 주범이다."라는

[표 8-6] 발언, 설명, 선전의 서로 다른 말하기 방식

항목	발언	설명	선전
자아 이해도	완전 이해	완전 이해	완전 이해
주제	명확한 주제	명확한 중점	명확한 관점
간결함	간결하지만 중점을 잡고 있음	간결하고 간단함	상황을 보고 말의 길이를 결정함
이론성	자신의 확실한 이유와 근거를 말함	자신이 이해하고 말해야 하는 것을 말함	다른 사람이 받아들이게 하려는 관점에 대해 설득함
듣는 사람	상대방과의 차이점을 들음	질문, 대답	상대방의 관점을 들음
중요하게 생각하는 상대방의 상태	상대방이 사고하는 것	상대방이 이해하는 것	상대방이 설득되는 것

말이 있다. 이런 말이 받아들여지면 편견을 일으키기 쉽다. "현대 사회는 어리석은….", "…는 …라는 무서운 물질이 있다."라는 식의 예시 모두 말하는 사람의 개인적인 의견에 유리하게 말하는 문장이다.

이런 말하기 방식의 특징은 논리적 근거가 미약하거나 아예 존재하지 않는다.

그럼에도 어떤 작용이 일어나는 이유는 사람들이 이를 감정적으로 인지하기 때문이다. 그래서 당신의 의견에 동의하게 된다. 하지만 다른 사람이 당신의 의견을 반박한다면 그 반박의 효과도 파급력도 엄청나다.

서로 다른 대화 방식으로 자신의 입장이나 목적, 주제를 서술할 수 있다면 당신의 논리력은 갈수록 명확해지고 말하기 능력과 관계 능력도 갈수록 향상될 것이다.

남을 설득하려고 할 때는 자기가 먼저 감동하고
자기를 설득하는 데서부터 시작해야 한다.

토마스 칼라일

현명한 사람에게는 한 마디 말로써 충분하다.
어휘는 많지만 더할 필요가 없다.
벤자민 프랭클린